黄学增与广东南路革命研究

陈国威　黄海◎著

HUANGXUEZENG
YU GUANGDONGNANLU GEMING YANJIU

新 华 出 版 社

图书在版编目（CIP）数据

黄学增与广东南路革命研究 / 陈国威，黄海著.
--北京：新华出版社，2019.9
ISBN 978-7-5166-4865-0

Ⅰ.①黄… Ⅱ.①陈… ②黄… Ⅲ.①黄学增（1900-1929）-人物研究
②新民主主义革命-革命史-广东 Ⅳ.①D263 ②K296.5

中国版本图书馆CIP数据核字（2019）第204501号

黄学增与广东南路革命研究

作　　者：陈国威　黄海

责任编辑：徐文贤　　**封面设计：**刘宝龙

出版发行：新华出版社
地　　址：北京石景山区京原路8号　　**邮　　编：**100040
网　　址：http://www.xinhuapub.com
经　　销：新华书店、新华出版社天猫旗舰店、京东旗舰店及各大网店
购书热线：010－63077122　　**中国新闻书店购书热线：**010－63072012

照　　排：六合方圆
印　　刷：北京七彩京通数码快印有限公司

成品尺寸：170mm×240mm
印　　张：15　　**字　　数：**230千字
版　　次：2019年11月第一版　　**印　　次：**2021年12月第二次印刷

书　　号：ISBN　978-7-5166-4865-0
定　　价：50.00元

前 言

从地理位置角度而言，民国时期至中华人民共和国建立之初，广东“南路地区当时包括化县（今化州）、遂溪、合浦、电白、茂名（今高州）、吴川、海康、徐闻、阳江、信宜、廉江、灵山、防城、钦县（后三县今属广西）等15县与梅菉、北海（今属广西）两市，以及广州湾（法租界，今湛江市）”[1]。但是，在民国史上，广东南路既是一个地理方面的概念，亦为一个行政区域。1925年11月22日至1926年1月，将粤中的恩平、开平，西江的新兴、罗定、郁南、云浮和琼崖各属纳入[2]。同时，阮啸仙在《广东省农民一年来之奋斗报告大纲》中，将顺德在1923至1924年间开展的农民运动称为南路农民运动的起点；《广东省第二次农民代表大会宣言》又将广东省第一次农民代表大会后的东莞、宝安称之为“南路东莞宝安”[3]。有鉴于此，本书广东南路主要是地理上的概念，即现在粤西地区与广西壮族自治区的沿海地区（钦

[1] 中共广东省委组织部、中共广东省委党史研究室、广东省档案馆：《中国共产党广东省组织史资料》（上册），中共党史出版社，1994年，第35页。该书以下简称：《中国共产党广东省组织史资料》（上册）。

[2] 20世纪20年代一份广东省政府公报中曰：“电各县长财局长奇日到阳会议 阳江、阳春、恩平、开平、新兴、茂名、信宜、电白、吴川、廉江、化县、遂溪、徐闻、海康、钦县、防城、合浦、灵山、罗定、郁南、云浮（等）县长览兹定本月二十在阳江开南路各属县长及财政局长联席会议讨论各属要政仰该县长财局长届时到阳……会议地址：在阳江城尊经阁，即南路行政委员会行署楼上。”见“广东南路各属行政会议记事”，《广东南路各属行政委员会公署公报》1926年第1期，第14页。中央档案馆、广东省档案馆：《广东革命历史文件汇集》，1982年10月，第35页。

[3] 《中国农民》第一卷·第六、七期合刊，湘潭大学出版社，1926年7月，第3页、第21页。

州、防城、北海地区）。

国民革命时期[1]，以黄学增为首的共产党人，在广东南路地区各地相继建立起党组织，组成自己的革命团体，领导人民，掀起了一场轰轰烈烈的农民运动、武装斗争，为自己的觉醒、社会的崛起奠定了基础。1927 年 4 月政变后，虽然国共合作破裂，但已经觉醒的广东南路人民纷纷投身于改变自己命运的奋斗中去。土地革命、抗日战争、解放战争，每一次抗争，每一次运动，每一次革命，北部湾数百万民众都在中国共产党人的领导下，在革命志士的积极带领下，前赴后继地投身于改变命运的运动中去，为全中国的解放作出自己应有的贡献。

[1] 亦称“大革命时期”，往往是指第一次国共合作时期，考虑到 1922 年杭州西湖会议，就做出了党领导人率先加入国民党的决议，李大钊、陈独秀等亦是在此年 9 月加入国民党的史实，此时期也是指 1922 年至 1927 年 4 月。

目 录
CONTENTS

第一章

红色先驱黄学增与广东南路青年红色道路的探索

近代中国是一个积贫积弱的社会，自1840年以来，几乎所有西方列强都侵略过中国，欺负过中华民族；伴随着每一次侵略战争，都是中国的割地赔款，都是中华民族巨大的屈辱；实现国家独立、民族解放，可谓是近代中国的两大中心任务。为探索救国道路，近代以来，中国不少仁人志士纷纷投身于探索道路中去，其中也包括广东南路诸多青年。

第一节　黄学增其人其事

湛江党史部门曾在其一编著的著作中讲道："一提起南路农民运动，就不能不提黄学增。他是南路农民运动的启蒙者、组织者和领导者。"[1]相类似的提法，早在1930年中国共产党的文件中就已出现："我们纪念'二·七'的烈士……同时要纪念一切的革命烈士，特别纪念广暴的领袖张太雷同志，省港大罢工的领袖苏兆征同志，海陆丰农民领袖彭湃同志，东江工人领袖杨石魂同志，和南路农民领袖黄学增同志！"[2]如此的评价，可谓实至名归也！作为北部湾地区最早的中国共产党党员，谈及北部湾红色记忆，是无法"绕"过黄学增的。

黄学增，广东省遂溪县乐民镇敦文村人，1900年10月14日出生[3]，

[1] 中共湛江市委党史研究室：《广东南路农民运动史略》，中共党史出版社，2012年，第85页。该书以下简称：《广东南路农民运动史略》。

[2]《中共广东省委"二·七"纪念宣传大纲》（1930年1月17日），中央档案馆、广东省档案馆：《广东革命历史文件汇集》（一九三〇年），1982年11月，第41页。

[3] 按，在1921年《广东省立宣讲员养成所同学录》，黄学增年龄注曰22岁，可能为黄报的是虚岁。此处据黄学增胞弟黄学思口述所得，见中共湛江市委党史研究室：《黄学增研究史料》，广东人民出版社，1997年（该书以下简称《黄学增研究史料》），第171页。下面黄学增童年方面的叙述，除另注外，皆据此。但1986年编修《敦文黄氏族谱》记载黄学增出生于庚子八月十八日巳时。

乳名妃贵[1]，别号道传[2]，读私塾时取名学曾[3]；“学曾”一名在1924年广州求学与活动期间仍然使用（1926年中国国民党“二大”时亦采用此名），“学增”一名大致在1925年后才普遍使用。据说黄学增兄弟四人，私塾老师是按古代“四贤人”之意给他们取学名的：学颜、学曾、学思、学孟，颇为适合当时乡村地区的习惯，希望自己的农家子弟能够以中国传统社会圣贤为榜样，为社会做贡献。据黄学思的口述，其家在海边有咸瘠水田4亩，旱坡地3亩，土筑泥墙茅顶屋一座。按，敦文村面朝北部湾，邻近“蚕村”港[4]，明代卫所“乐民所”遗址离敦文村不到三公里。由此可见，黄学增家庭情况一般；后来考上广东省立第一甲种工业学校时，即为村内乡亲及宗族支助，始能上学。据黄学增所在的敦文村村民介绍，他在村内入读一年私塾后，转入县立第五小学，1916年春，黄学增考入雷州城内的雷州中学，之前谭平山曾在该校担任教员及校长[5]。虽然谭平山1917年前往北京大学

[1] “妃”在雷州方言中为“阿”字之意，敦文村一直为操雷州方言的村落；其周围早期有一些操客家方言的村落。

[2] 见《广东省立宣讲员养成所同学录》，广东省广州素波巷“中国共产党广东第一支部”展馆。另据黄学思的回忆，其父亲“也做做‘道公佬’找点零用。”《黄学增研究史料》第171页。

[3] 按，据田野调研，黄学增读私塾时的老师，应是黄学增后期的战友陈荣位的父亲，陈荣位的母亲是敦文村人。另根据黄斌的后人口述，同在私塾读书的还有黄斌（雷州纪家镇上郎村人，上郎村时隶属遂溪第七区管辖）。

[4] 传说宋代时苏东坡曾到过蚕村（现双村），与该村私塾先生陈梦英畅谈多天后才往海南走。

[5] 1913年谭平山给《雷州中学师范毕业同学录》写序言曰：“雷阳素称海滨邹鲁之邦，予以不学，滥中学师范算学一席，才四月，而诸生毕业。有同学录之刊请序于予，予维古者敬业乐群，论学取友，而仲尼之徒数盈三千；墨之巨子，偏于宋鲁，虽代远年湮，而蛛丝马迹尚得追见。昔日英才涵濡春风之盛，犄欤休哉。今凡百君子悉岭南粤峤之英，时彦骫骫，多士济济，昕昳切磋几十载，风雨联庆逾五稔，日月不居，徂年如流，学业垂成，行将话别，同学录之辑，乌可以已乎？虽然礼隆乐群之义，诗歌伐木之章，岂曰树派标旌以矜庸人耳目哉。将以声应气，求砥行砺，德檕社会之模型，檃末学之绳墨也。盖孤陋寡闻不足论学，而独学无友将同无学诸子聚首一堂。递更寒暑而尤于敬业乐群、论学取友之义。兢兢焉，懃懃焉，钻研弗懈斯，录之辑知，非徒如常径恒蹊，重合悲离，藉烦鳞羽已耳，盖将有以也。夫思易其备者，须有其具苦盛暑之郁燠，宜储絺绤忧隆寒之凄怆当裘狐。今诸子潜心奥业道蓄，厥躬行芳而志洁，学邃而志醇，或博学教育中坚，或播斯世之木铎。虽殊途而同归，实百虑而一致，何尝披絺绤而拥狐貉，何伤乎？盛暑隆寒也。吾知必将卢年六合，陶镕群贤，擎欧美之精华，褫东亚之异彩，他日按是编而稽曰某也贤，某也贤，油然邈遡乎。今日聚首一堂之盛而无愧乎海滨邹鲁之称也。民国二年七月高明谭鸣谦序于雷阳。”雷州市档案馆资料。

求学，但谭平山的故事也许会对黄学增有所冲击，毕竟谭平山是从雷州城走向遥远的京城的[1]。入读中学的第二年，孝顺的黄学增回乡结婚，妻子是附近边角村一位村民的养女苏莲。苏女原籍是北坡乡大潭村，该村亦离敦文村不远；因家贫苏莲自小就过继给边角村一农民抚养，没有文化。1919年春，黄学增入读广东省立第一甲种工业学校。目前笔者还没有找到黄学增就读于“甲工”的文献记录，但有1980年谭天度回忆：“阮（啸仙）、黄（学增）等人都是步行从市郊来的（指来陈独秀住处），很可能同是甲工学生（甲工校址在市郊增埗，离市区十余里）。”[2]根据史料记载，陈独秀第一次来粤，是在1920年12月29日，仍是应陈炯明之邀，任职广东教育委员会委员长，后在1921年9月陈独秀在包惠僧的陪同下回到上海。[3]但1921年黄学增入读广东省立宣讲员养成所却是有着明确的记载。1921年11月印刷的《广东省立宣讲员养成所同学录》中的专门班第8名名录即是：姓名：黄学曾，别号：道传，年龄：二十二，籍贯：遂溪，通讯处：遂溪乐民市盐厂收转；据敦文村村民介绍，盐厂就在现在盐仓村南部，距敦文村2.5公里，在敦文村与敦甫坑村（又名上坑村）之间，敦甫坑村一直为敦文村的族人居住，相传此地是黄学增祖上由闽入雷始迁地。1921年成立的广东省立宣讲员养成所经过广东省教育行政机构议决，每年经费达30万。第一次开学时间是6月20日。[4]按照后期学者的说法，养成所是当时广东省政府管辖的七所高等和中等学

[1] 据说黄学增在五年级时曾写过一篇作文《竞争说》，曰：“人当竞争时代，断不可无竞争心。无竞争心不能立于竞争世界，竞争乃当今之要务也。学问以竞争而精，实业以竞争而兴，国家以竞争而文明。世界愈竞争，愈发达；愈发达，愈竞争。人无竞争，诚不能立于竞争世界。能竞争，乃可以言富强。”虽然此作文是口述回忆，没有文献佐证。但结合1925年黄学增即在广州数万人大会上发言，由此可见黄学增的能力。

[2]《黄学增研究史料》，第178页。

[3] 刘娟、袁征：《1921年广东各界“驱陈”始末》，《学术研究》2014年4期，第？页。中共广东省委党史资料征集委员会、中共广东省委党史研究委员会《广东党史资料》第五辑，广东人民出版社，1985年 李志业、叶文益整理《广东党（团）活动纪要（上）》：“（1920）12月17日晨 陈独秀应广东省省长陈炯明之聘，离沪来粤，担任广东教育委员会委员长（即省教育厅长）”。似有误。

[4]《广东群报》1921年6月20日；中央档案馆、广东省档案馆：《广东革命历史文件汇集》（一九一九～一九四九，广东报刊资料选辑），1991年12月，第85页。

校，简称“中上七校”。[1]据当时中共广东党组织机关报《广东群报》的记载：“（至1921年7月1日止）广州全市学校及员生之总数——大学专门学校11（间），学生1832（人），教员163（人）；高师1（间），学生328（人），教员39（人）；中学16（间），学生3522（人），教员370（人）。”[2]由此可见黄学增学习的刻苦及聪慧！更主要的是，广东省立宣讲员养成所“主要是培养具有共产主义理论知识的人才，培养向广大工农群众进行革命宣传，传播马克思主义知识的宣传员。”[3]“创办（宣讲员养成所和机器工人夜校）的宗旨和目的，据陈独秀当时讲，就是为了宣传和普及马克思主义，造就将来开展群众工作的干部。”[4]养成所的所长为陈公博，教导主任为谭植棠，教员有谭平山、谭植棠、杨章甫、谭天度等人，地址在广州素波巷，此地离当时陈独秀居住的泰康路卧龙桥的“看云楼”不远。正是由于在宣讲员养成所接受了系统的马克思主义理论，黄学增培养了自己高度的政治意识，奠定了自己的“理论自信”：“共产党，是无产阶级中间一部分最觉悟、最忠实、最勇敢、最奋斗的组织”，“是本着马克思科学的共产主义，依据共产主义实现的步骤，以达到共产主义的目的”[5]。在宣讲员养成所期间，即大约在1921年秋冬或者1922年春，黄学增加入了中国共产党，成为1922年6月广东第一批32名党员之一。[6]可以讲黄学增是湛江地区，乃

[1] 袁征：《1924—1927年广东教育的基本制度与史实》，《学术研究》2001年第5期，第106页。

[2]《广东群报》1921年7月1日；中央档案馆、广东省档案馆：《广东革命历史文件汇集》（一九一九～一九四九，广东报刊资料选辑），1991年12月，第92页。

[3] 梁复然：《广东党的组织成立前后的一些情况》，中国社会科学院现代史研究室、中国革命博物馆党史研究室选编《“一大”前后：中国共产党第一次代表大会前后资料选编》（二），人民出版社，1980年，第446页。

[4] 谭天度：《回忆广东的五四运动与共产主义小组的建立》，中共广东省委党史研究委员会办公室、广东省档案馆编《“一大”前后的广东党组织》，1981年，第142页。

[5]《黄学增研究史料》，第93、92页。

[6] 谭天度回忆到：“黄学增在什么时候参加中国共产党，我认为大概和我入党的时间大致相同（我在1922年入党）。”见《黄学增研究史料》，第178页。另《中国共产党广东省组织史资料》（上册）（第7—8页）也谈道：“1922年入党有黄学增，时任广东支部书记为谭平山。”“1922年入党的有杨章甫、郭瘦真、谭天度、施卜、黄学增、杨殷、潘兆銮、赖玉润等”，“1922年6月已经发展到32人。”

至民国时期的南路地区、北部湾地区最早的中共党员之一。至于黄学增是先加入广东社会主义青年团后再加入党组织，还是直接加入党组织的，目前还没有相关文献显示，毕竟具有实质意义的团组织是在 1922 年 3 月 19 日才成立的。[1]但广州党史认为黄学增参加了党小组发起的马克思主义研究会，然后“被吸收为党员”[2]。在宣讲员养成所期间，与黄学增同班的还有后期著名革命者、“东江三杰”之一的刘琴西。刘琴西是广东紫金县人，是早期广东党组织的领导人刘尔崧的胞哥。刘琴西于 1922 年 7 月从宣讲员养成所毕业后，与通俗班的贺济邦（亦为紫金人）共同发起组织“紫金青年学社”。而黄学增则在 1922 年春节期间，趁回乡时机，在家乡发起成立“雷州青年同志社”[3]，社员有数十名青年，包括黄广渊、黄宗寿、黄成美、王树烈、刘靖绪等人。[4]从宣讲员养成所毕业后，黄学增似乎在从事学生与农运工作。有学者叙述曰：“一九二三年初，广州新学生社负责人阮啸仙（共产党员）深入花县发动组织农工协会，开办 农民夜校……同年夏天，他和该社骨干黄学增、高恬波等深入花县的九湖、推广等乡区发动农民。在他们的帮助下，花县各乡区陆续建立农民协会，并开展与地主豪绅的斗争。”[5]而相关的广东团委文件也有记载：“本区西北两江的农民运动，现在和西校合作，从民团方面着手。北江如花县、高塘等民团已由我们同志在中指导”。[6]

1923 年 6 月 12 日至 20 日中共三大在广州召开，出席大会的代表来自全国各地，包括共产国际代表马林在内，人数达 30 多人。会议中心议题是国共合作问题，报告中认为：“共产国际执行委员会议决中国共产党须与

[1]《成立大会演说撮录》，《青年周刊》第四号，1922 年 3 月 22 日。

[2] 见 http://www.zggzds.org.cn/gzdszggzls/397.html（广州党史网）。

[3] 有关雷州青年同志社的情况下面再详细叙述。

[4] 见《薛文藻自传》，存于广东遂溪县公安局刑事卷宗第五卷第十七册；及载中共湛江市委党史研究室：《南路农民运动史料》，广东人民出版社，1997 年，第 243—244 页。该书以下简称《南路农民运动史料》。

[5] 陈登贵：《一九二二至一九二七年广东农民运动综述》，载广州农民运动讲习所旧址纪念馆：《广东农民运动资料选编》，人民出版社，1986 年，第 601 页。

[6] 阮啸仙致邓中夏、卜世畸信（1923 年 9 月 27 日）；中央档案馆、广东省档案馆：《广东革命历史文件汇集》（一九二二年～一九二四年），1982 年 10 月，第 99 页。

中国国民党合作，共产党员应加入国民党。中国共产党中央执行委员会曾感此必要，遵行此议决，此次全国大会亦通过此议决。”[1] 而早在1922年中共二大即通过了《中国共产党加入第三国际决议案》，同意“中国共产党为国际共产党之中国支部”[2]。中共三大后，中国共产党部分党员陆续以个人名义加入国民党，协助推行国民革命。相关档案文件显示，国共合作初期，黄学增在家乡雷州半岛协助国民党发展基层组织[3]，遭受当时叶举委任为雷州善后处长的陈学谈追杀与通缉。“为请愿事，窃查雷州伪善后处处长陈学谈即陈焕……于本年二月四日捕党员黄汝南梁竹生（均遂溪人），在雷垣惨刑处死。复相继通缉党员黄荣、黄学曾、黄河丰、方景、黄汝清等，种种罪恶实为罄竹难书。噫雷祸极矣，倘非迅即厉行绝对剿缉，该贼则残喘，雷民将必同归于尽。是以学曾等用特沥情呈诉恳钧会迅赐议决，分行指日痛剿，令缉该悍贼陈学谈，俾免法外逍遥而拯黎庶。”[4]“自土匪头陈学谈受逆命，擅称雷州伪善后处长之时，该探以捣乱时机已至，始则合同陈逆学谈解散雷州各县国民党分部，捕杀遂溪国民党分部党员黄汝南、梁竹生，通缉党员黄学曾、黄荣、方景等。”[5] 自1923年冬起，黄学增除了协助国民党发展基层组织外，还在深圳等地发展党组织及相关团体，如在深圳宝安地区，协助当地建立起该地区第一个党组织——宝安党支部，并担当第一个党支书。又如在广州，将1922年遭到破坏的雷州青年同志社重新组织起来。“1924年8月，黄学增根据时局的变化，在广州召开雷州青年同志社大会（会址设在广州长塘街内），韩盈、黄广渊、薛文藻、陈荣位等20人参加会议。会议研究修订了雷州青年同志社的宗旨和章程，选出黄学增、韩盈、陈荣位、黄广渊、陈荣福、陈遵魁等7人为执行委员，陈均达、田乃英、余晃（结

[1] 中央档案馆：《中共中央文件选集》第一册，（一九二一～一九二五），中共中央党校出版社，1982年，第115—116页。该书以下简称《中共中央文件选集》（第一册）。

[2]《中共中央文件选集》（第一册），第39页。

[3] 中共中央“三大”文件要求：“我们须努力扩大国民党的组织于全中国，使全中国革命分子集中于国民党，以应目前中国国民革命之需要。”见《中共中央文件选集》（第一册），第116页。

[4]《黄学曾请愿书》，中国国民党汉口档案，档案号：9448。中国社会科学院近代史所藏。

[5]《党员黄学曾等请愿书》，中国国民党汉口档案，档案号：12379.1。中国社会科学院近代史所藏。

合目前所见档案材料，应为‘余冕’）等3人为候补委员，推选韩盈为主任，黄斌为书记（文书），陈荣位兼任会计。会后，该社将上述情况……”[1]而在7月，黄学增还成为国民党中央农民部举办的广州农民运动讲习所第一届学员，加强理论知识与军事的学习。毕业后（农讲所第一届是1924年7月3日开学，8月20日毕业，包括10天到黄埔军校军事训练的时间），作为农民部农民运动特派员前往宝安、花县等地开展农民运动，并被选为花县农民协会执行委员会委员长。[2]随后在中国国民党中央执行委员会第五十六次会议上，黄学增通过所属农民部报告了农民运动困难情形，请设法解决案，决议交常务委员会审定。[3]可以看出黄氏之努力及能干，作为特派员时间不长，即有提案交中央。[4]黄学增在1924年从事农民运动，颇具意义。1925年4月，蔡和森在《向导周报》上发表评论谈到，“广东农民运动是国民党改组后实行其新政纲之一部分的产物”，“从去年国民党中央农民部颁行农民协会章程及设办农民运动讲习所派出特派员实地宣传之后，广东遂

---

[1] 中共遂溪县委党史研究室：《中国共产党遂溪地方史》（第一卷），中共党史出版社，2004年，第25页。该书以下简称《中国共产党遂溪地方史》（第一卷）。

[2] 周满华：《花县农民自卫军始末》，中共广东省委党史资料征集委员会、中共广东省委党史研究委员会：《广东党史资料》第十二辑，广东人民出版社，1988年，第132页。

[3] 该次会议由胡汉民主持，邹鲁、汪精卫、廖仲恺、谭平山、邵元冲、刘震寰等人出席。《中国国民党第一届中央执行委员会会议记录汇编》第105页，党史馆藏铅印本。转自梁尚贤：《国民党与广东农民运动》，广东人民出版社，2004年，第119页。该梁尚贤书以下简称《国民党与广东农民运动》。

[4]《中国农民》第一卷第二期（1926年2月）第6—8页刊登了当时国民党中央农民部组织情况，特派员人员为65人：部长：陈公博；秘书：罗绮园；组织干事：阮啸仙、彭湃、谭植棠；干事：何友逖、石盛祖；书记：吴子泉、谢实存；录士：金肃凯、刘冠英；特派员：黄学增、韦启瑞、苏南、侯凤墀、黄果强（6页）陈克武、卢达云、王岳峰、黎炎孟、宋华、梁伯舆、梁庆根、梁伟民、龙乃武、蔡日新、刘庆培、陈道周、陈炳辉、罗顺球、赖彦芳、周其鉴、陈伯忠、谭鸿翔、关仲、林焕文、陈均权、蔡日昇、丘鉴志、黄克、古栢桐、戴耀田、罗瑞成、黄居仁、冯保葵、李民智、梁复然、梁坤、莫萃华、罗享、刘镛鉴、徐金良、邓广华、王镜潮、周其栢、罗团杰、李华炤、程垣生、廖有源、刘胜侣、王蔚垣、刘战愚、卢耀门、苏其礼、何毅、黄启韬、谢铁民、林培斌、李芳春、伍腾洲、蔡如平、郭剑华、梁栢、黄泽南、梁九胜、梁九。按：本书中《中国农民》《向导周报》、《犁头》、《工人之路》等皆根据《红藏·进步期刊总汇》系列影印本，湘潭大学出版社，2014年。

开始了系统的农民运动”。广东成为“全国农民运动的先导”[1]。黄学增以农运特派员的身份从事农运，可能颇有成绩，也正是那些成绩得到组织及同志们的认可。同时期，根据党组织的指示，参与团区委的工作，并被团粤区委选举为候补委员，从事其中的农运工作。[2]后在1926年《广东青年》创刊号中黄学增发表了《怎样去做青年农民运动》一文。

1925年，似乎是黄学增比较忙碌的一年。1月，黄学增在花县率领农军与当地劣绅斗争，遭到伏击，险被杀。[3]1925年3月孙中山先生于北京病逝，不久，广东人民举行隆重追悼大会。“空前未有之孙中山先生追悼大会……农会代表黄学增演说词”。[4]黄学增作为农会代表，他发言主题是“为平民谋利益”，他谈道：“中山先生虽死，但他的主义是永永存在于世界，他的主义是为平民谋利益的，他也因此奋斗而死了。吾们农民要一致团结起来，拥护为民族革命而奋斗的国民党。”[5]5月7日，黄学增又代表广东农会，与国民党中央执行委员会委员廖仲恺，中共中央委员、国民党中央执行委员谭平山，第二次全国劳动大会代表刘少奇等人一起出席广东各界举行的五七国耻纪念大会。到会工人、农民、军人约两万人。上述各人相继在会上发表演说。[6]“五七”国耻纪念日，即是日本帝国主义提出二十一条款威迫中国承认的日子，亦即是军阀官僚卖国的日子。1925年4月27日，在东莞霄边乡开的“东宝两县农民联欢大会”，到会代表千余人，武装农民自

[1] 和森：《今年五一之广东农民运动》，《向导周报》第112期，1925年4月20日，第1030页。

[2] 1924年11月14日团粤区委报告第一号：改组区委情形……举出得尔崧、杨石魂、沈厚堃、黄居仁、周文雍、郭寿华、赖玉润七人为委员，兰（蓝）裕业、彭月笙、黄学增、韦启瑞、邹师贞五人为候补。工作分配 工农部 厚堃 助理 月笙、学增、启瑞。见中央档案馆、广东省档案馆：《广东革命历史文件汇集》（一九二二年～一九二四年），1982年10月，508页、509页。

[3] 花县当地著名农运领袖王福三阵亡。见周满华：《花县农民自卫军始末》，中共广东省委党史资料征集委员会、中共广东省委党史研究委员会：《广东党史资料》第十二辑，广东人民出版社，1988年，第138页。

[4] 中央档案馆、广东省档案馆：《广东革命历史文件汇集》（一九一九～一九四九，广东报刊资料选辑），1991年12月，第452页；原文刊于《广州民国日报增刊》（1925年4月14日）。

[5] 三民公司编辑：《孙中山评论集》第一编，三民公司，1927年，第77页。

[6] 中共中央文献研究室编，刘崇文、陈绍畴：《刘少奇年谱（一八九八～一九六九）》（上卷），中央文献出版社，1996年9月第36、37页。

卫军数百，农民部特派员黄学增、龙乃武参加。会场贴满“拥护国民党”、“拥护革命政府”、“继续孙中山先生遗志完成国民革命”等标语。会场正面高悬孙中山先生遗像。蔡如平演述孙中山先生事略，黄学增演述为农民运动死难先烈同志事略。演述毕，全体起立默哀[1]。5月3日，广东省第一次农民代表大会举行正式会议……至10日上午，对农民自卫军组织大纲、政治问题提案、经济问题提案、农民教育问题提案、农民自卫军与民团问题提案、农村合作提案、农民协会今后进行方针、拥护革命政府宣言、全省农民协会成立宣言等，依次讨论通过。……大会选举蔡如平、彭湃、阮啸仙、黄学增、李爱、杨其珊、罗绮园、黄雄标、苏南等人为执行委员，王军、韦启瑞、萧何源、朱观喜等人为候补委员，聘请廖仲恺、谭平山为顾问[2]。6月3日《广州民国日报》以《广州市民昨日之巡行示威情形》为题报道一则黄学增的信息：“为上海青岛被害同胞复仇……故由工农商学兵五领袖团体发起群众示威巡行……于昨日在广大大学操场，召集各界大会巡行，赴会者团体八十余个……推定中华民国总工会代表孙云鹏、广东全省农民协会代表黄学曾……等六人组织主席团，复推黄学曾为主席团主任……”6月15日《广州国民日报》以《番禺农民自卫军歼敌殊功》为题透露了黄学增活动轨迹：番禺夏园、珠村两乡农民自卫军在此次反革命叛乱期间，竭力起来与革命政府合作，由郑千里、潘文治带领，为阵地兴兵并作向导与后方警戒……受到广东省农民协会秘书黄学增嘉勉，认为是农民参加革命的第一次，给予很高评价。[3]7月省港罢工期间，黄学增与汪精卫、廖仲恺、邓中夏、黄平四人一齐被选为省港罢工委员会顾问，积极投身到省港大罢工活动中去。8月1日第七次省港罢工工人代表大会……通过《对于广东省农民协会代表黄学

[1]《广州民国日报》1925年4月1日、4月25日、5月1日。

[2]《省农会职员名表》，《广州民国日报》1925年5月15日。

[3] 按：1925年6月10日广州发生刘（振寰）、杨（希闵）叛乱事件，随后6月13日粤区委之宣言：海、陆丰及番禺珠村之农民自卫军均派队帮助革命政府的军队。见中央档案馆、广东省档案馆：《广东革命历史文件汇集》（中共广东区委文件，一九二一年～一九二六年），1982年10月，第21页。

增报告决议案》。[1]9月黄学增奉区委之命，从广州秘密回到遂溪，协助韩盈、黄广渊等，建立“雷州青年同志社”乐民分社。10月，中国国民党中央农民部又派遣黄学增以农民运动特派员的身份前往宝安县调查该地农民协会被官员与军队摧残之事。经过深入调研，黄学增向农民部提供了详细的报告，指出事件的负责者为当地官绅劣豪十数人，他们被喻为“三大害四大寇五大臭”。[2]由此活动轨迹来看，无疑地，黄学增具有严守纪律的大局观，对党作出的决定或决议，他坚决遵守；党无论安排什么工作，无论派他到那里，他总是无条件服从，以无畏的勇气、超群的毅力打开局面；共产党人优良品质在黄学增身上得到很好的体现。

1926年1月中国国民党第二次全国代表大会在广州召开，黄学增是广东省10人代表中的一员[3]；他与陈公博、易礼容、路友于、丁君羊四人一起被选为农民运动报告审查委员[4]。而据《广州民国日报》1926年1月8日《全国代表大会之第四日》的报道：“中国国民党第二次全国代表大会会议，昨为第四日会议，兹录其情形如下：上午开会时间至十二时三十分，出席代表一百六十五人，主席恩克巴图，记录速记科。（一）秘书长宣布开会，（二）主席恭读总理遗嘱，全场起立，（三）谭平山同志（作）党务总报告，下午开会时间二时至五时，……（一）秘书长宣布开会，……（六）主席团提出组织党务报告审查委员会，以干事联合会各干事及主席团各主席皆为委员，请求大会通过案。（决议）通过。（七）主席提出组织审查委员会，并介绍包惠僧、侯绍裘、陈其瑗、董用威、邓颖超、黄学增、罗介夫、郭春涛、路友于、黄平、陈公博、许甦、杨匏安、丁惟汾、张国焘、吴玉章为委员，付大会讨论，旋有潘祖义主张军界同志应加一人，并介绍熊式辉担任，周

[1]《工人之路》第39期（1925年8月2日）。

[2]《广州民国日报》1925年10月27日。

[3] 崔之清：《国民党政治与社会结构之演变（1905—1949）》（上编），社会科学文献出版社，2007年，第453页。

[4] 毛泽东、邵力子等五人为宣传报告审查委员。见荣孟源：《中国国民党历次代表大会及中央全会资料》，光明日报出版社，1985年，第202页。

呼愚同志主张海外同志应加一人，谭平山附议海外加一人应由海外同志互选一人参与大会。（决议）完全通过……”1926年1月，国民党广东省农民协会决定在全省区域设立6个办事处：潮梅海陆丰办事处（设在汕头，主任彭湃，辖17县）、惠州办事处（设在惠州府城，主任朱祺，辖8县）、西江办事处（设在肇庆，主任周其鉴，辖14县）、南路办事处（设在梅菉、后迁到高州，主任黄学增，辖15县）、北江办事处（设在韶关，主任丘鉴志，辖11县）和琼崖办事处（设在海口，主任冯平，辖13县）。[1]黄学增就职后，在2月制订了南路办事处的工作计划，全面推行各项工作。[2]随后，4月2日，广东各界十五万人在广东大学操场举行讨段惨杀北京民众大会。林祖涵宣布开会，陈公博报告段祺瑞惨杀北京爱国民众事件。裕（按，应为“褚”）民谊、陈其瑗、高语罕、李森、刘衡静、潘考鉴、彭泽民、伍杏仙、黄学增、黎兆葵、陈志文等先生演讲。大会通过讨段惨杀北京爱国民众决议案。[3]黄学增能够在公开场合多次发表讲话，彰显出黄学增杰出的统驾能力。要知道黄学增来自僻远的南路，日常操的是雷州话，而雷州话与广府话分属不同方言。当时国民党中央农民部甚至规定农讲所学员只能操国语才能外派各地充当特派员。而黄学增不仅充当了优秀农运特派员，而且能够在数十万人员出席的场合讲话，多少也彰显出黄学增的交流能力。而在充当南路农民运动特派员期间，他用了近2个月的时间，写成了35000多字的调查报告《广东南路各县农民政治经济概况》，从南路各县实际情况出发，提出了具体的工作任务和可行的办法，并公开发表在当时农民部的部刊《中国农民》上让大家参考。当然从事农民运动是充满危险的。如在吴川期间，他就曾被土匪掳去，其后他运用自己的智慧，说自己是小学教师，生活很苦，

---

[1]《犁头》第4期（1926年3月5日）；广州农民运动讲习所旧址纪念馆：《广东农民运动资料选编》，人民出版社，1986年，第270页；等。

[2]《犁头》第4期（1926年3月5日）；《黄学增研究史料》第3页。

[3]《工人之路》有载，见《黄学增研究史料》，第85页。

并非机关里面的职员，化险为夷，并且还骗得一元六角钱走了。[1]

在1926年南路工作中，身兼国共双重党员身份的黄学增一方面协助国民党建立、改组南路国民党基层组织，相继建立、改组遂溪、雷州、吴川、北海等国民党支部；另一方面也在南路发展中国共产党党员，建立南路各地基层组织。如在吴川，黄学增吸收易经、易志学、杨爵棠、李子安、麦子馨、李玉轩等入党，成立吴川县特别党支部。陈柱任书记，委员易经、易志学、陈克醒、李士芬。接着振文、黄坡、吴阳、石门、板桥等区相继成立党小组，振文党小组长李士芬，黄坡党小组长李子安，吴阳党小组长麦子馨，板桥党小组长杨爵棠，石门党小组长陈××，各区的党组织发展到五六十人。黄学增返到梅菉，吸收陈时、龙少涛、李光镛、过云雨入党。成立梅菉党支部，陈时为支部书记，龙少涛、李光□、过云雨为委员。[2]在廉江，他派遣周永杰领导工农运动，发展党组织。至1927年四一五反革命政变前夕，廉江建立支部25个，党员350人；共青团支部22个，团员320人。[3]同时更主要的是，黄学增在南路农民运动中，发动当地民众组织自己，促使他们拥有自己的团体，敢于发出自己的声音，认识到自己的力量，也改变了以往“一盘散沙”的形象，在政治及社会生活中显示出自己的力量和影响。“当越来越多的人类痛苦被‘意识到’的时候（换言之，被重新归类为‘人为的’时候），容忍不舒服的阈限也在不断降低。毕竟，现代性为普遍幸福带来了希望，并为消除所有不必要的痛苦带来了希望。它也决心重新安排所有不必要的痛苦。”[4]至1926年10月广东第二次全省农民代表大会召开止，南路地区农民协会情况大致如此：“化县乡协会数1，会员人数359人；遂溪区协会数5，乡协会数51，会员人数28000人；合浦乡协会数3，会员人

[1] 黄学增：《吴川遇险情形》，《黄学增研究史料》，第81—83页。按：原文载《犁头周报》第11期（1926年7月1日）。

[2] 李钦：《黄学增同志在吴川的革命活动片断》，政协湛江市委学习和文史资料委员会：《湛江文史》第24辑，2005年，第175页。

[3] 冯维铭：《中共廉江县委成立和梁光华任书记时间考》，政协湛江市委学习和文史资料委员会：《湛江文史》第26辑，2007年，第60页。

[4]（英）齐格蒙特·鲍曼著，郇建立译：《被围困的社会》，江苏人民出版社，2005年，第42页。

数234人；电白乡协会数9，会员人数500人；茂名区协会数1，乡协会数7，会员人数1200人；海康区协会数6，乡协会数65，会员人数3400人；阳江区协会数1，乡协会数10，会员人数100人；廉江乡协会数3，会员人数500人；吴川乡协会数1，会员人数100人；信宜区协会数1，乡协会数7，会员人数未知。”总计南路9县，13区，144乡，共有会员10093人。[1]农民政治意识的觉醒，为后面广东南路社会、北部湾社会的变革奠定了力量基础。

1927年3月，担任中共广东南路地委书记的黄学增，到广州出席省农协第二届第二次执委扩大会议。会议着重讨论如何挽救广东农运危机问题，并决定于五月一日召开第三次全省农民代表大会，研究进一步开展农民运动问题。会后，黄学增即留省工作，不再回南路。四月，国民党发动“四一二”清党运动，破坏了国共合作，促使国民革命走向尾声。黄学增受到国民党政府的通缉。在夏天，黄学增任中共广东省委西江巡视员，奉命秘密到达西江一带巡视，指导当地革命工作。在西江期间，黄学增依靠当地党组织，发动农民夏收暴动。他首先在高要县领村发动农民自卫军三百余人，举行了武装暴动。后返到广宁指导当地民众武装自己，伺机发动武装暴动。在各方面条件十分艰苦的环境下，广宁等地武装斗争坚持达一年半之久。1928年初，黄学增根据省委的安排，出任中共广宁县委书记。1928年4月13日，中共广东省委在香港召开了第一次扩大会议，会议由省委书记李立三主持，参加会议的有省委委员、巡视员、中央代表、海员代表和广州、香港、汕头、石龙、佛山、琼崖、西江、英德、广宁、四会、顺德以及广西等地的代表……会议改选了省委，选举李立三、彭湃、罗登贤、恽代英、杨殷、黄学增、杨石魂、张善铭、李源、赵自选，冯菊坡、周颂年、陈郁、吴毅等32人为委员，季步高、王文明、卢永炽等10人为候补委员，李立三为书记。[2]党的六大后，

[1] 广东省档案馆、中共广东省委党史研究委员会办公室：《广东区党、团研究史料（1921—1926）》，广东人民出版社，1983年，第331—333页。

[2] 黄振位：《中共广东党史概况》，广东高等教育出版社，1994年，第126页。

中共中央连续给广东省委发出通告，并派出巡视员恽代英等到广东传达六大精神和检查工作。……为了全面贯彻六大精神，1928年11月16日至24日，广东省委在香港召开了第二次扩大会议。参加会议的有中央巡视员、省委常委、广东出席六大代表和香港、广州、海陆丰、东江、琼崖、北江、肇庆、江门、石龙、佛山、陈村、惠州等地党组织的代表以及省委的军委、职委、妇委的负责人。会议补选了省委委员和常务委员，推选黄钊、卢永炽、杨石魂、聂荣臻、陈郁、周颂年、冯菊坡为正式常委，黄平民、卢济、黄学增、吴锦德、李鹏、甘卓棠、姚常为候补常委，黄钊为书记，卢永炽为候补书记兼组织部长、全总书记，杨石魂为宣委书记兼农委书记，聂荣臻为军委书记，并决定卢济任东江特委书记，冯菊坡巡视东江，甘卓棠巡视海陆丰，周颂年、吕品巡视南路，黄甦巡视北江，陈郁、黄平民、李鹏巡视中路，陈魁亚参加北江特委工作。[1]这次选举后，中共广东省委委员正式25人，候补11人。在25（人中）正式委员中工农占18人，候补委员系知识分子。[2]在1928年，经过长期的考验，黄学增的能力获得党组织的高度评价。1928年12月广东省委收集上来的干部分子调查表中，黄学增的情况如下："成分：知识分子 过去党工作的历史：历任广宁、西江各县县党部书记及农运、南路地委书记、西江巡视员、南路特委常委、省委委员、琼崖特委书记。现在党的工作：省候补常委。工作能力、活动范围：工作能力顶好，可做党的指导，及农运工作。特殊技能：空白。有无职业：无。可找到职业否：空白。家庭状况、家庭关系：空白。对党的认识程度：深刻。"黄学增工作能力一栏填写为"顶好"，对党的认识程度一栏填写是"深刻"，在收集上来的145人中评价是极高的——"顶好"与"深刻"共有的只有两人！（另一人为15号何务光，"工作能力顶好，海员、C·Y支部书记、省常委，中路巡视员，亦为深刻，备注栏：在狱"。）其他的党员几乎都是"极好"、"颇好"、"甚好"、

[1] 黄振位：《中共广东党史概况》，广东高等教育出版社，1994年，第129—130页。

[2] 中央档案馆、广东省档案馆：《广东革命历史文件汇集》（一九二七～一九二八），1982年12月，第54页。

“尚好”、“很好”、“有工作能力”等；程度方面是“清晰”。[1]也是在这一年6月，黄学增奉省委命令前往海南岛，对琼崖工作进行整顿与指导。毕竟当时海南各方面工作受到严重挫折，琼崖党组织领导人如杨善集、冯平、符节等先后牺牲。经过一番努力，至8月，琼崖地区有党员26913人，约占当时广东全省党员人数的百分之四十二。琼崖工农红军也发展到3000多人。[2]1929年，根据省委分工，黄学增仍留海南领导琼崖地区工作。3月，中共南区特委（按，1928年11月省委决定将南路特委与琼崖特委合并，成立南区特委，黄学增为书记。惜是年12月南路特委遭破坏，书记黄平民、委员朱也赤等主要领导人被捕牺牲。南区特委主要工作在琼崖。）在海口市暴露，委员陈大基等七八人被捕牺牲。但黄学增仍然带领南区特委开展工作，于5月初袭击文昌锦山市民团局，缴获长短枪30余支，子弹4000多发。5月中旬，黄学增返香港向省委汇报工作。省委决定立即重建中共琼崖特委，以官天民为书记，组成五人小组。南区特委随即中止。根据需要，黄学增以省委巡视员身份，继续指导琼崖地区工作。省委要求黄学增至多两个月即须返回省委工作。这期间，黄学增一方面指导工作，另一方面应省委要求，陆续为党的机关刊物《红旗》、《学习》杂志撰写文章，宣传、指导革命。7月，由于叛徒告密，黄学增在隐蔽地海口福音医院被敌人逮捕。海口与黄学增的家乡隔海相望，家乡人常常来琼打工、求医。[3]同月，黄学增被国民党杀害于海口红坎坡，终年29岁。

由于牺牲较早，且被杀害时尸骨未存，至解放初期时，黄学增已为人们遗忘，其弟黄学思甚至以富农身份被管制。1960年2月，周恩来总理来到广东视察，当时他特意和陪同人员提起一个人，并询问他后人安置的情况:

[1] 中央档案馆、广东省档案馆：《广东革命历史文件汇集》（一九二七～一九二八），1982年12月，195—198页。

[2]《黄学增研究史料》，第284页。

[3] 按，雷州半岛的基督教就是通过海口传入的。当时徐闻一乡村伍姓因到海口福音医院求医，接触基督教长老会的传教士，随后信教，将基督教传入雷州半岛。见徐闻县志编纂委员会：《徐闻县志》，广东人民出版社，2000年，第832页。

有个黄学增，农讲所的学员，雷州人，在海南岛被特务告密，牺牲了。你们认识吗？他家里还有什么人？生活过得怎么样？你们要去看一看。[1]自此，黄学增在牺牲三十多年后重新走入人们的视野。1962年国家财政部门拨款8万元准备为他建造纪念设施——后因为当时湛江地区遭受自然灾害，该笔款项大部分被用来救济灾民，小部分用来建造纪念亭。黄学增牺牲三十多年后仍然为他的家乡人民造福。

第二节　北部湾第一个传播马克思主义的社团——雷州青年同志社

1950年某月某日，随着一声枪响，一个人倒在遂溪某地。在当时，由于是解放初期，隔海相望的海南岛也是刚解放不久，各类情况比较复杂，他的死也没有多少人特别关注。20世纪80年代，他远在北京的同学、开国元勋之一的徐向前元帅获知信息后，曾委托秘书通知“广州黄埔同学会尽快落实”其问题。[2]他就是薛文藻，原名薛经光，有三个弟弟，其中次弟经辉、三弟经泰皆在土地革命时献身革命事业。薛文藻是黄埔第一期学生，李敖在《蒋介石评传》说及一事，里面就涉及薛文藻：1925年蒋介石因为陆军军官学校教导团第二团第九连连长桂永清获得敌人衣物不报，“不能表率全连官兵，恐贻恶风，将其判处死刑”。此信息一出，引起黄埔学生李之龙、酆悌、冯毅、薛文藻、黄杰等六十六人以“快邮代电”，急致廖仲恺，桂永清始获救。[3]桂永清是黄埔军校一期学生，1946年官至国民政府海军总司令。除了李之龙、

[1] 湛江农垦报道组、湛江市新闻科、本报记者：《周总理关怀湛江人民　湛江人民崇敬周总理》，《湛江日报》1977年1月8日，第三版。

[2] 薛至正口述：《深切怀念我的父亲——薛文藻》，薛至正为薛文藻女儿。口述由遂溪敦文村黄海先生提供，特此致谢！

[3] 李敖、汪荣祖：《蒋介石评传》（上），时代文艺出版社，2012年，第67页。

桂永清外，薛文藻的同学还包括中华人民共和国开国元帅之一的徐向前元帅在内。

薛文藻与黄学增是早期的战友，在大革命时期加入中国共产党与国民党，在南路从事农民运动及武装斗争。1932 年脱党，于国民党第四军任职，1935 年到贵州任职习水县县长。1945 年担任海康县县长，1947 年任遂溪县县长。曾以海康县县长之职兼任海康一中校长之位。1950 年 4 月在海南岛解放时被捕。在湛江解放时逃到海南，后被捕抓回遂溪。他被枪决前曾留下一份自白书。这份自白书里面提及 1922 年雷州半岛一个青年社团的线索，就是雷州青年同志社。“时政治不良，官绅贪劣，盗贼蜂起，掳掠焚杀奸淫，哀鸿遍野，满目疮痍，人非草木，谁不愤激，究其祸端，均缘恶霸迫良为盗。因见及此，遂邀同黄学增、黄广渊、黄宗寿、黄成美、王树烈，刘靖绪等数十青年，组织‘青年同志社’借以号召同志，团结力量，反抗恶霸。”[1] 当时连黄学增为何人，都少人知道，更不用说雷州青年同志社了！薛文藻这份自传可信度还是很高的。但由于薛氏自传中提及雷州青年同志社时并没有具体时间，故造成不少地方党史文献说法不一，削弱了雷州青年同志社的可信度。遂溪党史资料认为：1922 年秋，黄学增利用在省立第一甲种工业学校读书时放暑假的机会，返回家乡乐民敦文村，向乐民一带的青年学生进行革命思想的宣传和教育。“同时，与黄广渊、薛文藻、黄宗寿、刘靖绪、黄成美、王树烈等人商议组织成立雷州青年同志社事宜，以此团结雷州地区青年，秘密开展革命活动，与封建反动势力作斗争。随后，他们秘密串联了乐民一带的青年数十人，由黄学增主持，在乐民敦文村成立了雷州青年同志社。”[2] 而另一部地方党史则认为，1922 年“夏，黄学增暑假（省立第一甲种工业学校）回乡，向遂溪县青年学生介绍广州青年学生的革命活动，推荐进步书刊，传播马克思主义，并发动黄广渊、黄宗寿、刘靖绪、薛文藻、

[1]《薛文藻自传》，存于广东遂溪县公安局刑事卷宗第五卷第十七册；《南路农民运动史料》，第 243—244 页。

[2]《中国共产党遂溪地方史》（第一卷），第 24 页。

黄成美、王树烈等数十名青年在遂溪第六区敦文村（今属乐民镇）成立雷州青年同志社。”[1]广东南路地方农民运动史料关于成立时间又是另外一种说法：“是年（指1922年）七、八月间，（黄）学增利用暑假回乡机会，串连发动乐民地区进步青年黄广渊、薛经辉、黄宗寿、黄成美、黄树烈、刘靖绪等数十人，秘密组织‘青年同志社’”。[2]

不管如何，根据相关档案材料，我们大致可以判断雷州青年同志社是由黄学增发起成立的一个宣传马克思主义知识、推动农村革新的青年社团。广东南路后期不少革命历史，如大革命时期的农运活动、南路党团的建立、广东斜阳岛海上武装割据、南路抗战斗争等等，其思想基础的关联都可追溯到雷州青年同志社的历史。它最早成立时间大致在1922年春季。

查相关史料，1921年—1922年这段时间里，有关黄学增的活动似乎不是很清晰。往往认为此时黄在广东省立甲种第一工业学校读书。[3]那我们就先来看看广东省立第一甲种工业学校的情况如何。事实上，根据当时史料，我们得到，在1921年4月因为驱逐甲工校长高剑父（高仑）行动，甲工发生了学潮运动。[4]而这场学生运动似乎又与1921年初才刚到任的省教育委员会委员长陈独秀有关：5月2日，广州《晨报》报道此次学潮称：“某学务（指陈独秀）包办派欲夺该校校长一席而有之，遂鼓动一部分学生借此反对，务使高校长知难而退，以便扩张己派之势力，而渐次入寇高师、

---

[1] 中共湛江市委党史研究室：《中共广东南路党史大事记》，广东人民出版社，1996年，第4—5页。

[2] 《南路农民运动史料》，第261页。此处，被点到名的没有薛文藻，反而有其次弟、后期的斜阳岛武装割据队伍领导人之一的薛经辉。另有报刊认为，1922年6月，中共广东区委在冯菊坡主持下，决定派人到广东南路等地开展革命活动。同年秋天，共产党员黄学增从广州返回南路遂溪，在家乡遂溪县六区敦文村进行革命启蒙教育宣传，号召农民团结起来，推翻剥削阶级制度，并串联了六区进步青年薛文藻、刘靖绪、王树烈、黄广渊、黄成美、黄学伦、黄学家、黄学新、黄而杞数十人，在敦文村黄而杞家客厅成立了广东南路第一个具有共产主义理想的革命组织——雷州青年同志社。（见 http://szb.gdzjdaily.com.cn/zjrb/html/2010-04/05/content_1377454.htm）。

[3] 分别见《黄学增研究史料》、《广东南路农民运动史略》等书籍。

[4] 《阮啸仙文集》，广东人民出版社，1984年，第10—45页。该书以下简称《阮啸仙文集》。

法政学校。”[1] 这里某学务指的就是陈独秀。[2] 由于无法获得官方换校长的明确答复，甲工学生在 1921 年 5 月 27 日，“朝膳后，全体同学实行离校”，并“发表退学宣言书”。[3]28 日退学学生代表丘鉴志等人致各报辨明书曰：“计自缮退学书者二百一十人之多，现留校者不过三四人而已。所谓威挟力迫，互殴各节，未知果何所见……此次运动，原为反对高氏之腐败，以谋工校之发达。”其后，经过林森等人的努力，约在 6 月 23 日学生才陆续返校。8 月 30 日广东教育委员会才恢复于 6 月遭开除的 7 位学生学籍。[4] 在这场甲工学潮中，阮啸仙是学生领袖。而在谭天度的回忆中，则有这样的描述：“陈（独秀）的名气很大，到广东后，广州的一些进步青年、学生如阮啸仙、刘尔崧、周其鉴、黄学增等人，常常来找陈独秀。我当时在广州市区教书……因我与谭平山、谭植棠关系密切，故有机会看到他们在陈的住处同陈讨论问题。阮、黄等人都是步行从市郊来的，很可能同是甲工学生。”[5] 陈独秀第一次来粤，是在 1920 年 12 月 29 日，仍是应陈炯明之邀，任职教育委员会委员长，其后因种种原因，在 1921 年 9 月陈独秀在包惠僧的陪同下回到上海。因而从时间上分析，谭氏回忆的历史时间，大致是在 1921 年甲工学潮期间。也正是在甲工学潮期间，在陈独秀的策划下，广东省立宣讲员养成所以公立学校的性质正式成立。[6] 宣讲员养成所的成立是经过广东省教育行政机构议决成立的：“1921 年 1 月中旬，教育行政委员会召开会议，议决筹设编译局、宣讲员养成所、贫民教养院、劳动补习学校。”[7] 按照后期学者的说法，养

[1]《阮啸仙文集》，第 23 页。

[2] 刘娟、袁征：《1921 年广东各界“驱陈”始末》，《学术研究》2014 年 4 期，第 98 页。

[3]《阮啸仙文集》，第 37 页。

[4] 此七名学生分别为丘鉴志、周其鉴、刘尔崧、阮熙朝（即阮啸仙）、黄振新、姚陶馥、白铎政，见《阮啸仙文集》，第 10—45 页。

[5]《黄学增研究史料》，第 178 页。

[6] 有学者言：“省立第一师范学校，与广东大学、编译局和宣传员养成所，是陈独秀筹划的四件大事。”见刘娟、袁征：《1921 年广东各界“驱陈”始末》，《学术研究》2014 年 4 期，第 100 页。

[7] 曾庆榴：《陈独秀创办的“广东省立宣讲员养成所”》，http://zggzds.org.cn/dsyjyjwz/959.html 广州党史网。

成所是当时广东省政府管辖的七所高等和中等学校，简称“中上七校”。[1]据参加过广东建党活动的梁复燃和谭天度回忆，“‘宣传（讲）员养成所’，主要是培养具有共产主义理论知识的人才，培养向广大工农群众进行革命宣传，传播马克思主义知识的宣传员”[2]“创办的宗旨和目的，（按，是指“宣讲员养成所”和“机器工人夜校”）据陈独秀当时讲，就是为了宣传和普及马克思主义，造就将来开展群众工作的干部。”[3]上述已提到，刚成立时养成所所长为陈公博。而在1921年5月包惠僧奉命到穗寻找陈独秀时，陈氏还安排他“到宣传员养成所当监学”，但因为其他原因，他并没有到职。[4]养成所的教导主任为谭植棠，教员包括谭平山、谭植棠、杨章甫、谭天度等当时思想比较先进的广东知识分子，办学地址就在广州素波巷[5]，此地离当时陈独秀居住的泰康路励龙桥的“看云楼”不远。根据梁复燃的回忆，黄学增仍为当时宣讲员养成所的学员之一：“学员当时来自广东各地……当时招收学员有一百多人，记忆有孙律西……萧一平……黄学增……施卜……钟觉”，只是错将黄学增记忆为高州人。[6]根据当时广东党组织的机关报《广东群报》1921年6月20日报道：“宣讲员养成所定期开学。”[7]我们大致

---

[1] 袁征：《1924—1927年广东教育的基本制度与史实》，《学术研究》2001年第5期，第106页。事实上，“中上七校”一名当时的《广州国民日报》已普遍使用，后宣讲员养成所裁撤后，则使用“中上六校”一名。见《广州民国日报》1923年9月8日、9月25日、1924年1月1日、1月24日。“中上七校”当时指的是：法政、高师、农专、女师、甲工、一中以及宣讲员养成所。

[2] 梁复然：《广东党的组织成立前后的一些情况》，中国社会科学院现代史研究室、中国革命博物馆党史研究室选编《“一大”前后：中国共产党第一次代表大会前后资料选编》（二），人民出版社，1980年，第446页。该书以下简称《“一大”前后：中国共产党第一次代表大会前后资料选编》（二）。

[3] 谭天度：《回忆广东的五四运动与共产主义小组的建立》，中共广东省委党史研究委员会办公室、广东省档案馆编《“一大”前后的广东党组织》，1981年，第142页。

[4] 见《“一大”前后：中国共产党第一次代表大会前后资料选编》（二），第385页。

[5] 据谭天度辨认，即在现广州第十中学校园内。刘寒、高宏的《中共广东第一个党组织旧址确认纪实》，《广东党史》1995年第4期。

[6] 梁复然：《广东党的组织成立前后的一些情况》，《“一大”前后：中国共产党第一次代表大会前后资料选编》（二），第446页。

[7]《广东群报》1921年6月20日，中央档案馆、广东省档案馆：《广东革命历史文件汇集》(一九一九～一九四九，广东报刊资料选辑），1991年12月，第85页。

知道宣讲员养成所最初开学时间是1921年6月[1]，这段时间恰好是在甲工学潮、甲工学生罢课期间。因而，估计在退学期间，黄学增进入宣讲员养成所学习，系统地学习社会科学、共产主义知识。根据时人的回忆，宣讲员养成所学习年限原定两年[2]，后可能由于其他原因，分级定学习年限。“甲级一年毕业，乙级半年毕业，甲乙两级都有学员五六十人。”[3]“该所学制分专门班、普通班，专门班一年毕业，普通班半年毕业。”[4]

大致可以肯定雷州青年同志社是黄学增在读宣讲员养成所期间成立的一个宣传马克思主义知识、推动农村变革、唤醒民众的民间社团组织。黄学增在宣讲员养成所的同班同学刘琴西则在1922年7月毕业后亦回乡发起组织“紫金青年学社”，“从事马克思主义研究，探索苏联十月社会主义革命成功经验”[5]。刘琴西是广东早期党组织领导人刘尔崧的胞哥。“紫金青年学社”成员几乎都是同乡青年人。在雷州青年同学社的数十青年中，薛文藻提及姓名的，我们知道几乎都是黄学增的同乡人，或者是同学、亲戚等。如黄广渊是遂溪乐民海山村人，海山村距离敦文村大约3公里左右，临近北部湾，出海比较容易。黄广渊的弟弟黄仲义后来亦加入雷州青年同志社。海山村还有黄宗寿。薛文藻（原为雷州沈塘地区的，后来搬到乐民村下乡仔）的大姐嫁给敦文村村民等。1960年周恩来总理问起黄学增时，敦文村隶属遂溪河头公社管辖。河头地区其他村加入青年同志社的有王树烈（红心塘人）；黄成美则为乐民下坡人，离敦文约3公里，同宗族青年；

[1] 梁复燃回忆是1920年11月至12间开办，应有误，陈独秀是在1920年12月29日才到达广州的，当其时，《广东群报》等报刊有载。另有学者认为是8月：“陈独秀通过省教育委员会拨出经费，1921年8月创办了宣传（应为讲）员学校，（即宣传员养成所）”。见官丽珍《广东建党活动特点述论》，《上海革命史资料与研究》（第6辑）。

[2] 梁复然：《广东党的组织成立前后的一些情况》，《“一大”前后：中国共产党第一次代表大会前后资料选编》（二），第446页。

[3] 谭天度：《回忆广东的五四运动与共产主义小组的建立》，中共广东省委党史研究委员会办公室、广东省档案馆编《“一大”前后的广东党组织》，1981年，第142页。

[4]《钟道生的回忆（摘录）》，中共广东省委党史研究委员会办公室、广东省档案馆编《“一大”前后的广东党组织》，1981年，第193页。

[5] 紫金县政协文史委员会：《紫金文史》第10辑，政协紫金文史委员会，1992年，第67页。

刘靖绪是今河头镇人，也可归属周围村落，距敦文村十多公里，他与黄学增同为县立第五小学的同学；其大姐嫁给敦文村村民。乐民当时是周围乡村的中心地带，当时商贸比较发达。以当时的社会环境，宗族与乡缘关系在结社中发挥了很大作用。雷州青年同志社成立后，即对乡村传统势力进行挑战。根据薛文藻的自白，同志社成立后，“先择其凶蛮恶极的陈河广（六区双村、历充六区区长，团总等伪职）控诉于雷州防军司令部。该恶被捕后复释，反遭仇恨，诬控通匪事情。因不能立足，乃避难北上广州”[1]。也就是说：社团成立不久，黄学增就带领社员挑战传统权威，向腐败、压迫势力作斗争，“社员联名将遂溪县第六区区长兼民团团总陈河广的劣迹控告于驻防军司令部，促使驻防军司令部扣押了陈河广。陈获释后，怀恨在心，加以报复，诬告雷州青年同志社成员通匪，致使一批青年成员如黄广渊、薛文藻等被通缉。黄广渊等人被迫转移到广州等地读书和继续开展革命活动”[2]。在广州，这批社员相继进入当地学校学习，并不断吸纳进步青年加入。如黄广渊到广州后，首先在省立工业专门学校就读[3]，后在1925年1月进入第三届农讲所学习[4]。薛文藻也是先在省立工业学校求学，后在1924年夏天入读黄埔军校第一期。[5]搬移到广州后，雷州青年同志社队伍不断扩大，参加各类革命活动。韩盈、黄杰、黄斌、陈荣福、陈荣位、田迺瑛、陈均达、陈光礼等人相继加入。据了解黄学增、陈荣位、黄斌（纪家人，当时属遂溪第七区管辖）三人小时候在墩文村陈荣位父亲的私塾一起读书；陈荣位母亲是敦文村人；陈荣位是黄斌的姐夫。韩盈为遂溪遂城镇南门墟人，早在1921年就到广东省立第一甲工业学校求学。1922年就在广东党组织机

---

[1]《薛文藻自传》，存于广东遂溪县公安局刑事卷宗第五卷第十七册；《南路农民运动史料》，第244页。

[2] 中共遂溪县委党史研究室：《中国共产党遂溪地方史》第一卷，中共党史出版社，2004年，第24页。

[3]《黄学增请愿书》，中国国民党汉口档案，中国社会科学院近代史所藏。

[4] 广东农民运动讲习所旧址纪念馆：《广州农民运动讲习所资料选编》，人民出版社，1987年，第105页。该书以下简称《广州农民运动讲习所资料选编》。

[5]《薛文藻自传》，存于广东遂溪县公安局刑事卷宗第五卷第十七册，及《南路农民运动史料》，第244页。

关报《广东群报》发表过时评《收还广州湾期成会成立了，我们应表示如何态度》[1]，1923 年已成为团广州地委候补委员、会计、出版物经理人等；1924 年 8 月在中国国民党四十九次会议上，以“海康留学会暨农工绅商代表”的名义，“为广州湾法政府捕禁雷籍学生事，请求提出交涉案”。后会议“决议，转外交部办理”。[2] 陈荣福在省立第一中学求学[3]；黄杰、陈均达入广州农民运动讲习所第二届求学；[4] 刘坚是农讲所第四届旁听生、第五届乙班正式生[5]。1924 年 8 月，黄学增根据形势的需要，在广州长塘街主持召开雷州青年同志社大会，韩盈、黄广渊、陈荣位、薛文藻等 20 多人参加会议。会议研究制订了雷州青年同志社的宗旨和章程，选举黄学增、韩盈、陈荣位、黄广渊、陈荣福、陈遵魁等 7 人为执行委员，陈均达、田乃英（据目前查到的档案资料，应为田迺瑛）、余晁（据目前查到的档案资料，应为余冕）3 人为候补委员。由执委推选韩盈为主任，黄斌为书记（即文书），陈荣位兼任会计。会后，该社将上述情况呈报国民党中央执行委员会备案。[6] 据了解，广州长塘街金鱼塘为遂溪学会地址，是邑人陈景星在 1918 年当选为广东省第二届参议会议员时，以议员身份发起建立的。“旨在解决三雷同乡赴省就学之困难及集会之所……凡雷州三县在广州求学之学生都可到该会馆免费食宿。该馆后改为遂溪县同乡会。”[7] 据陈以大回忆，他是在 1932 年到

[1] 中央档案馆、广东省档案馆：《广东革命历史文件汇集》（一九一九～一九四九，广东报刊资料选辑），1991 年 12 月，第 156 页。

[2]《广州民国日报》1924 年 8 月 14 日。

[3]《黄学增请愿书》，中国国民党汉口档案 ，中国社会科学院近代史所藏。

[4]《广州农民运动讲习所资料选编》，第 100 页。另按，黄杰是雷州东里坡村人；陈均达为河头长村人，又名陈材干。

[5]《广州农民运动讲习所资料选编》，第 110、114 页；按：刘坚是距离敦文村不远的乐民盐仓村人，不知是 1922 年即加入还是迁到广州后加入？盐仓村附近的盐厂就是黄学增在养成所里留下的通信地址。盐仓村以操客家话为主，这在当时乐民地区比较少见；据说该村在 20 世纪 50 年代仍然讲客家话，现在讲雷州话。

[6] 中共湛江市党史研究室：《中共广东南路党史大事记》，广东人民出版社，1996 年，第 8 页。该书以下简称《中共广东南路党史大事记》。

[7] 陈以大、陈雪琴：《同盟会员陈景星先生事略》，政协湛江市委员会文史资料研究委员会：《湛江文史》第 8 辑，1989 年，第 65 页。

广州读书住在遂溪县同乡会时亲听到炊厨员老莫说的。按目前掌握的材料，陈以大回忆应该正确。据中国国民党汉口档案，1924 年 5 月黄学增等人曾呈书国民党中执委，要求国民党政府通缉究办陈学谈。黄斌留下名片的地址就是长塘街金鱼塘遂溪学会。[1] 而 1927 年 2 月开办的广东地方武装团体训练员养成所第一期同学录中，遂溪籍学员留下的当时地址就是此金鱼塘（池）遂溪学会地址。如：周固山（别号秀森），时年 21 岁，遂溪籍。现在地址为本市长塘街金鱼池遂溪留穗学会，永久地址：遂溪洋青市合丰油房转道孟村交。周□尧（别号敏卿），20 岁，遂溪籍，现在地址：本市长塘街金鱼塘巷遂溪留穗学会，永久地址：遂溪城市博成记。梁树本（别号邦基），23 岁，遂溪籍，现在地址：本市长塘街金鱼塘遂溪留穗学会转，永久地址：遂溪麻章市时和堂转。陈亚登（别号伯钟），23 岁，遂溪籍，现在地址：本市长塘街金鱼塘遂溪留穗学会，永久地址：广州湾铺仔公局转竹尾村；等等。[2] 大致地说，广州当时在惠爱东路长塘街金鱼塘存在着遂溪留穗学会，旨在为遂邑青年学子在广州求学时提供帮助，在 20 世纪 20 年代，也是黄学增从事革命活动的机关所在。[3] 而有些书籍提及在 1923 年，黄学增、韩盈等在广州成立雷州留穗同学会，应该值得商榷。根据广东地方武装团体训练员第一期同学录提供的线索，海康、茂名等在广州亦建立有"海康留省学会"、"茂名留省学会"、"廉江学会"等机构。

雷州青年同志社在广州机构组织正规化后，即投身到当时热烈开展的国民革命中去。在 1924 年 9 月，广州各界人士在第一公园举行盛大的"九七国耻纪念大会"，瞿秋白、阮啸仙、刘尔崧、孙律西、罗绮园、彭湃等人相继在大会上发表演说。出席这次大会的团体有"各界反对苛例大会、农工旬刊社、雷州青年同志社、新学生社、工程学会、辗谷工会、新岭东社、

[1] 中国国民党汉口档案，中国社会科学院近代史所藏。

[2] 见遂溪县档案馆，"民国广东地方武装团体训练员第一期同学录"。

[3] 广东高州档案馆有一份 1931 年敦文村邑人、黄埔三期学生黄学家的审讯材料，里面提到：问："黄学增介绍你入黄埔学校吗？"答："是王家华介绍，他是第二中学学生，他在遂溪留省学会办事所以介绍民。"《高雷地方法院对黄学家黄铁雄案的审判材料》，广东高州市档案馆。

陆军军官学校、广州学生联合会、国民党中央党部暨各级党部、农科学院、文理科学院、警察教练所、农民自卫军、警卫军讲武堂、社会主义青年团……等共百团体以上，参加人数约共数万……由谭平山主席宣布开会理由”[1]。在10月举行的“警告商团示威大会”中，雷州青年同志社连同农讲所、新学生社等社团共同推进，并联合发表《为抗议商团军屠杀双十节示威的市民告国民书》，谴责帝国主义及其走狗屠杀中国人民的滔天罪行。[2]10月13日，雷州青年同志社在广州召开会议，反对段祺瑞政府与帝国主义勾结，加重关税，坑害中国工人、农民和商人。会后向全省发出通电。[3]

11月18日，雷州青年同志社致电中国国民党中央执行委员会，请严办各地捣毁农会之军队及土恶，以慰农民。电文曰：“窃继农民组织协会为本党（按指国民党，下同）所提倡，在本党政府旗帜之下，所有农民协会应绝对得本党政府保护。□物谭部滇军、福军、商团、田主维持会、李济源等竟敢任将农民协会蹂躏，似此倒郭逆犯殊属不法已极。若不严厉痛剿，难平公愤而慰农民。前请总理、中央执行委员会分别按照各该地农民历次文电所陈，多□通□□办并派员前各该地农民协会慰问。”21日，国民党中央执行委员会为此致电各军总司令：“查各县农民协会之组织，固为解放真正农民之要图，且属本党目前之重要工作，凡本党同志所统辖之军队，自应特别保护。今乃演出捣毁农会殴伤会员种种惨剧，宁非怪事。据电前由，相应函请贵司令查照，希即令饬所部遵照，嗣后对于各县农民协会，务须恪守军纪，特别保护。”[4]国共合作不久，国民党内部进一步发生分化，左右派之间的矛盾和冲突日益明显。针对如此局面，中国共产党中央及时调整策略，于1924年5月召开的执委会扩大会议上通过《共产党在国民党内

[1] 广东省档案馆、广东青运史研究委员会办公室：《新学生社史料》，内部刊物，1983年，第45页。

[2] 中央档案馆、广东省档案馆：《广东革命历史文件汇集》（一九二二年～一九二四年），1982年10月，第502页。

[3]《中国共产党遂溪地方史》（第一卷），第26页。

[4]《雷州青年同志社代电》，中国国民党汉口档案；《中央执行委员会致各军总司令函稿》，中国国民党汉口档案。中国社会科学院近代史所藏。

的工作问题议决案》，要求正确对待国民党左右派之间的斗争："照现在的状况看来，国民党的左派是孙中山及其一派和我们的同志——我们同志其实是这派的基本队；因此所谓国民党左右派之争，其实是我们和国民党右派之争。"[1] 在共产党人看来，右派的错误主要包括："不愿反对帝国主义的列强"、"反对中俄协定，并且根本反对苏俄，说是国民党之敌"、"压迫兵工厂工人组织工会，阻止圣三一学生退学"、"排斥共产派"等。[2]1924年10月，雷州青年同志社致电国民党中央执委会，要求惩办"马超俊以党员身份行斯压迫工人，背党举动"，认为"若不严为惩处，则党将不党"。马超俊是国民党著名的右派分子，长期把握工运工作。据了解，马超俊是美国华侨，在美国加入致公堂，毕业于明治大学，是同盟会会员，参加过讨袁运动；1909年促使 "广东机器研究公会"结成，该会于1912年改称为"广东机器总会"。1924年4月担任广东机器工人维持会主任、广州特别市党部执行监察委员会执行委员、广州市特别党部工人部长等职务，是典型的国民党右派人物。1924年他正长石井兵工厂之位，正是共产党人需要打击的对象。事实上在9月25日，共产党机关刊物《向导》已刊登石井兵工厂工人的来信，控诉马氏的罪状："（一）兵工厂，粤汉路，海员工会，各特别区分部，经中央执行委员会决议，扩充为特别区党部。粤汉路，海员工会，均于数月前组织成立。而兵工厂不特不行改组，而且原有之特别区分部，九个月开过三次会议，任其停顿腐败。以致已入党者怀疑，未入党者□笑。名义上兵工厂有一个区分部，实际上可说并无组织。此马超俊贻误党务之罪一也。（二）兵工厂工人一千八百名，而党员全数仅三百余人。除员司为保持饭碗而入党，及护厂队受队长命令而入党者外，工人入党实不及百分之七。工人乃国民革命之基础力量，马超俊又为市党部工人部长，对于自己所统辖指挥之厂内工人，绝不能加以训练，使成为革命旗下之生

[1]《中共中央文件选集》（第一册），第186页。

[2]《中央通告第十五号——对国民党右派的斗争》（1924年7月21日），《中共中央文件选集》（第一册），第223—224页。

力军。此又马超俊唯图私利，荒怠职责，不肯为党义宣传之罪二也。（三）兵工厂工人组织俱乐部，马超俊初时未尝不欲骗给工人，后因工人多数主张，工人与包工头经济之利益，绝不相同，不宜淆混，故于章程上，规定包工头只能为名誉部员，无表决权，及当选为职员之权利，遂为一般包工头所反对。马超俊乃一变而拥护包工头，借口工人反抗包工制，出示威压，令工人俱乐部败于垂成。夫以党员而任厂长之马超俊、以工人领袖而任工人部长之马超俊，乃视党中历次宣言、保护势工之党纲如无物，是马超俊又背党谋□之罪三也。（四）中国工人生活绝无保障，国民党权力所至之处，即不应漠视。今兵工厂之工人，不特生活状况，未见改良，而且屡次不经宣布理由，遽行无故开除，动辄以逆党二字相加，以箝众口，其任意妄为，借口军政时期，施行暴虐，显然可见。此又马超俊违背党纲之罪四也。（五）屡次纵容兵士稽查、殴打工人，激动公愤。又复多方相庇，当众辱骂。有“工人真是神圣不可侵犯么”等语，其愚妄一至于此。及至引起罢工风潮，仍不肯惩戒殴打工人之排长，反张大其词，指出受陈党利用。工人本是拥护革命政府，知扩大罢工之非计，乃不再坚持。马超俊更乘机借题发挥，四出鼓吹，借此巩固位置，一若戡平大乱厥功甚伟者。不知肇事原因，实由放任兵士行凶，而又不善□处所致。此则马超俊压迫工人之罪五也。（六）学徒须有闲时间受教育，每日工作不得过九小时，废除夜工后，不得扣除原有工资及津贴，此乃工人代表会根据中国国民党宣言所成立之决议案。然而兵工厂未成年之艺徒，每日做工十四小时，工资低微，几不能维持生活。受尽包工制之严酷压迫。马超俊既属党员，又为工人部长，乃既不执行工人代表大会之决议，复不设法减轻青年工人之痛苦，其为荒谬，又奚待言。此又马超俊虐待工人之罪六也。（七）消费合作社之设立。亦改良工人生活方法之一。兵工厂工人消费合作社，经廖省长亲莅致训，及中央、部合作社委员会数次会议，限期成立。马超俊竟阳奉阴犯，终不进行，以致该社无形消灭。此其破坏工人利益之罪七也。（八）工人日夜售卖其劳动力，而其所得，仅少数之工货，一切自己生活，及仰事俯蓄之费，胥赖于是，其境遇悲惨，固非出入汽车电船，左右侍从之厂长所知。由成衣匠一跃而为厂长部长之马超俊，更早已忘怀。故马超俊有如是之言曰：‘每次出粮过期，岂独工人，员司月余未出粮，不闻怨言，岂员司无父母妻子耶。汝等工人，过期十日，便欲停工喧闹，是真受陈党运动无疑矣。’兵工厂定章，每月一日与十五日出粮。马超俊自就任以来，绝不依期。近且延至旬月。包饭馆因无力而停业。工人因包饭馆停业而挨饿，不得已向马超俊要求。马超俊对付方法，首即以逆党二字加诸工人身上，使工人不敢言。次则开除工人中之觉悟分子使工人不敢动。此又马超俊陷害工人之罪八也。（九）包制之打破，为国民党政纲之最低限度。盖包工制一日不破除，则改良劳动者之生活状况，保障劳工团体诸策政（政策），将无从实施也，兵工厂之有包工，不自今日始。然不料马超俊竟将此恶制度扩大也。数年来，厂内行包工制者，只存枪厂及无烟弹厂而已。马超俊出总务处长以至厂长，将近两年，包工制之毒害，不但丝毫未除，而包工头之横暴，反较前尤甚。假称工人领袖之厂长，实则包工头领袖厂长而已。故近日更将已改点工制之机关枪厂及机关弹，恢复包工制。此数日间，无故开除工人达七十名。其中三十名，乃未经满师之艺徒，此虽狠毒之资本家，犹不敢悍然为之者也。为党员为工人领袖为工人部长之马超俊，悍然为而不恤。此马超俊且包工头以害工人之罪九也。（十）世人或以前月美商罗拔洋行强提机器案，交涉胜利，足盖马超俊罪恶。姑无论交涉成功，非马超俊之力，即使承认，亦无意义。在工人观之，此案交涉，形式似乎胜利，然所有机器，其旧式过于兵工厂原有者三十年，乃完全旧式之物也。前闻美工程师谓每日可出枪百枝，六个星期可以开始制造新枪。现在六星期已过，不独新枪未出，而且未能安置，以工人等之经验观察，此种机器，每日能出枪十枝已属侥幸。盖所有新式之机器，前已为汕尾及各处军械厂取用。现所存留仅残废不适用之部分而已。如工人等之观察不误，则此次机器交涉，直失败耳。何有胜利可言。然交涉条件如何？尚应交款若干？未经宣布，无由推测。如马超俊确知此项机器实非原物，仅为残留，故意勾结美商，欺瞒政府，其罪在曹吴而上。如实不知情，受人欺骗，亦应受严重惩处。岂有机器实数若干不知，机器之能率如何不知，机器之式样新旧不知，任人玩弄于掌股上之兵工厂厂长耶。此则马超俊误国之罪十也……夫中国国民革命之运动，必待全国农工参加，然后可以决胜。国民党方将扶助劳工之不暇，胡可加以压迫摧残。马超俊因缘国民党，得有今日。乃举党纲政策违反其道而行，是无异与革命为敌。工人等心怀义愤，不忍大奸巨猾，白日横行。乃依据事实，切实指陈。除呈请大元帅及中央执行委员会照章开除马超俊党籍外，特揭其罪状，宣告于各界。"[1]对此事，后来马超俊口述中亦有提及。[2]

由此可见，雷州青年同志社的邮电可谓是响应中国共产党党组织的要求，对国民党右派进行反击。

中国青年军人联合会，是在中共黄埔军校特别支部和军校政治部主任周恩来同志领导下，以该校教职员和学生中的共产党员为核心，并遍及全国各地军队中的革命团体。它于 1925 年 2 月 1 日正式成立，负责人为共产党员蒋先云、周逸群等人。在它的成立大会上，雷州青年同志社作为革命社团，到会助阵。[3]而在社会主义青年团的工作上，雷州青年同志社亦给予相应的支持。"民权社合作问题，范围已扩大，加入团体有：（新）学生社、民权社、学联会、青年农工社、青年军人联合会、香江青年社、香江学联会、妇女解放协会、琼崖革命大同盟、女权运动大同盟、雷州青年同志会（应社）。"[4]而在 9 月 26 日，革命青年代表大会召开，大会的目标旨在成立革命青年联合会，该会宗旨则定为"本国民革命之精神联合青年肃清一切反革命派以实现民族解放"。黄学增、韩盈等人发动在广州的"雷州青年同志社"与新学生社、民权社、青年农工社、青年军人联合会、广州学生联合会、香

[1] 广东兵工厂工人（九月二十五日）：《马超俊在兵工厂之十罪状》，《向导》第 87 期，第 721—722 页。

[2] 马超俊、傅秉常口述、刘凤翰等整理：《马超俊、傅秉常口述自传》，中国大百科全书出版社，2016 年，第 48 页。

[3]《中国青年军人联合会成立大会记》，《中国军人》创刊号（1925 年 2 月 20 日），第 6 页；见广东省立中山图书馆、广州市社会科学院、中山大学图书馆：《黄埔军校史料汇编》第 1 辑第二册，广东教育出版社，2012 年，第 173 页。

[4] 张善铭：《与民权社合作问题》，广东省档案馆、广东青运史研究委员会办公室：《新学生社史料》，内部刊物，1983 年，第 140 页。

港学生联合会、香港青年社、琼崖革命同志大同盟、妇女解放协会"等团体代表六十余人"到会，"选新学生社代表邓颖超为主席，书记则为香港青年社代表彭月笙"[1]。雷州青年同志社社员陈荣福被选举为农民部执委，陈光礼被选举为军人部执委。[2]

而在1925年夏秋间，为开展南路地区的革命运动，韩盈、黄广渊等由党组织派回南路遂溪开展工作，在乐民一带他们以雷州青年同志社的名义召集大会，"宣布恢复雷州青年同志社在本地的活动"。是次大会由黄广渊主持，韩盈继续被选为主任，黄广渊为副主任。社址设于遂溪第六区海山村附近的轭曲塘。[3]在这里，《中共广东南路党史大事记》所言的"宣布恢复雷州青年同志社在本地的活动"值得商榷。这是因为：1925年11月30日的《团雷州特支关于第二次临时会议的情况报告》[4]（由韩盈执笔）载称："（C）广渊（A）：我自七月返雷后，秘密到农乡宣传……故吸收有觉悟青年组组织雷州青年同志社乐民分社，后分配各社员到各乡宣传及组织。"《广东革命历史文汇集》亦有所载："南征大军出发之前，中共广东区积极做准备……黄学增从广州秘密回到遂溪，协助韩盈、黄广渊等，建立'雷州青年同志社'乐民分社。"[5]因此，笔者认为：雷州青年同志社在当时是合法社团，并在中国国民党中央执行委员会备案，若果改选领导班子，变更地址，那务必应该向相关组织报告，但从前文看到的"团雷州特支"报告的是成立了"雷州青年同志社乐民分社"，未见有报告"恢复雷州青年同志社，选举主任、副主任，决定社址设在遂溪县六区海山村轭曲塘"的记载。详读《团雷州特支关于第二次临时会议的情况报告》还可看到有"不意十月间国民党党员黄河沣由省返来……将雷社乐民分社解散"的文字记载。因此这也可间

[1] 载《工人之路》特号第九十六期（1925年9月28日）。

[2] 载《工人之路》特号第九十七期（1925年9月29日）。

[3]《中共广东南路党史大事记》，第10页。

[4] 中央档案馆、广东省档案馆：《广东革命历史文件汇集》（一九二五年），1982年10月，第247—251页。

[5] 中央档案馆、广东省档案馆：《广东革命历史文件汇集》，1992年10月，第31页。

接地佐证1925年夏秋间在乐民地区成立的是“雷社乐民分社”，而不是在乐民地区召开恢复雷州青年同志社在本地活动的大会。该社乐民分社当时吸收会员110余人，随后，黄广渊到时为遂溪第七区的纪家一带组织雷州青年同志社纪家分社，开展农民运动。1926年在“五卅”纪念大会召开同日，雷州青年同志社遂溪分社发出《“五卅”中杀案敬告民众书》，揭露帝国主义屠杀上海工人的罪行，号召民众“联合一致”，“向帝国主义、军阀、贪官污吏、大地主进攻”，为死难同胞报仇。1925年6月23日，英国士兵在广州沙基一带开枪镇压游行队伍，造成严重伤亡事件。1926年6月23日，雷州青年同志社连同遂溪县农民协会联合发出《纪念沙基殉难烈士告各界同胞》传单，揭露帝国主义屠杀广州爱国群众的罪行，号召民众“联合起来，继承先烈的革命精神，猛烈向英、法帝国主义进攻，铲除其工具——吴佩孚、张作霖，以完成革命事业”。[1]雷州青年同志社在雷州半岛活跃活动，令当地利益集团寝食不安。早在1925年10月中旬，黄河沣由广州回至本乡海山村，即投靠法帝国主义和当地军阀，并勾结该乡劣绅黄树滋、陈光烈，乐民区长黄仲龄等强行解散“雷州青年同志社乐民分社”、第一、二、三乡农民协会与农民预备队，并殴伤会员10多人，军阀邓本殷派肖××团驻扎于乐民，黄河沣、黄树滋等又将黄广渊等人密告于肖部，在海康、遂溪从事农运的韩盈等9人受到通缉。适逢国民革命南征军抵达化州，肖部仓皇逃窜，方免于事。[2]南路地区南征的胜利，也促使雷州青年同志社得予公开活动。1925年12月15日，雷州青年同志社公开发表对雷州善后的宣言：“邓逆本殷，自盘踞雷州以来，给予雷民之痛苦：如迫种鸦片，包庇烟赌，勒捐军饷，私铸假银，巧设人头税及各种苛税杂捐，纵兵奸淫抢掠及强占民房，种种事实，罄竹难书，雷民何辜，遭此蹂躏！遂致耕者不给食，织者不给衣，民穷财尽，生计日非。酿成哀鸿遍野，盗匪充斥，甚至因此流离失所，转死沟壑者，二十万人，言念及此，痛心靡既！迺者国民革命军南征，

[1]《中共广东南路党史大事记》，第25—27页。

[2]《广东南路农民运动史略》，第16页。

一呼而南路各属次第克复，邓逆之命运于以短促，雷民之痛苦，至此可告一结。然而国民革命军此次南征，不惟在驱除邓逆一人，尤以在驱除邓逆之后，永无与邓逆同样之继起者，雷民急切之要求，亦尽在于此。所以此后对于邓逆之一切恶政，务须根本取消，对于地方之一切建设，务须站在人民利益上面；同时并要灌输以孙总理之三民主义，以冀雷民之彻底觉悟，履行国民党政纲之对内政策，以致雷民之生活满慰，此不惟表现南征之意义，抑亦巩固革命之根基。本社本爱国爱乡之心，谨代表雷州一般民众提出以下最底的要求：一、铲除贪官污吏劣绅土豪；二、肃清散兵土匪。三、废除苛捐杂税；四、严禁烟赌；五、救济失业农民；六、扶助工农团体之发展；七、保护青年之一切利益；八、改良盐务；九、振兴实业；十、整顿教育；十一、提倡女权。”[1]但青年同志社终究是代表广大贫苦民众的利益，与地主阶层是水火不相容的。遂溪部分地主豪绅等群体随即组织雷州革命同志社与雷州青年同志社争斗。1926年国民党广东省党部决议两者解散。[2]团体的解散，对于雷州青年同志社作为一个革命社团而言，也许是历史任务的完成，但它培育的种子却在不断发芽，为南路的解放作出贡献。

除了上述以雷州青年同志社名义参与国民革命活动外，同志社的社员还以其他名义参加各类革命活动，如黄学增以国民党南路特别委员会的名义，领导南路人民举行轰轰烈烈的农民运动。韩盈、陈荣位、黄广渊、陈均达等等，无论是在农民运动、工人运动、反对基督教运动，还是在南路建团、建党等方面，都作出了巨大的贡献。

第三节　北部湾青年红色革命道路的探索

传统上，中国是一个自给自足的社会，与域外的往来主要以民间为

[1] 中国国民党五部档案资料，中国社会科学院近代史所藏。
[2]《黄学增研究史料》，第148页。

主，政府层面不多。诚如乾隆时期清高宗在致英王谕旨中所言："天朝物产丰富，无所不有，原不外藉外夷货物，以通有无，特因大清所产茶叶、瓷器、丝巾为西洋各国及尔国（按：指英国）所必需之物，是以加恩体恤，在澳门开设洋行，俾得日用有资，并沾余润。"[1] 但社会的发展并没有以个人的意志为转移。1840年，急于向海外寻求市场、急于殖民扩张的英国，发动侵略中国的鸦片战争，用炮舰轰开中国的大门；随后迫使清政府订立了中国近代历史上第一个丧权辱国的不平等条约——中英《南京条约》。幅员辽阔、资源丰富、人口众多的中国，自此后成为完成工业革命的西方列强垂涎和争夺的市场。这些西方侵略者纷至沓来，穷凶极恶地发动一次又一次对中国的战争，迫使清政府订立了一系列不平等条约——《天津条约》、《北京条约》、《瑷珲条约》、《黄埔条约》、《马关条约》等等，数以百计的不平等条约、章程、专条，像一张无所不至的巨网，从政治、经济、军事、文化等各个方面束缚着中国，使中国在列强无尽的索取面前寸步难行，动辄得咎，而列强则据之为所欲为。"四万万人齐下泪，天涯何处是神州？"[2] 独立与富强自此成为近代中国两大主题。实际上，即使远离中央地带，北部湾在这一轮社会变革中，亦未幸免于难。1898 年 3 月，法国向清政府提出租借广州湾作为停船趸煤之所的无理要求。随后在没有签约的情况下，即派军舰侵入遂溪县海头汛，炮轰村庄、抢占炮台、抢劫财物、焚毁民房、占地建营、竖立法旗等，激起当地民众的义愤，轰轰烈烈的遂溪人民抗法行动自此开启。但由于清政府的软弱无能，1899 年 11 月，中法订立了《广州湾租界条约》，遂溪、吴川两县交界的 518 平方公里土地成为"广州湾租借地"，成为闻一多"七子之歌"中的"七子"之一。广州湾成为南路土匪的渊薮之地。"南路土匪，昔时虽不敢说完全没有，但是绝少。民国五年以后，广州湾变成土

[1]（英）马戛尔尼著，刘半农译，林延清解读：《一七九三乾隆英使觐见记》，天津人民出版社，2006 年，第 252 页。

[2] 谭嗣同：《有感一首》，《谭嗣同全集》，中华书局，1981 年，第 540 页。

匪大本营，土匪可以全队驻扎在赤坎各处。土匪劫杀凶品——枪弹特别是驳壳枪弹——可以从香港购回及广州湾法帝国主义者之成千成万供给。土匪所劫掠之对象人口，可以在广州湾发货吊赎，因此土匪人数众多，枪弹充足，所向无敌。”[1] 南路的土匪也成为远近闻名的社会现象！“雷州三属匪徒凶悍，不特为广东冠，更为全国冠、全球冠也。他处匪徒，最多不过如陆荣廷张作霖等辈，打家劫舍、掳人勒索耳。此则逢人便杀，遇屋则焚，雷属西方千数百村落，悉成灰烬……故李福隆一股杀人盈万，即杨陈仔一股，亦杀人逾三千。”[2]

北海是近代中国被迫实行门户开放较早的地区之一，1877 年英国即在北海设立领事馆，并设北海厘金厂，专收该海域船只出口货物厘金税。在 1885 年春，中法之间暴发镇南关战役，法军为配合陆军进攻，宣布于 3 月 7 日起对北海港实行军事封锁。并于 14 日、15 日，派遣三艘军舰开进北海港口，封禁口岸，发炮轰击。而在 1920 年粤桂之役期间，桂系龙济光部进驻北海。法国借口保护侨民，从其占领地越南派遣军舰进入北海港口，炫耀武力，百余名武装士兵还登陆北海，进驻法领事馆、主教府、法医院一带。其时，部分教徒、商家、市民纷纷逃往教堂避难。法方随后即乘机勒索保护费。数月后，粤桂战争平息，法舰始离去。[3] 在 1900 年，德国传教士巴顾德为了扩大传教影响，在廉州强行购买当地考棚前的民房，并改建成为教堂。面对如此侮辱行为，当地民众愤起拆之。后德国派军舰到北海威胁，清政府迫于压力，以考棚东的同善堂调换，并赔偿兵费 6000 元。[4]

面对家乡如此多灾多难的概况，“没有革命的理论，就不会有革命的

[1] 黄学增：《广东南路各县农民政治经济概况》，《中国农民》第一卷第四期，1926 年 4 月，第 7 页。

[2] 黄强：《军次英利通信》，载《黄司令官造雷平匪实纪》，雷州道南印务局，1922 年，第 3—4 页。

[3] 中共北海市委党史研究室、中共合浦县委党史办公室：《中共广西地方历史专题研究（北海市卷）》，广西人民出版社，2001 年，第 9 页。该书如下简称《中共广西地方历史专题研究（北海市卷）》。

[4] 中共北海市委党史研究室：《中国共产党北海历史》第一卷（1926—1949），广西人民出版社，2005 年，第 12 页。

运动”[1]。北部湾众多有志青年纷纷走出家门，渴望寻找到一种能够保家卫国的办法。

在1920年12月29日，仍是应陈炯明之邀，陈独秀到广州任职教育委员会委员长。“省立第一师范学校，与广东大学、编译局和宣传员养成所”，是陈独秀到粤后筹划的四件教育大事。[2]“1921年1月中旬，教育行政委员会召开会议，议决筹设编译局、宣讲员养成所、贫民教养院、劳动补习学校。”[3]也就是说广东省立宣讲员养成所具有公立学校的性质，按照后期学者的说法，养成所是当时广东省政府管辖的七所高等和中等学校，简称“中上七校”。[4]其实，更主要的是，广东省立宣讲员养成所具有最早党校的雏形，创造了共产党人通过办学来培养理论、宣传干部的先例。因为共产党早期不少活动与之关联。

1922年2月19日，广东社会主义青年团在《广东群报》刊登启事，从1922年2月19日开始公开对外办事，临时办事处就设在宣讲员养成所。1922年2月26日，广东社会主义青年团机关刊物《青年周刊》创刊，以宣传马克思主义，彻底改造旧社会为宗旨，办公地点也设在宣讲员养成所。1922年3月19日，广东社会主义青年团在宣讲员养成所召开全体团员讨论会，讨论组织大纲和章程，为召开广东社会主义青年团成立大会做好准备。

根据目前所了解到的资料，宣讲员养成所先后由陈独秀、陈公博主持，由谭植棠任教导主任，由谭平山、杨章甫、谭天度、邓瑞仁等人任教员。下面是该学校的教职员名录：

[1] 列宁著，马克思、恩格斯、列宁、斯大林著作编译局译：《怎么办？》，人民出版社，1971年，第187页。

[2] 见刘娟、袁征：《1921年广东各界“驱陈”始末》，《学术研究》2014年4期，第100页。

[3] 曾庆榴：《陈独秀创办的“广东省立宣讲员养成所”》，http://zggzds.org.cn/dsyjyjwz/959.html 广州党史网。

[4] 袁征：《1924—1927年广东教育的基本制度与史实》，《学术研究》2001年第5期，第106页。

宣讲员养成所教职员表[1]

职别	姓名	年龄	籍贯	学历背景
所长	陈公博	30	南海	北京大学毕业
专门班主任	谭植棠	28	高明	北京大学毕业
通俗班主任	余锡恩	29	台山	方言学校北京大学毕业
学监	胡琼	30	开平	北京大学毕业
教员	陈达财	30	东莞	北京大学毕业
	陈衍芬	41	新会	香港西医大学堂毕业
	褶绍隆	35	三水	日本早稻田大学毕业
	陈磊	35	梅县	陆军讲武堂毕业
	陈俊干	37	南海	香港西医大学堂毕业
	谭鸿基	19	高明	
	谭鸣谦 *	35	高明	北京大学毕业
	张毅汉	26	南海	中国公学
	沈澡修	22	番禺	公立法政毕业
	陈嘉蔼	29	番禺	北京大学毕业
	温仲良	35	顺德	高等师范
	陈肇星		番禺	公立法政毕业
	杨章甫			
	邓拜言		南海	北京大学毕业（法学士）
教务员	梁空	24	顺德	北京大学毕业
文牍	姚培之	36	番禺	历就番禺高明四会等县总务
图书馆主任	何焯贤	22	番禺	广东公立法政毕业
庶务兼会计	刘寅	33	三水	

* 即谭平山。

[1] 广东省广州素波巷“中国共产党广东第一支部”展馆。

除上述教职员外，宣讲员养成所还在广州各大中专学校邀请教师给学生讲授先进的理论知识。如韦悫，他在养成所讲授哲学课。韦氏是香山人，曾赴英、美留学，获芝加哥大学哲学博士学位，时任岭南大学和广州高等师范大学教授，是护法军政府外交部秘书兼孙中山秘书，1921 年 6 月，韦悫受孙中山委派为革命政府代表，出席在檀香山举行的太平洋教育会议。宣讲员养成所成立时，到所讲授哲学课程。

在养成所教职员工中，谭平山、谭植棠、陈公博是广州共产党（广东党组织）主要创建人物，1920 年 8 月上海党组织建立后，陈独秀曾为在广州建党之事，致函此三人，嘱其发起组织。但由于 9 月俄共（布）党员斯托扬诺维奇和别斯林到广州与无政府主义者区声白等取得联系（两俄人通过无政府主义者黄凌霜引荐），并于同年底开始建党活动。参加该组织的共九人，除两名俄人外，七个中国人都是无政府主义者。由于观点不一致，谭平山、谭植棠、陈公博拒绝加入该组织。1920 年 12 月，应广东省省长陈炯明的邀请，陈独秀从上海到广州出任广东省教育行政委员会委员长。行前，陈独秀与李大钊等商定，要利用这一机会在广东建立共产主义组织。到穗后，陈独秀等与无政府主义者争论，无政府主义者随后退出了党组织，在陈独秀的主持下，于 1921 年春，广东地区“开始成立真正的共产党”。[1]当时取名为“广州共产党”。该党组织早期先由陈独秀、后由谭平山任书记，陈公博负责组织工作，谭植棠负责宣传工作，成员有袁振英、李季等。

杨章甫则是杨匏安的族叔。杨匏安在中国马克思主义早期传播史上，是与李大钊齐名的人物。他的《马克思主义》一文与李大钊的《我的马克思主义观》差不多同时问世，在马克思主义中国化上都有重大影响，在当时有“南杨北李”之誉。广州共产党成立不久，杨章甫即加入，是广东最早一批党员之一，在 1924 年继杨匏安后担任中共粤汉铁路支部书记[2]，领导铁路工人活动。早期广州共产党组织的活动往往是在宣讲员养成所的高第

[1]《广州共产党的报告》，《中共中央文件选集》（第一册），第 20—25 页。

[2]《中国共产党广东省组织史资料》（上册），第 9 页。

街素波巷进行，但有些会议也在杨章甫的住处——越华路杨家祠（泗儒书室）召开。[1]

在宣讲员养成所同学录中，我们发现不少北部湾籍贯的学员，这些二十岁左右的热血青年在这里向近代中国社会的先进分子虚心问道，学习马克思主义理论，祈求从中寻找救亡图存的本领，探求真理，希望为家乡、为国家寻找到一条独立与富强的道路。这份名录中，我们找到比较熟悉的黄学增烈士姓名，他可能也是这份名录中后期比较著名的学生。可惜的是其余北部湾籍贯人员，我们还没有找到更多资料。也许他们后来走向另外一条道路，叛变了革命，违背初衷；也许他们后来吃不了苦，退缩了，回家乡过平淡日子；也许他们信仰更加坚定，为革命，为初衷默默奉献自己的生命。不管如何，当时，我们相信他们就是一群热血青年，充满着激情，从遥远南疆之地来到省城，渴望能在异乡寻找到一条令家乡独立与富强的道路。下面摘录的是北部湾（含琼崖地区）籍贯学员的名录：

专门班南路籍：苏钟仁（海康）、黄学曾（遂溪）、梁学渊（遂溪）、王士清（海康）、邵振均（电白）、龙宗正（化县）、黄元（茂名）、苏祥芳（防城）、邵权孚（灵山）、梁建邦（阳江）、陈球光（遂溪）、冯炜（阳江）、李而威（防城）。

专门班琼崖籍：王纶章（临高）、符傅仁（琼东）、林邦光（文昌）、周斌（琼东）、黄景洛（琼山）、曹俊升（乐会）

通俗班南路籍：曾广词（阳江）、何鸾鸣（海康）、李春炫（海康）、关永安（阳山）、陈杞材（廉江）、梁联清（化县）、黄宗培（茂名）、吴廷松（电白）、徐伯陶（防城）。

通俗班琼崖籍：梁福仁（临高）、吴俊坤（澄迈）、欧育熊（琼州）、詹凤仪（琼东）、李居时（乐会）、唐盛世（万宁）、温飞腾（万宁）、黄道春（琼山）、林成文（琼州）。

为了改变中国积贫积弱的面貌，中国共产党从一开始就积极探索各种

[1] 欧阳湘：《光辉风月 羊城丰碑：中共广州历史90载》，广州出版社，2014年，第14—15、20页。

途径。其中对于农民阶层，共产党自成立之日起，已意识到他们的力量。如党的一大文件中，第一个纲领就明确指出："本党承认苏维埃管理制度，把工人、农民和士兵组织起来，并承认党的根本政治目的是实行社会革命。"1922年7月二大召开后，随着对国情认识的深入，中国共产党意识到："中国三万万农民乃是革命运动中的最大因素"，"大量的贫苦农民能和工人握手革命，那时可以保证中国革命的成功"。而在二大会议上通过的"中国共产党加入第三国际决议案"也明确提出："必须有步骤有计划地在农村中进行鼓动工作。如果工人阶级不能得到哪怕是一部分雇农和贫农的拥护，不能用自己的政策去中立一部分其他农村居民，那就不能巩固自己的胜利。在目前这个时期，共产党在农村中的工作具有头等意义。这项工作主要应当通过同农村有联系的革命的工人共产党员去进行。放弃这项工作，或者把它交给不可靠的半改良主义者，就等于放弃无产阶级革命。"1923年"二·七"惨案的发生，使共产党人认识到中国革命的敌人的强大，必须寻找自己可靠的同盟军。此年6月召开的党的"三大"中，大会通过了《农民问题决议案》，这是中国共产党专门就农民问题做出的第一个决议。它指出："我党第三次大会决议认为有结合小农佃户及雇工以及反抗牵制中国的帝国主义者，打倒军阀及贪官污吏，反抗地痞劣绅，以保护农民之利益而促进国民革命运动之必要。"而之前的5月，共产国际执行委员会也在给中国共产党第三次代表大会的指示中认为："全部政策的中心问题乃是农民问题。无论出于任何考虑而回避这一基本点，都意味着不理解这个社会经济基础的重大意义，而只有在这个基础上才能胜利地进行反对外国帝国主义和彻底消灭中国封建制度的斗争。"[1]党的三大的文件显示，这时的共产党已经将农民当作革命的主力军对待："只有能够吸引中国农民基本群众——小农——参加运动，这个革命才能取得胜利……因此，中国共产党——中国工人阶级的政党——就应力求工农联盟的实现。而达到这一目的之唯一方法，则就只有不倦地宣传和实际上实现土地革命的口号：如没收地主土地，没收寺院庙宇的土地，

[1]《中共中央文件集》（第一册），第5、3、42、118、104页。

无代价的交给农民，取消苛租，取消现行税则，取消税卡，取消官僚制度，建立农民自治机关，以处理已被没收之土地等等。”[1]

正是中共对农民问题认识比较深入，故在农民运动的开展方面是比较早的。如在1921年9月27日共产党员沈玄庐即在浙江萧山成立衙前农民协会；1922年“农民运动大王”彭湃在广东海丰地区发动农民运动，先后成立了六人农会、赤山约农会等。1924年第一次国共合作正式形成后，共产党人就推动农民运动讲习所的成立，广州农民运动讲习所在后期国民革命中扮演着非常重要的角色。

中共广东区委《广东农民运动报告》（1926年10月）提及“我们党在广东开全国第三次大会后，C·P、C·Y分化清楚，定出农运政策，农运便放在党的指挥之下。但当时并没有公开招牌做，同时因为国民党改组后，国民党认定农民运动是革命工作之一，我们因用国民党中央农民部名义工作，开办农民运动讲习所，彭湃同志到国民党农民部去做秘书……”[2]国民党中央农民部首任部长林祖涵在《中国国民党农民部两年来工作状况》中也谈道：“现在先报告中央农民部之组织和工作情形。中央党部有八部，农民部乃其中之一部。在民国十三年，开第一次全国代表大会时成立。其时事情未多，仅一部长，一秘书及组织员而已。后来农民部工作颇忙，又想在广东开始工作，故于中央执行委员会廿七次会议时候，遂决定此种应做的工作：第一，调查广东大势；第二，派特派员到农村工作。当时为欲唤起农民觉悟和提高其利益起见，遂开办农民运动讲习所及农品展览会，再将广东农民组织自卫军和农民协会，都甚有成绩。”[3]1924年7月第一届农民运动讲习所开办，在广州共开办六届。第一届主任为彭湃，罗绮园任第二届主任，阮啸仙任第三届主任，第四届主任是谭植棠，第五届主任是彭湃，第六届所长是毛泽东。

[1] 中国人民解放军政治学院党史教研室：《中共党史参考资料》第2册，中国人民解放军政治学院党史教研室出版，1979年，第519页。

[2]《广州农民运动讲习所资料选编》，第1页。

[3]《广州农民运动讲习所资料选编》，第4页。

下面是南路地区青年在农讲所学员名录及当时农讲所所长(主任)名录:

黄学增(遂溪)(第1届,彭湃所长);黄杰(海康)与陈钧达(遂溪)(第2届,罗绮圆所长);黄广渊(遂溪)(第3届,阮啸仙所长);余华柱(遂溪)、苏天春(遂溪)、祝君(即钟竹筠,女,遂溪)、陈阿隆(遂溪)、陈荣封(海康)、陈业遵(海康)、刘坚(遂溪,旁听生)、何青魂[1](女,海康,旁听生)(第4届,谭植棠所长);刘坚(遂溪)、吴协民(遂溪)、陈克醒(遂溪)、谭作舟(阳江)、敖华衮(阳江)、吴铎民(阳江)、梁本荣(信宜)、容杰庵(茂名)、韦贤(灵山)、卢宝弦(灵山)(第5届,彭湃所长)。[2]

第一次国共合作期间,长期从事武装起义、反对清政府的孙中山先生,针对国民党手中没有武装力量的弊端,在苏联和中国共产党的帮助下,决定在广州黄埔设立陆军军官学校(后改为中国国民党陆军军官学校、中央军事政治学校)。因校址位于黄埔长洲岛,历史往往通称之为黄埔军校。黄埔军校1924年4月开始招生,6月16日正式开学。孙中山亲任校总理,蒋介石任校长,廖仲恺任党代表。根据孙中山先生的要求,中国共产党派周恩来出任黄埔军校政治部主任,叶剑英任教授部主任,恽代英、萧楚女、熊雄、聂荣臻等先后在该校担任政治领导工作及其他工作,中共广东区委在该校成立特别支部,为办好黄埔军校作出了重要贡献。1927年4月以后,国民党在军校内实行“清党”,国共两党共同办军校的历史结束,黄埔军校改变性质。据《黄埔军校同学录》,第一期至第五期(1924年5月至1927年8月)有广东南路籍贯学生共八十四人,其中有的曾派回南路从事农民运动或其他工作(注:《黄埔军校同学录》内有些学生的籍贯仅注“广东”,未能判定是否为南路人,本表没有列入)。[3]

第一期:1924年5月5日进校,同年底毕业,共645人,其中广东南

---

[1] 据黄斌的后人说,何青魂是深圳宝安人。

[2] 至1925.12.8止。根据《广州农民运动讲习所资料选编》中《历届农讲所毕业生姓名表》汇总而成,第95—115页。

[3] 西宁辑:《1—6届广州农民运动讲习所南路学员表》和《1—5期黄埔军校广东南路学生姓名表》,政协湛江市委员会文史资料研究委员会:《湛江文史》第7辑,1988年,第209—212页。

路籍贯学生 11 人。

姓名	籍贯	姓名	籍贯
黄彰英	化 县	邓经儒	电 白
梁汉明	信 宜	薛文藻	遂 溪
甘达潮	信 宜	林朱梁	合 浦
黄 煜	化 县	梁文英	茂 名
陈 沛	茂 名	甘清池	信 宜
吴 斌	茂 名		

第二期：1924 年 8 月进校，1925 年 8 月毕业，共 449 人，其中广东南路籍贯学生 8 人。

姓名	籍贯	姓名	籍贯
黎鸿锋	钦 县	祝夏年	徐 闻
黎广达	钦 县	林澄辉	防 城
谢卫汉	化 县	吴传一	海 康
武鸿英	化 县	陆士贤	廉 江

第三期：1924 年冬陆续进校，1926 年 1 月毕业，共 1233 人，其中广东南路籍学生 24 人。

姓名	籍贯	姓名	籍贯
王者须	化 县	黄德兴	合 浦
王树烈	遂 溪	黄 赓	遂 溪
田道英	遂 溪	黄学伦	遂 溪
李征期	化 县	黄德五	化 县
李炳耀	遂 溪	黄宗寿	遂 溪
林崇安	阳 江	黄成美	遂 溪
胡于定	茂 名	汤建温	信 宜

姚毓琛	阳 江	曾国俊	化 县
陈炳璜	化 县	黄正兴	化 县
张国土	化 县	刘学明	遂 溪
黄恩堂	化 县	刘丕基	化 县
黄学家	遂 溪	姚毓瑂	阳 江

第四期：1926 年 1 月进校，同年 10 月毕业，共 2654 人，其中广东南路籍学生 22 人。

姓名	籍贯	姓名	籍贯
莫宴琦	化 县	何 庄	电 白
梁名钦	阳 江	吴孟庄	茂 名
谢卸群	信 宜	李渝明	遂 溪
丁龙起	茂 名	苏琼元	化 县
罗雄寰	信 宜	邓应南	茂 名
谭 斌	阳 江	彭俊英	化 县
刘其宽	信 宜	梁冠雄	海 康
陈 燊	信 宜	高川惠	电 白
黄 纯	廉 江	杨正鎏	徐 闻
丁迪辉	遂 溪	彭晋芳	化 县
谭 竟	阳 江	王传儒	合 浦

第五期：1926 年 3 月编第四期未毕业者入学，7 月，成立第二团，1927 年 8 月在南京毕业，共 2418 人，其中广东南路籍学生 19 人。

姓名	籍贯	姓名	籍贯
王明宇	钦 县	林泽寰	合 浦
梁锡滨	防 城	左新中	阳 江
李 熙	化 县	张绍勋	廉州（合浦）

莫凌狮	阳 江	庞一洸	化 县
何彰明	防 城	谭 天	茂 名
张翼飞	高州（茂名）	宁明坊	灵 山
邓 吞	防 城	王鎏儒	合 浦
钟诚彰	合 浦	张绍坤	合 浦
简 丹	防 城	林国谦	廉州（合浦）
刘 玉	茂 名		

北部湾有志青年除了通过上述三大学校求学，寻求红色道路外，还有一些热血青年亦通过种种途径，不断探索红色道路。

1923 年 9 月，在地处边陲的防城县东兴镇，受全国革命的影响，一批青年冲破家庭樊笼，远赴广州升学，寻求革命真理。不久，李成通、雷慧贞在广东省立一中读书时加入新学生社。年底，经王克欧介绍，李成通、李培云、雷慧贞、郑永祥等 4 人首批加入中国社会主义青年团。[1] 在广州追求真理期间，雷慧贞等人积极参加各种国民革命活动。雷慧贞加入广东妇女解放协会，与邓颖超、蔡畅、何静魂等人一齐作为“出版委员会委员”，出版广东妇女解放协会会刊《光明》，宣传革命。[2] 在广东妇女解放协会任组织主任的雷慧贞、在广州团机关搞学运工作的丘九（邱祥霞）以及李培云等人不断地给家乡学校投寄《中国青年》、《光明》等进步刊物，东兴初级中学师生黄胞民、易一德、麦球英、张甫碧、易永言等首先阅读了这些刊物并将其传播于社会，对防城地区产生了深刻的影响。[3]

韩盈，笔名寒萤，遂溪县遂城镇南门墟人。1920 年就读于广州铁路

[1] 中共防城港市委党史研究室：《中共广西地方历史专题研究（防城港市卷）》，广西人民出版社，2001 年，第 30 页。该书以下简称《中共广西地方历史专题研究（防城港市卷）》。

[2] 中央档案馆、广东省档案馆：《广东革命历史文件汇集》（一九一九～一九四九，广东报刊资料选辑），1991 年 12 月，第 240 页。

[3] 《中共广西地方历史专题研究（防城港市卷）》，第 2、30 页。

工程专科学校时，与杨石魂等结为挚友，参加社会活动，学习马克思主义。1922年3月，加入社会主义青年团，1923年夏，与阮啸仙、刘尔崧等组织“广东新学生社”，领导广州地区学生进行反帝反封建斗争。[1]1922年3、4月在广州地区组织“交还广州湾期成会”、“收还广州湾讨论会”，计划策划收回租借地广州湾。韩盈还在广州党组织机关报《广东群报》发表时评《收还广州湾期成会成立了，我们应表示如何态度》。在1925年4月15日与23日，韩盈继续在《广东群报》分别发表时评文章：《介绍帝国主义者在殖民地的功德》与《什么话》；[2]在1924年，韩盈还作为广州农工绅商代表，向国民党提案：“为广州湾法政府捕禁雷籍学生事，请求提出交涉案。”[3]对家乡如何摆脱帝国主义的统治，韩盈时刻在探索。朱也赤，原名朝柱，又名克哲。高州金塘镇白土村人。1919年进广东高等师范学校学习。在校期间，创办了以“追求科学新知”为宗旨的“新读书社”，有30多位同学加入，利用课余时间传阅进步书籍，定期集中讨论中国社会问题。随后接受马克思主义理论，宣传“十月革命”和马克思主义新观点。[4]朱氏先加入社会主义青年团，后加入中国共产党，并将名字改为“朱也赤”。

而除了到外地求学、扩展视野、探求知识等外，北部湾青年还纷纷在家乡或回到家乡探索革命的道路。

如廉江关泽恩，在1923年入读廉江中学，随后参加了学校的秘密读书会，阅读了《共产党宣言》、《唯物史观》等马克思主义理论书刊。并在1924年成立的“廉江县学生联合会”中出任负责人（另一负责人为罗慕平），带领进步学生到附近农村向群众传播革命道理。随后在1925年春与吴绍珍

[1]《南路农民运动史料》，第269页。

[2] 中央档案馆、广东省档案馆：《广东革命历史文件汇集》（一九一九～一九四九，广东报刊资料选辑），1991年12月，第140、156页。

[3]《广州民国日报》1924年8月14日。

[4] 吴兆奇、罗宏宇、朱剑锋：《朱也赤传》，广东人民出版社，1997年，第15页。该书以下简称《朱也赤传》。

等在廉江发起成立了“廉江青年同志社”，在各地宣传反帝反封建思想。[1]而在同年的8月，在广州读书的阳江青年谭作舟、敖华衮、黄贞恒等，利用暑假返乡机会，在第二区雅韶乡发动农民成立了阳江县第一个农民协会。此前，电白在穗学生共产党员邵贞昌、区就宪等亦回乡传播革命思想。[2]遂溪县第七小学进步教师梁树本等，依托学校平台，经常向学生宣传苏联十月革命和反帝反封建的思想。[3]而早在1922年，时在广东省宣讲员养成所学习的黄学增利用回乡之机，在家乡遂溪召集一批青年才俊，成立较早传播马克思主义思想的乡村社团——雷州青年同志社，此已在上面叙述，于此不作赘述。此外，在国共合作刚开始时，黄学增似乎亦回乡发展国民党基层组织——当时，国民党还是以国民革命的主要力量自居。一份中国国民党汉口档案提及“党员黄学曾等呈为请求严办被拿恶探陈怀琦假名陈磊夫等情”：“为请愿事窃查雷州伪善后处处长陈学谈恶探陈怀琦一名陈禹铸假名陈磊夫（遂溪人），乃系素日在县与各匪绅狼狈为奸，多行不义者，邑内人士久恨骨髓。自土匪头陈学谈受逆命，擅称雷州伪善后处长之时，该探以捣乱时机已至，始则合同陈逆学谈解散雷州各县国民党分部，捕杀遂溪国民党分部党员黄汝南、梁竹生，通缉党员黄学曾、黄荣、方景等，继则陈逆学谈以该探长于残贼手段，遂委海康分庭检察专职，以资肆害。其凡陈逆学谈之开铸伪银，强夺公枪，协编民团，勒诛商民，及拿捕学生各事，该探实在在皆主其谋。至此次潜来省垣，确系衔奉逆命刺探军情，以思害国祸乡，尽人皆知。是于下榻旅店则假名为陈磊夫即此可见。兹经广州市公安局侦缉拿获，学曾等除呈请其从严惩办外，用特沥情，请愿钧会恳迅议决，函致严办，俾杜祸根，而张党务，不胜切祷之至。再，该探前曾经学曾等请愿钧会，函令缉办在案，合并声明。此请愿　中国国民党中央执行委员会。”请愿书署名人员包括：中国国民党中央执行委员会讲

[1]《中共广东南路党史大事记》，第9页。

[2]《中共广东南路党史大事记》，第16页。

[3]《中国共产党遂溪地方史》（第一卷），第58页。

习所遂溪籍学生黄学曾（印）、中国国民党广州市第一区第一区分部遂溪籍党员陈炳森（印）、省立工业专门学校遂溪籍学生国民党员黄广渊（印）、余冕（印）、田迺瑛（印）、省立第一中学校遂溪籍学生国民党员陈荣福（印）、黄埔军官学校遂溪籍学生国民党员薛文藻（印）、中国国民党第一区特别区分部海康籍党员黄杰（印）。[1] 档案中所提及的遂溪国民党分部党员黄汝南、梁竹生、黄学曾、黄荣、方景等，其中黄学增是跨党党员已无疑，黄荣身份存疑。黄学增更早一份请愿书“呈为雷州伪善后处处长陈学谈（即陈焕）种种罪恶，恳迅令通缉究办”，落款人有黄荣；黄学增那份著名的《广东南路各县农民政治经济概况》亦提及黄荣：“（黄杰）他回去海康活动后，该地的农运便交与黄荣等负责……黄荣（他是该区区长，颇肯努力工作，但名利心稍重）是正委员长（指农会）。”[2] 新中国成立后黄学增的战友周纪亦回忆到：“在农村期间，战友韩盈、黄荣（可能是化名）等革命同志都到农村和周纪联系，大家吃住在一起，时间大约半个月。”[3] 而在 1922 年一份国民党党务资料中，可以看到国民党遂溪分部长是黄荣。[4] 而在一份法国档案中，1928 年时任琼崖专员的黄强要求从法属广州湾政府处引渡陈炳森。“领事先生，今天早上我给您寄了一封官方信函，要求您向广州湾当局转达我的请求。在我信中提及的共产党员陈炳森被控告一项重大的犯罪。是他指挥所有的歹徒于 1927 年对广州城进行焚烧和抢劫。所

[1] 中国国民党汉口档案，中国社会科学院近代史所藏。

[2]《南路农民运动史料》，第 38 页。

[3] 许和达：《黄学增的战友——周纪》，政协湛江市委员会学习和文史资料研究委员会：《湛江文史》第 23 辑，2004 年，第 528 页。

[4]《中国国民党广东支部月刊》第 1、2 号，《分部一览表》，转（日）深町英夫：《近代广东的政党·社会·国家——中国国民党及其党国体制的形成过程》，社会科学文献出版社，2003 年，第 204 页。按：该书以下简称《近代广东的政党·社会·国家——中国国民党及其党国体制的形成过程》。除了黄荣外，1921—1922 年间北部湾地区任国民党分部长的人员还有：阳江：谭信孚；廉江：潘林雄；琼山：龙道孔；合浦：曾广钰；灵山：邓汉治；茂名：周英。

有的广州人永远都不会忘记他的犯罪。”[1]

可以讲，面对家乡破败、深受压迫的景象，北部湾众多青年纷纷通过各种方式寻找救亡图存途径，祈求改变家乡面貌。

---

[1] “Monsieur le Consul, Je vous ai envoyé une lettre officielle ce matin vous demander de transmettre ma demande à l’ Autorité de Kouang Tchéou-wan. Le communiste Chang Bin sam（陈炳森）dont je parle dans la lettre est chargé d’ un crime considérable, c’ est lui qui a commandé à tous les bandits de brûler et de piller la ville de Canton en 1927. Tous les Cantonnais n’ ont jamais oublié son crime.”文中法文由黄灵鑫先生翻译。法国国家档案馆档案资料。这部分档案还涉及朱也赤、陈时等人。“La première, datée du 15 Décembre 15h40, m’ annonce que les autorités de Kouang-Tcheou-Wan ont accepté de lui livrer les onze chefs pirates arr ê tés la semaine dernière par le gouvernement du Territoire, afin qu’ ils soient punis selon les lois Chinoises. Parmi ces chefs les normées HA CHI-THNG（alias CHU YA-CHAK）（朱也赤）et CHEN-SHI（陈时） sont les plus réputés.”译文：第一封电报，来自12月15日15点40分，通知我广州湾当局已经同意交出上星期由广州湾政府抓捕11名海盗头目，以便他们能够被根据中华民国的法律来惩罚。在这些头目当中，名为夏之同（又名朱也赤）和陈时是最为著名的。

>>> 第二章

北部湾中共党团组织的创建

1920年8月，在陈独秀主持下，在上海法租界老渔阳里2号《新青年》编辑部正式成立了上海早期党组织，当时取名为“中国共产党”。这是中国的第一个共产党组织，陈独秀为书记。不久，陈独秀致函他的北大学生谭平山、谭植棠、陈公博，嘱其在广州发起组织。在9月，俄共（布）党员斯托扬诺维奇（又译为米诺尔）和别斯林来到广州，计划在该地建立共产党组织。他们在北京时结识无政府主义者黄凌霜，通过黄凌霜，他们在广州结识了区声白等七个信奉无政府主义的人，同年底开始建党活动。由于观点不一致，谭平山等三人拒绝加入此组织。12月中旬，应邀到广州出任广东教育委员会委员长的陈独秀，与广州“共产党”的成员联系，研究党的组织问题，并提交一份他起草的党纲给他们讨论。一些无政府主义者反对党纲中关于无产阶级专政的条文。陈独秀等与他们“进行非常热烈的争论，认为必须摆脱无政府主义者”。[1]这样，无政府主义者退出了党组织。在陈独秀的主持下，1921年春，陈独秀乃与谭平山、陈公博、谭植棠及斯托扬诺维奇、别斯林等重新组织了广州共产主义小组。成员有9人，除了上述6人外，还有沈玄庐、袁振英、李季。[2]

从中国共产党历史上看，自建党以来，中国共产党即以组织性与纪律性著称，组织性在共产党里占据着不可动摇的地位：“凡一个革命的党，若是缺少严密的、集权的、有纪律的组织与训练，那就只有革命的愿望，便不能够有力量去做革命的运动。”[3]虽然在1920年期间，中国社会上存在不少信仰马克思主义者，但为了力量发展，“南陈北李”召集志同道合的同志，组织建党，甚至多次与无政府主义进行论战。在共产党人看来，组织，是一个政党发展的基础，是政党得以生存的根基。“两年来广东同志，漫无系统，所以组织未得健全，团体未得坚固。去年大会来粤开会后，粤区始与中央

---

[1] 中共中央党史研究室：《中国共产党历史》第一卷上册，中共党史出版社，2002年，第79页。该书以下简称《中国共产党历史》（第一卷）。

[2]《中国共产党广东省组织史资料》（上册），第7页。

[3]《关于共产党的组织章程决议案》（1922年7月），《中共中央文件集》（第一册），第58页。

联络，方期从新发展。”[1]当团粤区委听到团雷州支部成立时，当即认为：“雷州支部：此新成立者，南路肃清后当大有希望。目下多做政治工作。”[2]

第一节　高雷两阳地区中共党团组织的创建

从建立时间来看，国民党成立时间比共产党早，但从历史上观察，国民党的战斗力却远逊于共产党，其中一个很重要的因素就是在组织网络方面是比较弱化的。组织网络弱化的后果就是，在革命过程中容易被乡村劣绅、土匪恶霸势力裹挟、俘获，在辛亥革命后，尤其是国共合作后，国民党看似组织得以扩张，但其扩张从某种意义上讲只是徒具形式，并没有内容。这种只注重形式的组织扩张，无法形成强有力的组织力量。相对而言，共产党的组织发展却具信仰意义，从而战斗力是比较强的。

1924 年 11 月，黄杰、陈均达在广州农讲所结业后，受国民党中央农民部派遣——当时，国民党中央农民部主要负责人是跨党党员林祖涵（部长）与彭湃（秘书）——返海康秘密开展农民运动，在第一、四、六区的 41 个乡组织了农民协会。后因为当地土豪劣绅集团的打击，陈均达转移到遂溪，黄杰以“雷州改良蒲包会演说员”的身份为掩护，继续深入各乡村宣传组织农民协会。在这个活动过程中，黄、陈二人物色农民运动积极分子。1925 年 6 月至 7 月韩盈受共产主义青年团广东区委的派遣回雷州，在遂溪第六区乐民一带秘密开展革命活动。7 月间，第三届农讲所学员黄广渊以农民部特派员的身份回到遂溪，从事农民运动。9 月薛文藻受广东国民革命军第四军代表罗汉（共产党员）的派遣返回雷州，在雷州地区的民军中秘密活动。

[1]《团粤区委报告（第一号）》（1923 年 10 月 19 日），中央档案馆、广东省档案馆：《广东革命历史文件汇集》（一九二二年～一九二四年），1982 年 10 月，119 页。

[2] 中央档案馆、广东省档案馆：《广东革命历史文件汇集》（一九二五年），1982 年 10 月，第 191 页。

同月，农讲所第四届学员苏天春以农民部见习员身份也回到雷州地区开展农民运动。在9月黄学增奉中共粤区委之命，从广州秘密回到遂溪，协助韩盈、黄广渊等，建立“雷州青年同志社”乐民分社，以协助国民革命军南征。8月7日，黄学增与王文明于穗成立“八属（高雷钦廉琼崖罗阳）各界团体联合会”，动员组织一批革命青年随军出发，到南路、琼崖各地开展政治工作和群众工作。[1]如此之多的党团员回到雷州半岛，大大促进了雷州半岛党团建设的步伐。1925年10月，中国共产主义青年团雷州特别支部（简称“团雷州特支”，代号“雷枝”）在遂溪成立，书记韩盈，成员有黄广渊、薛文藻、苏天春。这是一个由中共党员创建、以共青团名义出现的党团员混合支部，直属共青团广东区委领导，其外围组织是雷州青年同志社。[2]在广东，具有实质意义的社会主义青年团（按：1925年改名为共产主义青年团）组织于1922年3月建立。其组织结构大致如此：谭平山为书记；王寒烬、潘兆銮为劳动委员会正副委员长；陈公博、谭植棠为学生运动委员会正副委员长；王觉群、崔炜为农民运动委员会正副委员长；谢英伯、郑翘璧为妇女运动委员会正副委员长；余韶、王仁熙为军人运动委员会正副委员长；何寿英、邵作柏为政治宣传委员会正副委员长；陈俊生、李赓诗为社会教育委员会正副委员长。[3]至于1925年成立的“雷枝”是否就是湛江市等党史部门所言的党团混合支部、混合组织呢？是非常值得商榷的。毕竟当时在广东，中共与共青团分属两套系统，中共粤区委与团粤区委无论是组织结构还是人员都是不同的，并非是一套人马两套班子。雷枝若是混合支部、混合组织，那其向上报告书是递送给团区委还是中共粤区委？资料中很明显是给团粤区委的。且1925年11月30日这份给团粤区委的报告里，还清晰地要求“决议：请区委转C·P平山同志从速指派专责组织者来”[4]。1926

[1] 中央档案馆、广东省档案馆：《广东革命历史文件汇集》，1992年10月，第31页。

[2]《中共广东南路党史大事记》，第11页。

[3] 中共广东省委党史资料征集委员会、中共广东省委党史研究委员会：《广东党史资料》第五辑，广东人民出版社，1985年，第216页。

[4]《南路农民运动史料》，第20页。

年1月25日，雷枝向团中央和团粤区委请示关于雷州特支分设的问题，建议雷州特支分为两个支部：一个在遂溪城，一个在雷州城。同年4月，团雷州特支关于特支分设的请示获准，于是中国共产主义青年团遂溪县支部（代号"遂枝"，属党团员混合支部）和中国共产主义青年团海康县支部（代号"雷枝"）正式成立，遂溪县支部书记黄广渊，海康县支部书记陈荣位。[1]4月，雷枝共有团员25人；6月，陈荣位因工作退任书记后，改由邓柏垣担任。[2]1926年10月，中共遂溪县委员会成立，韩盈、黄广渊、钟竹筠、陈光礼、邓成球、颜卓、周纪、何云瑞、陈均达、刘坚、薛文藻、薛经辉等12人为委员，韩盈任书记，县委机关设于遂溪城城隍庙。[3]其时，遂溪县大部分区乡已建立基层党、团支部或小组，党、团员各有400多人。[4]

对北部湾、广东南路建党产生巨大影响的是黄学增等人的到来。他们的到来促进了整个北部湾党团建设的全面展开。1925年12月23日，中国国民党广东省南路特别委员会成员随国民革命军到南路，在梅菉办公。主席潘兆銮（中共党员），委员黄学增、彭刚侠（中共党员）、林丛郁（林增华，中共党员）、谭竹山（中共党员）、朱曼、吴武祥、许庆之等。稍后，该委员会由黄学增、林丛郁主持，韩盈、钟竹筠、薛文藻、杨枝水、陈克醒等分工负责党务、农运、宣传、妇女等方面的工作。年底，在梅菉、电白、阳春、吴川、信宜、廉江、遂溪、海康、茂名、徐闻等10个县市成立了国民党党部筹备处。次年1月，化县、阳春、电白、阳江、茂名等县先后成

[1]《中共广东南路党史大事记》，第16页。《中国共产党广东省组织史资料》（上册）认为，1926年5月"雷枝"分为遂溪与雷州两个党团混合支部，书记分别是黄广渊与陈荣位；6月，两个支部实行党团分设，"遂溪团组织称为共青团遂溪县支部，驻地遂溪县城"，书记为刘坚。见该书第36、70页。

[2] 中央档案馆、广东省档案馆：《广东革命历史文件汇集》（一九二六年），1982年10月，第255、252页。

[3] 中共湛江市委组织部、中共湛江市委党史研究室、湛江市档案馆：《中国共产党广东省湛江市组织史资料（1925—1949）》，1991年7月，第9—10页。该书以下简称《中国共产党广东省湛江市组织史资料（1925—1949）》。

[4]《中共广东南路党史大事记》，第32页。

立了国民党党部。[1]1926年1月，广东省农民协会在全省区域设立6个办事处。其中南路办事处设在广东南路之梅菉，辖15县，主任为黄学增。黄学增应该也是在此时间以中央特派员身份来到南路全面主持南路农民运动的。1926年初，中共广东区委南路特派员黄学增派中共党员陈信材（陈柱）到吴川开展农民运动和建党活动。陈信材是黄学增在广宁从事农民运动时结识的。同年3月，在当时的吴川县城黄坡成立中共吴川县支部。[2]下设振文、黄坡、石门3个党小组。[3]有党员100多人。[4]黄坡镇位于吴川市西南部，鉴江出海口西岸，滨临南海。民国时期，原吴川县政府曾三度迁此。[5]1926年初，黄学增吸收陈时入党，随后派他到梅菉市开展工人运动和建党活动。同年3月，中共梅菉市支部成立，驻地梅菉营盘街。书记陈时，任期1926年春至冬。1926年冬，该支部改为特别支部，党员20多名。[6]营盘街是国民党南路特委办事处、农协南路办事处所在地。1926年3月共产党员、遂溪人周永杰即受黄学增的派遣来到廉江开展农民运动和建党活动。从活动中，周永杰寻找信仰坚定的积极分子，并发展其入党。4月中旬，中共廉江县支部在城西冋龙寺成立，周永杰任书记，党员有吴绍珍、关泽恩、罗慕平、江刺横、李雄飞、简毅等10余人。同时，还建立了共青团支部，罗慕平任书记。[7]至1927年四一五反革命政变前夕，廉江建立支部25个，党员350人；共青团支部22个，团员320人。[8]在廉江县，邑人李任杰、梁季模等于1925年被委任为筹备员，12月成立国民党县党部筹备处。翌年5月，

[1]《中共广东南路党史大事记》，14页。

[2]《中国共产党广东省组织史资料》（上册），第35页。

[3]《中共广东南路党史大事记》，第23页。

[4]《中国共产党广东省湛江市组织史资料（1925—1949）》，第11页。

[5]广东省湛江市地名志编纂委员会：《湛江市地名志》，广东省地图出版社，1989年。

[6]《中国共产党广东省组织史资料》（上册），第35页。

[7]《中共广东南路党史大事记》，第23页。

[8]冯维铭：《中共廉江县委成立和梁光华任书记时间考》，政协湛江市委员会学习和文史资料研究委员会：《湛江文史》第26辑，2007年，第60页。

李任杰与周永杰就任改组委员，正式成立国民党县党部。[1]

阳江位于广东省西南沿海，东邻台山（按：如今在阳江海陵岛放置着的宋代古沉船“南海一号”就是在台山下川岛海域发现，后打捞拖放在海陵岛），西连茂名电白，东北接五邑地区的恩平，西北与阳春毗邻，南濒大海（南海海域），是广东南路之大邑。县治在阳江城（亦称江城），地处漠阳江下游，扼出海口，交通便利。1925 年 7 月 10 日，广州发生英帝国主义枪杀游行群众的“沙基惨案”，阳江县工人闻讯群情激愤，随后积极支援省港大罢工，联合农、学、商各界，散发沙基惨案的传单和死难同胞的图片，抗议帝国主义暴行。一些在广州求学和工作的共产党员也听从组织的指示陆续回到家乡，做发动群众的工作。理发工人迅速发动起来，在 11 月 3 日，就建立起阳江县第一个工会组织——理发工会。[2] 根据团粤区委的报告，我们得知 1925 年 12 月阳江已成立共产主义青年团支部，欧赤任书记，办公地址为“阳江县城里国民党中央农民部特派员办事处，人数 5 人”[3]。办事处设在江城文昌宫内。1925 年南征时，中央农民部已“派遣何毅、欧赤等同志，在阳江方面运动”[4]。除何、欧外，阳江农民部特派员还有敖华衮、谭作舟、冯年、吴铎民等人。

1926 年 1 月，已为省港大罢工纠察大队部秘书的敖昌骙被中共广东区委派遣回家乡开展建党活动和组织工人纠察队，随同他一齐回来的还有带着 10 多支枪的一些骨干人员。2 月，共产党冯军光也奉命从广州回到阳江，协助相关人员开展工会工作。经过努力，成立起酒米工会，有会员 90 多人；随后民船、铁器工会也相继成立，会员共 100 多人。3 月初，中共阳江县支部建立，地址设在阳江城内的文昌宫，也就是国民党中央农民部特派员办

[1]《中国国民党广东省党部党务月报》第 1 期，《执行委员会各部工作报告》，第 6 页。转《近代广东的政党·社会·国家——中国国民党及其党国体制的形成过程》，第 245 页。

[2] 张晓辉、张永春：《民国时期广东两阳史》，中共党史出版社，2016 年，第 39 页。

[3]《团粤区委给团中央的报告——十二月份工作情况和一月份工作计划》（1926 年 1 月 4 日），中央档案馆、广东省档案馆：《广东革命历史文件汇集》（一九二六年），1982 年 10 月，第 14 页。

[4] 黄学增：《广东南路各县农民政治经济概况》，见《黄学增研究史料》，第 33 页。

事处所在地，书记是敖昌骙，委员包括敖华衮、关崇懋、黄贞恒、吴铎民（谭作舟、冯军光在阳江时亦为委员）。[1] 有党员 10 余人。国民革命时期，管辖下的阳春县境内未能建立中共组织。

1924 年 5 月，就读于广东大学的电白籍学生、共产党员邵贞昌、区就宪回到电白从事农民运动和建党活动，于 1925 年 6 月在县城建立了中共电白县支部。支部建立初期，直属中共广东区委领导。1925 年 10 月起先后属中共广东区委南路特派员和中共广东南路地委领导。书记：邵贞昌（1925 年 6 月—1926 年 12 月）、杨绍栋（1927 年 1—5 月）。[2] 这个支部建立时间也许值得商榷。1925 年 12 月邵贞昌受委派在电白城成立县党部筹备处。翌年 1 月 27 日召开代表大会，邵贞昌等被选为执行委员，正式成立县党部。[3]

1925 年冬，广东国民大学学生、共产党员罗克明等人回信宜开展农民运动与建党活动，发展了一批党员，先后建立了怀乡等 13 个党支部。中共怀乡支部负责人张少初、中共洪冠支部负责人彭会东、中共大樟支部负责人潘德、中共中堂支部负责人罗凤、中共平花支部负责人吴文焕、中共罗林支部负责人李元荣、中共扶龙支部负责人陈玉书、中共平梅支部陈介甫、中共水口田支部负责人高业芬。此外，还有池洞、东镇、信中、信城等支部。[4]1927 年 6 月上旬的一天，朱也赤根据信宜县党组织发展情况和农民运动情况，在共产党员陈业之家里召开了党团员代表大会，出席会议的有 30 多人。会上朱也赤代表中共广东南路特委正式宣布成立中共信宜县委，罗克明、朱也赤（兼）、陈业之 3 人为县委委员，罗克明任书记，下辖怀乡、东镇两个区委，13 个党支部。中共信宜县委员会驻地怀乡同时，成立共青团信宜县委，由张敏豪任书记，杨万元、罗翘英为委员。这样就形成了信

---

[1] 阳江市地方志编纂委员会：《阳江市志》，广东人民出版社，2000 年，第 53 页。

[2]《中国共产党广东省组织史资料》（上册），第 35 页。

[3]《中国国民党广东省党部党务月报》第 1 期，《执行委员会各部工作报告》，第 5 页；《广州民国日报》1926 年 2 月 11 日，《电白县党部成立纪》，第 3 页；《近代广东的政党·社会·国家——中国国民党及其党国体制的形成过程》，第 244 页。

[4]《中国共产党广东省组织史资料》（上册），第 37—38 页。

宜县的革命领导核心。[1]1927年12月，在南路曾暴发了声势浩大的怀乡起义，并一度建立起“怀乡区苏维埃政府”，给当时国民党反动政府以沉重的打击。

1925年10月，中共广东区委派共产党员、广州农民运动讲习所第五届学员卢宝炫（卢中火）到化县领导农民运动与建立党组织。卢到化县后，即与国民党化县县党部筹备委员会朱光震（共产党员）合作，组织化县的农民运动。在他们的努力下，化县农民运动开展起来。卢宝炫陆续从运动群众中挑选积极分子作为培养入党的对象。至1926年8月，先后吸收了黄玉山、陈子材、凌霄、李文栋、凌子馨、陈龙光、张家善、陈乃庚、吴家槐、戴同先、莫景宣、劳光文、劳崇文、劳善芬、陈子明、黄立邦、黄民宣、李本栋、凌欧、陈忠、彭柏松等21人入党。随后在此基础上成立中共化县支部。书记为卢宝炫。该支部一直存在至1928年。[2]化县支部刚开始时有党员24人，除上述21人外，还有外地入党的3人。[3]国民党化县县党部也在1925年前后成立。“在化县，朱光震（邑人，县教育局长，中国共产党党员）、陈城（邑人，中国共产主义青年团团员）、马英（邑人，原分部长兼县长）、梁浩然（中国共产党党员）等于1925年12月5日被委任为筹备员，15日成立县党部筹备处。翌年1月14日选出梁浩然、朱光震、劳光文（中国共产党党员）等为执行委员，正式成立县党部，地址设于旧议会。”[4]

1926年5月，经中共广东区委批准，中共茂名县支部正式成立，朱也赤任书记，委员有杨绍栋、毛茨奇、关耀南、梁泽庵、梁列楷。这些委员均是经朱也赤培养介绍加入中国共产党的。支部的办公地址设在高州城后街的“南皋学舍”。[5]茂名国民党支部也大约在这个时候成立。在朱也赤的

[1]《朱也赤传》，第84页。

[2]《中国共产党广东省组织史资料》（上册），第37页。

[3]化州市地方志编纂委员会：《化州县志》，广东人民出版社，1996年，第615页；及《中共广东南路党史大事记》，第32页。

[4]《广州民国日报》1926年1月21日，《化州县党部成立》，第11页；《中国国民党广东省党部党务月报》第1期，《执行委员会各部工作报告》，第4、6页；《近代广东的政党·社会·国家——中国国民党及其党国体制的形成过程》，第244页。

[5]《朱也赤传》，第23页。

指导下，1925 年 12 月成立国民党县党部筹备处。翌年 1 月 29 日选出朱也赤等为执行委员，正式成立县党部，地址设于振兴学舍。[1]

1927 年 1 月，根据中共广东区委的决定，成立中共广东南路地委。机关驻地高州。书记黄学增，韩盈、梁本荣、钟竹筠为委员。南路特委下辖南路各县市党组织。“四一五”政变后，中共广东区委将黄学增调往西江主持党的工作，广东南路各县党组织负责人于 1927 年 5 月召开南路农民代表会议，成立了广东南路农民革命委员会，领导南路人民同国民党反动派进行武装斗争。

第二节　钦廉防地区党团组织的建立

地处北部湾沿海的北海是民国时期钦廉地区一个很重要的城市，由于它面临港澳，背靠大西南，地理位置优越，资源丰富，鸦片战争后即为英法等西方工业强国垂涎。从 1877 年开埠通商开始，英、法、德等国先后在北海设立领事馆、海关，建立医院、教堂等，开办造船厂、轮船公司、电机公司、发电厂等。“大德国领事府，署北海领事官，兼理海口领事官法时敏。大法国领事府，现年副领事官，始为陆公德，继为施备。该领事兼理东兴领事及北海法学堂法医院事，又代理在北海之葡国商务。大英国领事府，及代理奥国、美国领事署员，现年代理领事，始为毕尔逊，继为根卓之，仍旧驻海口之英领事节制。”“法国天主堂。先是在东泰街买地建屋，嗣于光绪七年（即 1881 年）迁建于广西行后背。奉传天主教。”“英国普仁医院，内有宣福音一所。其新教堂，即在医院旁之余地建筑，现年十一月落基石，下年定可落成。该堂奉传耶稣教。”“德国教堂，建于光绪二十六年（即 1900 年）。

[1]《中国国民党广东省党部党务月报》第 1 期，《执行委员会各部工作报告》，第 5 页。转《近代广东的政党·社会·国家——中国国民党及其党国体制的形成过程》，第 243—244 页。

为德教会又名长老会所设，有德教士常驻此。奉传耶稣教。”[1]北海成为北部湾沿海地区一个社会矛盾比较大的港口城市。在新文化运动和五四爱国运动浪潮的推动下，包括钟竹筠在内的一批在北海的学生纷纷阅读进步书刊，探求革命道理，为北海地方党组织的建立创造良好的思想基础。

1926 年广东省农协南路办事处主任、中共广东南路党组织的领导者黄学增针对北海的情况，从革命发展需求考虑，从廉江等地抽调共产党员江刺横、李雄飞、简毅等到北海开展工作；一方面联合国民党左派筹建国民党北海市党部，另一方面积极开展工农运动，筹建中共北海地方组织和共青团组织。

江刺横一行到北海后，分别深入农渔村、海岛向群众进行宣传动员，传播马克思主义，为中共北海地方党组织的建立准备了思想条件。与此同时，积极开展工农运动，培养和教育工农运动中的积极分子，发展共产党员和共青团员，先后发展了工人运动积极分子钟辉廉、潘铁汉和青年运动积极分子潘国鼎等入党、入团；一批具有初步共产主义思想的知识分子，在学习和宣传马克思主义并深入工人群众的过程中，在参加反帝反军阀的实际斗争中，一步步地成长起来，为中共北海地方组织的建立准备了干部条件。随着工农运动的深入发展，中共北海地方党组织建立的时机已趋成熟。6 月底，在中共广东区委特派员潘兆銮主持下，北海召开第一次党的会议，成立北海党小组，江刺横任组长，共有党员江刺横、简毅、苏其礼、李雄飞、冯其五、冯慕周、钟辉廉、潘铁汉等 8 人。不久，党小组吸收了一批党员，扩大为北海市支部，江刺横任书记。党支部以肖我照相馆为秘密联络点（现北海市中山路 59 号）。中共北海地方组织直接受中共广东区委领导，联系人先是潘兆銮，后为韩盈。在建立党组织的同时，建立了中国共产主义青年团北海市支部，有团员 12 人。[2]初期北海党组织不乏优秀青年，潘国鼎

[1] 北海市地方志编纂委员会：《北海史稿汇纂》，方志出版社，2006 年，第 13、14 页。

[2] 中共北海市委党史研究室：《中国共产党北海历史》第一卷（1926—1949），广西人民出版社，2005 年，第 38 页。中共北海市委党史研究室：《钦廉地区第一个地方党组织的建立》，《当代广西》，2011 年第 15 期。

的父亲是北海颇具名气的实业家，但他还是义无反顾地走上革命道路，引领北海人民走向反帝反封建的革命道路，给深受压迫和剥削的北海工农群众带来了光明和希望。另外北海地方党组织的建立，使北海“不仅成为钦廉地区革命的中心，而且还是革命的摇篮和输出干部的‘兵工厂’，为钦廉地区乃至全国各地培养和输送了一批批优秀的党员干部和革命进步人才。据史料记载，钦廉地区的钦州、防城、灵山等县的党组织，主要是由北海地区培养成长起来的党员干部去创建和发展起来的”[1]。

防城地处中国南疆边陲，管辖下的东兴镇与越南芒街只一水之隔，两地居民往来频繁。同时防城属靠海城市，水上可与北海、越南海防等地沟通，为海防前线，是北部湾地区一个重要市镇。长期盘踞南路的军阀邓本殷就是防城茅岭乡大陶村人。而后来的“南天王”陈济棠是东兴马路镇人。

在辛亥革命时期，孙中山与黄兴曾在这一带举行反清武装起义。1907年年初，署理钦州知府顾永懋以办学为名巧立糖捐。5月，盛产蔗糖的钦州那黎、那彭、那思三乡（俗称三那）群众组织万众抗捐请愿，向清政府钦廉道请求减免繁重的糖捐。时任两广总督的周馥即派统领郭人漳、标统赵声率兵前往大肆屠杀请愿群众。抗捐群众遂派代表往越南河内向孙中山请援。时孙中山因被清政府通缉，故与黄兴、胡汉民等在河内甘必达街61号设立了总机关，筹划武装起义。考虑到郭、赵两人都加入了同盟会，与黄兴有联系，孙中山遂计划“占据防城至东兴一带沿海之地，为组织军队之用。……拟武器一到，则吾党可成正式军队二千余人，然后集合钦州各乡团勇六七千人，便可成一声势甚大之军队，再加以训练，当成精锐”[2]，以之精锐“全军北趋以取南宁”[3]，在那里成立军政府，和清政府对峙。9月，中华国民军南

[1] 中共北海市委党史研究室：《钦廉地区第一个地方党组织的建立》，《当代广西》，2011年第15期，第43页。

[2]《丁未（一九〇七年）致宫崎萱野各书》，胡汉民：《总理全集》第三集（民国丛书第2编），上海书店影印本（原上海民智书局发行），1990年，第119页。

[3] 孙文：《戊申钦廉之役致邓泽如书》，胡汉民：《总理全集》第三集（民国丛书第2编），上海书店影印本（原上海民智书局发行），1990年，第127、124页。

军都督王和顺率领200多人在钦州王岗山发动起义，并攻占防城县城，杀知县宋渐元等官员。起义队伍很快扩展到3000人，随即移师攻打钦州。此时，王和顺以中华国民军南军都督名义发布《报告粤省之同胞》，里面谈道："中国之亡于满洲，二百六十年矣"，"我祖宗虽处乱离之世，而耻为左衽之民，宁断脰流血，枕藉俱死，而不肯辱身屈节"，"而我粤尤为鞑虏所侧目"；"及从孙文先生游，得与闻治国之大本，始知民族主义虽足以复国，未足以强国，必兼树国民主义，以自由平等博爱为根本，扫专制不平之政治，建民主立宪之政体，行土地国有之制度，始四万万人无一不得其所"。[1] 另一方面，孙中山又派人策反东兴驻防清军两营，并在东兴悬挂青天白日旗，宣布独立。可惜原答应倒戈的清军统领、同盟会会员郭人漳借故变卦，起义进程受阻。再加上其他因素，起义队伍腹背受敌。起义失败。丁未（1907年）钦廉起义虽然失败，但它一方面沉重打击了当时的清政府，为后来的辛亥革命胜利奠定了基础；另一方面，也给钦廉防一带人民培养了革命的思想。

1926年9月，中共广东南路地方党部负责人杨枝水和南路农民办事处妇女部长钟竹筠，受黄学增的委派，前来防城东兴开展建党工作。大致同一时期，丘九亦受党组织的委派，从广州到东兴支持工农斗争。在他们来防城之前，国民党南路特委成立不久，主持工作的共产党员潘兆銮、黄学增已先后派遣林丛郁、薛经辉、潘兆銮等人过来直接指导防城开展工农革命运动。钟竹筠到东兴不久，即扶持当地妇女成立广东妇女解放协会防城分会（由钟氏任主席），直接与当地妇女积极分子接触，开展妇女解放活动，物色和培养妇女建党对象。杨枝水、钟竹筠还同驻地的国民革命军三十二团的指导员何仲维联系，由何氏出面在防城举办宣传速成讲习班，招收了学员60多人，在讲习班里传播社会主义理论，讲授组织农民协会和妇女解放协会的知识。而丘九则与东兴进步青年联系，组成防城县青年运动委员会，较早地以一个公开的社团名义进行活动（该会由黄胞民、易一德任正副主任）。经过一系列的努力，丘九、杨枝水、钟竹筠等人先后发展了黄胞民、

[1]《报告粤省之同胞》，《中国日报》1907年9月28日。

易一德、易永言、麦球英、张甫碧、麦雪堂和芒街碗厂工人 2 人入党。同时，他们还发展陈略、傅琪、欧寒松、何治洋等一批青年加入共产主义青年团。1927 年 1 月，防城县第一个党支部——东兴支部成立，由钟竹筠任支部书记。[1]

第三节 琼崖地区党团组织的创建

陈公培(吴明)曾在一篇回忆文章中谈道："一九二二年秋，我到海南岛，发展了十来个同志，现在记得的有：鲁易（湖南常德人，当时在琼山六师教书）、罗汉(后来是托派)和海南岛本地人徐成章、徐天柄、王大鹏、严风仪、王文明、王乃器（其中好多人为革命牺牲了）。我们通过教书，进行活动，接触面很狭，做不了多少工作。以后因当地反动势力的压迫，仍回大陆，直至一九二五年，国民革命军到海南岛，党的势力在海南岛扎了根。"[2]

陈氏这篇回忆对了解琼崖地区党组织的成立历史具有很大帮助，琼崖党组织稳定下来主要是在南征革命军解放海南岛后。但由于琼崖地区也是颇具革命传统之地，早在五四运动前后，一大批热心青年已纷纷外出寻求救亡图存的道路，革命的种子早已散播在琼崖各地，社会主义青年团相对而言比较早在琼崖成立。

事实上，琼崖地区是一个具有浓厚革命传统的地区。1919 年五四运动期间，文昌籍学生郭钦光就为运动"咯血身亡"。[3] 郭是北京大学学生，是

[1] 中共防城港市委党史研究室：《中共广西地方历史专题研究（防城港市卷）》，广西人民出版社，2001 年，第 33 页。

[2] 陈公培：《回忆党的发起组和赴法勤工俭学等情况》，中国社会科学院现代史研究室、中国革命博物馆党史研究室选：《"一大"前后：中国共产党第一次代表大会前后资料选编（二）》，人民出版社，1980 年，第 567 页。

[3] 中共海口市委党史研究室、中共琼崖一大旧址管理处：《中共琼崖一大研究资料选编》，2009 年，第 1 页。该书以下简称《中共琼崖一大研究资料选编》。

五四运动第一个牺牲者，他的死讯传回海南岛时，琼崖青年即公开追悼他，第一次鲜明地提出了“反对帝国主义”的口号。而在之前，琼崖十三属学生联合会已在 5 月 18 日成立，“琼崖中学学生王文明任会长，杨善集、冯平、陈垂斌、罗文淹、叶文龙等分别担任学联会的主要领导职务”[1]。郭钦光烈士在海南的追悼会就是学联会组织、主持召开的。五四运动后，琼崖地区掀起一股赴、京、沪、穗等地求学、寻找革命理论的热潮。如杨善集入读广州的公路工程学校，周士第进入黄埔军校第一期，何毅求学于广州农民运动讲习所第一届，农讲所第二届学员中琼崖籍学员有李克明、潘汉波、吴天荣、林耀启、王克猷、周廷恩、张昌瑞、徐麟章、张昌隆、林无我、徐容、周德忠、梁燕伍、周泽天、周朝郁、徐树安、杨树兴、雷永铨、徐克贫等；后来的三、四、五届均有琼籍学员参加。[2] 此外还有广东大学、工业学校等。在广州求学的学子有七、八百人之多。郭儒灏、王文明、许侠夫、黄昌炜、陈垂斌等则入读上海大学。在上海求学的知识青年有四百人之多。除了上海大学外，还有暨南大学、大夏大学等。[3] 这些抱着改造社会、改变家乡面貌愿望的青年学子，为后期琼崖党组织的建立奠定了人才基础。与此同时一批先进的知识青年纷纷回到海南岛，向群众进行宣传。1920 年，徐成章、冯平、符节在海口市创办了《新琼岛报》；1922 年徐成章、王器民等在海口出版《琼崖旬报》，1923 年，许邦鸿、卢鸿兹等在嘉积市出版《良心月刊》……这些进步报刊提倡民主和科学，抨击军阀黑暗统治，介绍马克思主义，对琼崖群众产生了很大影响。1923 年，陈公培给光亮的信中谈道：“琼州方面，在粤局未变化前，本有六人（我、鲁易、罗汉、徐成章、徐天柄、李实），但后三人现未经中央通过，而鲁易与我还因李实及其他事故正在待罪之中，罗汉又远赴南洋，所以此间事务很难于发展。”“琼州自一九二一年十二月罗汉来琼，在琼山各中学等学校任职，与徐成章合作，始稍有新气象。

[1] 郭儒灏：《五四运动前后的海南青年运动》，《中共琼崖一大研究资料选编》，第 179 页。

[2] 《广州农民运动讲习所资料选编》，第 97—101 页。

[3] 郭儒灏：《五四运动前后的海南青年运动》，《中共琼崖一大研究资料选编》，第 180 页。

后鲁易、李实、吴明随后来在各中学及徐成章等所办之报社做事，共集合六人始言及团体组织。其中，罗汉、鲁易（书记）、李实、吴明均任教员！徐成章及徐天柄在军队中，各能作相当活动。”[1]也就是说，琼崖地区社会主义青年团成立时间大约在1922年1月至6月间，鲁易是最初的团支部书记。因为信中谈到的“在粤局未变化前”大致是指陈炯明叛变孙中山一事，即1922年6月间的事情。社会主义青年团琼崖支部成立后，各成员即开展工作，如罗汉积极筹办琼东嘉积农工学校，计划为农运培养人才；徐成章、徐天柄、鲁易等人先后到讨贼军湘粤桂联军做军事工作；针对日本人骗取西沙群岛一事，领导琼崖学联和琼崖青年互助社发起了示威运动；陈公培请示中共中央，吸收罗汉、鲁易、王文明、徐成章、徐天柄、严风仪、王器民、王大鹏等十多名先进分子加入中国共产党；等等。只是由于环境发生了变化，加上“团员星散”，如李实因工作需要到了上海，1923年琼崖团的组织已经名存实亡。但部分团员并没有放弃自己的责任，加上“势力当常存在”[2]，故仍然在琼崖人民中积极从事革命活动。这也就是1924年2月团粤区委一份报告中提到的：“琼崖同志已组织成立琼崖少年同志会（半公开的），又另组织新琼崖评论社的公开的言论机关（《新琼崖评论》已出版第□期），俱是同学主持。”[3]1926年3月10日，《团粤区委给团中央的报告》提出“派符向一、黎竞民、冯平、罗汉、郑昌音回琼组织特别委员会处理一切”。1926年6月30日，团广东区委一份“关于九个月来工作的总报告”提及：新成立的特支增加数为6个，其中包括琼州特支。[4]而这时，随着南征在海南岛的胜利，革命力量已在琼崖地区成为一股公开的力量。

1924年前后，中共两广区委曾派党员罗汉、雷永铨、徐成章等同志从

[1]《吴明给光亮的信（1923年5月）》，《中共琼崖一大研究资料选编》，第17、19页。

[2]《吴明给光亮的信（1923年5月）》，《中共琼崖一大研究资料选编》，第19页；及赖永生：《留法勤工俭学学生与中共琼崖地方组织的建立》，《中共琼崖一大研究资料选编》，第390页。

[3] 中央档案馆、广东省档案馆：《广东革命历史文件汇集》（一九二二年～一九二四年），1982年10月，第339页。

[4] 中央档案馆、广东省档案馆：《广东革命历史文件汇集》（一九二六年），1982年10月，第286页。

广州、香港来海南，开展革命活动。开始虽然没有建立党的组织，但由于有了共产党员的直接参加和领导革命斗争，并且在工人、农民和革命知识分子中发展党员，琼崖人民的斗争从自发引向自觉。[1]国民革命军南征的胜利，琼崖革命统一战线的形成，国共两党于琼崖地区基层组织的改组与建立也相继完成。1926年1月，南征军攻入海南岛，邓本殷部顷刻瓦解，邓氏只身登上马懿号轮船逃亡。2月，中国国民党琼崖特别委员会在海口成立，直隶国民党中央党部。主任委员最初由第四军党代表罗汉担任，执行委员有吴国鼎、陈三华（女）、王文明等7人。不久，国民党中央派遣左派人物张难先到琼任国民党琼崖特别委员会主任委员兼琼崖行政委员。同时广东省农会琼崖办事处也宣告成立，冯平任主任，何毅为书记，符向一是委员："琼州久处邓逆淫威之下，人民备受压迫痛苦，其中尤以农民受害最深，故其革命潜性最为宏富，尝有秘密组织农民协会之革命行动。今该处既为吾革命政府克复，一切革命事业，当从速广为发展。省农民协会，以该处农民既甚富于革命性，而广东之农民运动，为求普及全省起见，已决定在该处设一省农会琼崖办事处以为统辖该处之农民运动。今已委出冯平为该办事处主任，何毅为书记，符向一充委员，而该员等昨已前途赴琼，计抵步时（现海南东方市）该办事处即可成立云。"[2]其后，经过国共两党人员的积极筹备，除感恩县外，琼崖地区的海口市和琼山、文昌、琼东、乐会、万宁、定安、琼东、陵水、临高、澄迈、儋县、崖县等12个县相继改组成立了国民党县党部，国民党基层组织在琼崖地区得到很大发展。[3]在1921年3月中国国民党琼崖分部成立，王斧为负责人，文昌（负责人张权）、琼东（负责人王器民）、乐会（负责人黎锡仁）、儋县（负责人谢殿光）、万宁（负责人黄胜朱）、定安（负责人程明新）、崖县（负责人王鸣亚）、临高（负责人王贻堃）、

[1]《中共琼崖一大研究资料选编》，第135页。

[2] 原载《工人之路》第221期，《中共琼崖一大研究资料选编》，第50页。

[3] 按：早在同盟会时期，琼崖"支部"在1909年成立，徐成章、梁秉枢等人皆参加。1911年，刘中琣（万县人）受派遣，会同刘信初、郑振春等在万县、陵水县发展新会员，成立了陵水"支部"。见万宁县地方志编纂委员会：《万宁县志》，南海出版公司，1994年，第19、660页。

陵水（负责人刘中琣）、澄迈（负责人丘海云）等分部在6月也已成立。[1]但至南征军解放琼崖时，组织结构并不完善，党员人数也不多，影响力不大。至1926年改组时，国民党组织得到大发展。如琼东县党部成立时有6个区党部、46个区分部，国民党员有2200多人；海口市党部成立时有3个区党部、17个区分部，国民党员有540多人；乐会县党部成立时有4个区党部，有国民党员500多人；儋县党部有国民党员1000多人；崖县党部成立时有5个区党部、13个区分部，有国民党员700多人；陵水县党部有500多国民党员。[2]当然由于是处于国共合作时期，共产党员以个人资格加入国民党，同时保持共产党在组织上、政治上的独立，国民党各级基层支部下面亦有不少是共产党员。如海口市党部秘书长柯嘉予、宣传部长林平、青年部长朱润川、工人部长吴清坤，以及琼山县党部主任委员李爱春、文昌县党部主任委员祝家斌、琼东县主任委员郭儒灏、乐会县党部主任委员陈哲夫、定安县党部主任委员王会东、陵水县党部主任委员黄振士等都是跨党党员。[3]国共两党党员的努力，为琼崖大革命高潮的到来，创造了良好的基础。

而根据目前史料来看，在国民革命军渡琼前后，有三批共200余名共产党员和青年团员相继进入琼崖地区进行革命活动。包括：罗汉（时任第四军党代表）、王文明（时任第十二师党代表）、廖乾五（时任第十二师政治部主任）、冯平（时任省农协琼崖办主任）、何毅（时任省农协琼崖办书记）、伍锋（时任第三十四团政治部主任）、许侠夫、罗文淹、陈公仁、陈德华、柯嘉予、陈玉婵（女）、符向一、周逸、陈垂斌、李爱春、陈永芹、欧赤、冯道南、王会东等等。这些党团员在各地进行宣传，发动群众，发展党团员，进行筹建党团的基层组织活动等。1926年初，在时机成熟时候，中共琼崖特别支部在海口成立，罗汉任特支书记，委员有王文明、冯平、李爱春、何毅、

[1]《近代广东的政党·社会·国家——中国国民党及其党国体制的形成过程》，第186、188页。

[2] 林夏：《大革命时期琼崖国共合作浅析》，中共海口市委党史研究室、中共琼崖一大旧址管理处：《竹林里风雷——中共琼崖一大学术研讨会论文选》，中共党史出版社，2009年，第98—99页。

[3] 中共海南省委党史研究室：《中共琼崖地方组织的成立》，《中共琼崖一大研究资料选编》，第558页。

符向一、柯嘉予、陈公仁等。[1]琼崖特支成立后，各组织陆续在工人、青年学生、农民中挖掘积极分子，发展入党入团对象，培养一批党团员，并先后在海口、府城、文昌、琼东、乐会、澄迈、万宁等县建立起党、团支部或党、团小组。随着基层党团组织在全琼各地城乡的迅速建立，成立琼崖地方党组织的时机也随后来到。1926年6月，中共广东区委根据琼崖地区的实际情况，派长期在党团区委处于领导位置的杨善集回琼指导党组织建设与革命斗争工作。杨善集，字义甫，笔名杨白，琼崖地区琼东县北埇（现琼海县北埇乡）井堪村人，是中共早期革命活动家之一。早在1924年12月，经陈乔年、刘伯坚介绍加入中国共产党，曾到苏联东方大学学习。历任中共广东区委宣传部长、团广州地委书记、团广东区委书记，是中共广东区委的主要领导人之一。[2]当月，在海口市竹林村邱宅（今海口新华区竹林里131号）召开了琼崖地区党的第一次代表大会。杨善集在会上传达了中共粤区委的重要指示。大会讨论了全国和琼崖地区的革命形势，通过了关于工运、农运和政治、军事工作等决议，选举产生了琼崖地方党组织的最高领导机构——中共琼崖地方委员会。王文明任地委书记（因王文明回部队交代任务，杨善集曾代理书记半个月），地委委员有罗汉（时任国民党工作部部长）、许侠夫（兼宣传部长）、陈垂斌（兼组织部长）、黄昌炜（兼组织部副部长）、罗文淹（兼青年部长）、冯平（兼军事部长）、柯嘉予（兼军事部副部长）、何德裕（兼工人部长）、陈三华（兼妇女部长）、李爱春（时任国民党琼山县党部书记长）、周逸（兼农民部长）、何毅、陈德华、郭儒灏（后补充）等。不久，按照刚刚成立的中共琼崖地委指示，在7月，共青团琼崖地委在海口市建立，书记黄昌炜（因黄氏随后被党派往南洋工作，由罗文淹继任）、委员有组织部长罗文淹、宣传部长陈垂斌、妇女部长陈玉婵、学生部长郑

[1] 参阅中共海南省委党史研究室：《中共琼崖地方组织的成立》一文（载《中共琼崖一大研究资料选编》）；及曾庆榴著《广州国民政府》（广东人民出版社，1996年）一书。

[2]《广东省党史资料》第12辑，1988年，第210页。

景琛、李泮标、秘书魏宗周等[1]，并主编《现代青年》，指导青年学生运动。

中共琼崖地方委员会的成立，是琼崖人民政治生活中的一件大事，对当地政治经济生活产生了巨大影响。如在1926年6月，琼崖240万农民中，参加农会组织的仅有一万多人。在琼崖13县中，建立了农会组织的只有6个县，大部分县都没有建立农会组织。[2]如此的成绩，连省农协也表示不满意，要求"琼崖办事处当特别努力工作，使由一万多人扩大到二百余万，由六县扩大至十三县，并须特别注意训练组织工作"。随着琼崖地委的成立，情况随后改观。8月，"全琼农会有三百个，会员达四万人，已组织之农军有千余人，以万宁农军较为起色，其余各县农民纷纷自动组织起来，一般土匪看民众势力日见发展，土匪暂见软迹"。到年底，全琼各地基本建立了农会组织（感恩县除外），农会会员达到20万人，能直接领导的群众达到了100万人，占琼崖人口的三分之一。[3]又如，为了进一步纯洁党员、教育党员，中共琼崖地委印发了《入党须知十则》：1. 什（么）是C·P、C·Y；2. 共产党员要为共产主义奋斗终生；3. 个人服从组织，服从党的分配和调动；4. 依时参加党的小组会，过党的组织生活；5. 遵守党的纪律；6. 严守党的秘密，对任何人（包括自己的亲人）也不能泄漏党的秘密；7. 每个党员要积极为党工作；8. 要按时交纳党费（三个月不交党费就除名）；9. 在生活会上要开展批评与自我批评；10. 党员离开时要作迁移报告。《入党须知十则》的教育提高了党员的觉悟，使党员真正懂得了中国共产党是无产阶级的先锋队，党的组织原则是民主集中制，少数服从多数，个人服从组织，下级服从上级，

[1] 参阅中共海南省委党史研究室：《中共琼崖地方组织的成立》，《中共琼崖一大研究资料选编》，第568—569页。

[2] 陈立超：《试论中共琼崖一大对琼崖农民运动 的推动效应》，中共海口市委党史研究室、中共琼崖一大旧址管理处：《竹林里风雷——中共琼崖一大学术研讨会论文选》，中共党史出版社，2009年，第163页。

[3]《琼崖大革命史料选编》第441、464页。转中共海口市委党史研究室、中共琼崖一大旧址管理处：《竹林里风雷——中共琼崖一大学术研讨会论文选》，中共党史出版社，2009年，第163—165页。

全党服从中央。[1]党员政治素养的提高，为后来琼崖地区红旗三十年不倒奠定了思想基础。

第四节　北部湾红色之子黄学增与广东西江、宝安的红色记忆

广东宝安地区隶属粤区东部，西江则是粤区西江流域一带，从地理位置而言，并非归属北部湾地区。但两区域却不约而同地与北部湾红色之子黄学增息息相关。谈及两地的红色记忆，黄学增是他们绕不过的一个人物。因而，在这里，我们对黄学增与两地红色记忆进行简单的回顾也是必要的。

《中国共产党广东省组织史资料》认为："1924 年下半年，中共广东区委派黄学增等人到宝安县开展农民运动，从事建党工作，1925 年 7 月中旬，中共宝安县支部成立。书记黄学增（1925 年 7 月—年底），龙乃武（1925 年底—1926 年三四月间）。该支部直属中共广东区委领导。1926 年三四月间，改组成立中共宝安县特别支部。书记龙乃武（1926 年 3 月 —1927 年夏）。"[2]《中共宝安地方史大事记》也记载："我党创办的第一届'广州农民运动讲习所'学员毕业，广东区委派其中 24 名学员到各地任特派员，其中共产党员黄学增、龙乃武和何友逖到宝安县（黄学增驻第五区，龙乃武驻第四区，何友逖驻第三区）开展农民运动，建立乡村农民协会、农民自卫军和建党工作。年底，黄学增、龙乃武在四、五区吸收麦福荣、麦金水、陈细珍、麦牛（麦志兴）、潘寿延、潘国华、潘满容等入党，是为宝安第一批共产党员。""1925 年 3 月至 4 月，黄学增、何友逖等又在第三区发展了蔡子儒、蔡励湘、郑泰安、

---

[1] 陈诚：《略论大革命时期琼崖党的组织建设及其特点》，中共海口市委党史研究室、中共琼崖一大旧址管理处：《竹林里风雷——中共琼崖一大学术研讨会论文选》，中共党史出版社，2009 年，第 127 页。

[2]《中国共产党广东省组织史资料》（上册），第 19 页。

文季彬、郑庭芳（农运讲习所学生）等一批党员。随后，党的组织继续发展到二区、一区、六区。”[1]也就是说，黄学增是在1924年下半年来到宝安地区开展农民运动，并进行建党活动，创办了宝安地区第一个党组织。而在1925年底国民党深圳基层组织也在共产党员的帮助下成立。早在8、11月上级已派来筹备员，成立国民党县党部筹备处。12月27日，中国共产党党员郑式（应为“奭”）南、潘寿延、陈绍芬等被选为执行委员及监察委员，29日正式成立县党部，地址设于郑家祠。[2]

我们知道1924年8月，广州农民运动讲习所第一届学员毕业，随后以特派员的身份，派往广东各地进行农民运动。早在1924年6月30日，国民党中央执行委员会第三十九次会议即通过“农民运动第一步实施方案”，方案中认为：“组织农民运动讲习所，以一个月为讲习其间；讲习完毕后，选充为农民运动特派队员。”[3]梁尚贤先生认为：“特派员的名称即由此而来。农民运动讲习所也可称为特派员养成所或摇篮。”[4]广东“各县的农会和农军（指1924年），均是在国民党扶助农工的新政策鼓舞之下，由国民党中央农民部指导，多数在该部所委派的特派员的发动和帮助下组织起来”[5]。

实际上，对中国农民于近代能够起来革命的原因，不少中外学者都指出，并非是因为物质，反而观念意识是一个很重要的因素。如美国学者摩尔在论述中国革命时，指出：“光是大量农民变得贫困不堪以及其受到的众多剥削本身并不足以造成革命的局面。还需要让人们意识到社会结构中所存在的不公，也就是说，要么是该社会结构对受害者提出了全新的要求，

[1] 深圳市宝安区档案局（馆）、深圳市宝安区史志办公室：《中共宝安地方史大事记（1924—2000）》，中国社会出版社，2003年，第1、2页。

[2]《中央执行委员会十四年八月份工作经过通告》，第2页；《广州民国日报》1925年9月4日，《派员筹备宝安县党部》，第11页；转《近代广东的政党·社会·国家——中国国民党及其党国体制的形成过程》，第234—235页。

[3] 梁尚贤：《国民党与广东农民运动》，广东人民出版社，2004年，第25页。

[4] 梁尚贤：《国民党与广东农民运动》，广东人民出版社，2004年，第592页。

[5] 曾庆榴：《广州国民政府》，广东人民出版社，1996年，第89页。

要么是受害者们意识到过去对他们自身提出的要求已经不再合理。”[1]黄琨在其博士论文中也论证指出：“贫困并不是农民参加革命的理由，革命农民固然有一种物质利益的渴求，但传统的价值判断和道义准则仍在考虑之列，革命所面临的风险也常常使他们迈不出革命的脚步。”[2]只有当革命口号与农民的“个体生存性感受”产生共振、并且革命组织能够给农民提供他们所需要的安全感时，他们才能群起而加入。正是由于农运特派员的努力，广东农民运动开展得如火如荼。

根据史料，我们知道宝安的县农民协会是由特派员黄学增于1925年4月组织成立的。[3]地方党史资料则谈及黄学增是1924年下半年到宝安开展农民运动并进行建党工作。1924年8月，恰好是黄学增从广州农民运动讲习所第一届毕业的时间。在中国国民党党史馆一份1924年11年的档案中，我们发现黄学增是受到国民党中央农民部表彰的两名农民运动特派员之一。“黄学增勇于任事，才能称职。侯凤墀办理花县农会，心力交瘁。众人之中，可称佼佼，应予奖励，以为众瞻。”[4]第一次派出的23名特派员有3人被撤销特派员资格，5人被停止津贴，3人“留部察看加以警告”，10人留职任事（其中包括后来到南路开展农民运动的苏南）。而获得嘉奖的只有黄学增与侯凤墀两人。报告内容如下：“农民部特派员本来弍十五名，都是第一届农民运动讲习所的卒业生充当的，一月死了一个何植霖，十月十一（日）萧一平又辞了职，转入商民部去了，现在实际特派员只有二十三人。我们考核这二十三个特派员在数月中的工作，有些很努力做事很有成绩，有些太麻木了，二个多月竟没报告过一次！更有些在外招摇谋个人活动的。

[1]（美）巴林顿·摩尔著，王茁、顾洁译：《专制与民主的社会起源——现代世界形成过程中的地主和农民》，上海译文出版社，2013年，第226页。

[2] 黄琨：《从暴动到乡村割据——中共革命根据地是怎样建立起来的（1927—1929）》，复旦大学博士论文2004年，摘要。

[3]《农民部四月份工作经过报告》（1925年），梁尚贤：《国民党与广东农民运动》，广东人民出版社，2004年，第250页。

[4]《罗绮园阮啸仙彭湃报告》（1924年11月29日），中国国民党五部档案资料，中国社会科学院近代史所藏。

所以不能不甄别一下，以定去留。我们考察的结果，定了几种办法：1. 撤销。2. 停止津贴。3. 警告。4. 留职。5. 奖励。现在将各特派员甄别如次：1. 叶介之、钟觉、李可群三人，应即撤销特派员资格。（理由）叶介之屡次在花县破坏县农民协会，浮开川资，在外为个人活动；钟觉于一月来绝不到部，函称病剧，一再请假，而每日均见其逛街喝茶；李可群在新会不努力工作，连两月不报告农民部。2. 丘鉴志、陈式熹、李元、陈雄志、李冠南五人，应即停止津贴。（理由）本部第十六次会议通过在外兼职或不努力工作者，即行停止津贴。今丘鉴志、陈式熹虽甚努力为农民运动，然他们同时兼任小学教员，于决议案不符，特派员津贴仍应取消。李元、陈雄志、李冠南对工作不甚努力，间有报告，亦寥寥数语，未能尽责，应停止津贴一月，在一月内能努力工作，一反从前情习，经本部查确，始于恢复。3. 黎轻发、王镜湖、周镇元三人应留部察看，加以警告。（理由）黎轻发办理长洲农会，王镜湖办理花县农会，周镇元办理顺德农会，颇有薄效，亦尝努力。惟一则过于浪漫，一则做事颇颟顸，是其弊病，留部察看一月，再定去留。4. 韦启瑞、苏南、郭新、李民智、梁复然、莫萃华、梁功炽、陈伯忠、郑千里、梁桂华十人应留职任事。（理由）该特派员等三月来办理各处农民协会，甚著劳绩，四处宣传，不畏艰难，各次报告，均能详尽。5. 黄学曾、侯凤墀应各每月加薪五元，用示奖励。（理由）黄学曾勇于任事，才能称职。侯凤墀办理花县农会，心力交瘁。众人之中，可称佼佼（姣姣），应予奖励，以为众瞻。 综上所列，凡撤差者三人，停止津贴者五人，应加警告者三人，留职者十人，奖励者二人。谨将我们的意见报告部长，是否可行，仍候钧裁。 秘书罗绮园 组织员阮啸仙 彭湃。”也就是说，在8月至11月期间，黄学增从事农民运动是成绩卓越的！可惜的是在这里没有如其他特派员一样明确指出派遣地方，但结合地方党史资料，我们可以判断黄学增是从农讲所一毕业即被派遣到东莞宝安从事农民运动，并非如一些书籍、文章所言是到花县从事农民运动的。因为报告中明显写着“我们考核这二十三个特派员在数月中的工作，有些很努力做事很有成绩，有些太麻木了，二个多月竟没报告过一次”，8月至11月恰好就是数月的区间，且我们在上面就知道黄学增在1924年11月就通过农民部给国民党中执委提建议。

在1925年9月30日一份《农民部通告》中，我们可以看到下列农民部所定的特派员分级名单：一级：黄学增、侯凤墀、韦启瑞、苏南。二级：王镜湖、陈伯忠、李民智、宋华、郭剑华、卢达云、蔡日升、李华炤、莫萃华、梁伯舆、赖彦芳、黄杰、谭鸿翔、方临川、陈炳辉、张威、龙乃武、黄克、周其鉴、陈道周、丘鉴志、梁复然（十月起）。三级：陈聚麟、颜国璠（十月起）、郑志云、关仲、冯保葵、朱灿华、黄泽南、戴耀田、徐金良、刘战愚、苏其礼、陈克武、梁坤、王岳峰、杨日良、梁柏、严云卿、卢耀门、郑广华、陈均权（十月起）、梁九胜、刘胜侣、林焕文、伍腾洲、罗顺球、廖有源、谭伟生（十月起）、黄居仁（十月起）、黄超凡。见习生：古柏桐、苏天春、廖华卓、王果强、王合东、何毅、刘乃宏、蔡秀庭、梁伟民、梁九、黎炎孟、刘镛鉴、林培斌、李成章。[1]随后，黄学增在深圳的活动轨迹亦不少。1925年4月27日，在东莞霄边乡开"东宝两县农民联欢大会"，到会代表千余人，武装农民自卫军数百，农民部特派员黄学增、龙乃武参加。会场贴满"拥护国民党"、"拥护革命政府"、"继续孙中山先生遗志完成国民革命"等标语。会场正面高悬孙中山先生遗像。蔡如平演述孙中山先生事略，黄学增演述为农民运动死难先烈同志事略。演述毕，全体起立默哀。[2]1925年9月28日，第一军第三师补充第二团团长张我东（原粤军第四师第八旅第十五团团长），以"奉蒋军长命令"，派第二营营长钟尧光率兵两连，偕同宝安县县长梁树熊，入驻宝安西路云霖地方。营长、县长一到，即住进沙井乡劣绅陈炳南家中，一时沙井、新桥各乡绅土豪齐集陈家，与营长、县长秘密会商。县长梁树熊则向县农会职员声言此来是要恢复西路联团和警察饷局，该地原来为桂军谭启秀旅控制，后农民自卫军配合革命军扑灭谭部时，将该地改为宝安县农民协会之所在地。根据之前中央农民部的布告，农协住所受军队及地方政府保护。冲突随后发生，农军战败，死5人重伤7人，部分枪支被缴，

[1] 转自梁尚贤：《国民党与广东农民运动》，广东人民出版社，2004年，第635页。

[2]《广州民国日报》，1925年4月1日、4月25日、5月1日。

云霖各乡农会会所概被抢劫，农民亦伤亡多人，被掳勒赎者 50 人。[1] 因为宝安这次冲突事件受到各方面关注，涉及省民政厅、军队、农民部等部门的权利，中央政治委员会开了九次会议才不了了之。在这过程中，黄学增奉农民部的命令深入宝安地区进行细致调查，并形成调查报告。为了公正起见，以及防止其他部门徇私舞弊，黄学增这份报告一方面递交给中央执行委员会，另一方面交《广州民国日报》发表。10 月 22 日，时任农民部长的陈公博致函中央执行委员会："查宝安县农民被防军污吏劣绅土豪串杀掳抢一案，业经敝部黄特派员学增将本案起衅经过各情形详细调查报告前来，合将该报告印刷一份函送查照核办。"[2] 而在 1925 年 10 月 25 日《广州民国日报》也全文刊登了这篇 4800 多字的调查报告。因篇幅的关系，于此，我们只是将报告的主要内容提纲列出："战前之农军状况"、"军队时之状况"、"军队来后之布防"、"军队异动后之农军状况"、"黄冈农军扣留县长情形"、"农军与军队作战情形"、"河南方面"情形、"战时在乡农民逃亡东莞情形"、"战时双方之死伤人数"、"战时农民之损失"、"军队及县长去后之农军状况"、"军队及县长去后劣绅土豪及土匪民团状况"、"此次农军受挫之原因"、"此次血案之负责者"等等；将事件的来龙去脉，一一道来，指出这次事件的起因是县长、军队与"劣绅土豪串通一气，谋陷农民"，这帮"劣绅土豪皆二十年压迫农民之罪犯，其称农民名为三大害四大寇五大臭"。在这份报告里，黄学增建议农民部应向政府提出办理此案之条件：（1）拿办团长张我东、县长梁树熊，并解散不法军队；（2）通缉劣绅土豪陈炳南等并抄封其家产；（3）剿办沙井、大步涌、新桥之土匪民团并解除其武装。而农民部目前应急速做到两点："张贞军队如是驻防东宝，即使其赶快来一部分，

[1] 黄学增：《宝安梁张惨杀农民详情》，载《广州民国日报》1925 年 10 月 22—27 日。

[2] 《陈公博至中央执行委员会函》（1925 年 10 月 22 日），党史馆档案资料。30 日，中央执行委员会第一百十七次会议，对农民部长陈公博函送调查宝安县农民被防军污吏劣绅土豪串杀掳抢案经过情形报告书，请查照核办案，决议汇交政治委员会办理。《中国国民党第一届中央执行委员会会议记录汇编》第 156 页，党史馆藏铅印本。转自梁尚贤：《国民党与广东农民运动》，第 341 页。

到宝安西路驻防。一则协同农军剿办在大步涌河口之土匪，一则帮助农军办护沙，若能做到此点，则农会之基础可以强固。当此东江战争时期，宝安县属重要区域，且驻在此间之工人纠察队，因受土匪地痞之压制，不能执行职务，而接济香港粮食之民船，可以一只二只，从沙井大步涌河面来往香港，此点又应告诉工人部者。”[1] 黄学增的努力似乎没有得到国民政府的有效回应。面对各方——农民部、军队、民政厅等的压力，政治委员会关于宝安军农冲突案，似乎采用和稀泥的手法，“议决将案存查”。即使先后出席解决会议的都是当时国民政府的要人，如汪精卫、谭延闿、谭平山、伍朝枢、蒋中正、鲍罗廷等人，先后列席者有甘乃光、陈公博、张春木、朱培德、宋子文、古应芬、苏兆征等人，也于事无补，“如此大案，创纪录地开了九次政治委员会会议，什么问题都没有解决，也就不了了之”[2]。要知道，国民党中央政治委员会是国民党中央的一个特殊机构，成立于 1924 年。中政会自 7 月成立到孙中山逝世，都由孙中山亲任主席，鲍罗廷任顾问，委员由孙中山指派。中政会成立时，孙中山共任命了七名委员，他们是：胡汉民、汪精卫、廖仲恺、戴季陶、谭平山、伍朝枢、邵元冲。[3]1925 年 6 月 14 日，中政会开第 14 次会议，决定建立国民政府，同时决定：（一）在中国国民党中央执行委员会内，设政治委员会以指导国民革命之进行；（二）关于政治之方针，由政治委员会决定，以政府名义执行之。[4] 国民党中政会由一个咨询性质的机关一变而成为政治上的决策机关。国民政府甚至国民党中央的许多重大事情都由中政会讨论决定，然后再交国民党政府和国民党中央执行。中政会的这一地位，在大革命失败前，基本上没发生过变化，因此有人认为它当时实际上是国民党的“党政最高机关”。[5] 但在派系复杂

[1] 黄学增：《宝安梁张惨杀农民详情》，载《广州民国日报》1925 年 10 月 22—27 日。

[2]《中央政治委员会第一至一六三次会议记录》，党史馆档案资料。转自梁尚贤：《国民党与广东农民运动》，第 342 页。

[3] 中国第二历史档案馆：《中国国民党第一、二次全国代表大会会议史料》上册，江苏古籍出版社，1987 年，第 194 页。

[4]《中央周报》第 42、43 期合刊，中国国民党中央执行委员会宣传部印行。

[5] 钱瑞升等：《民国政制史》上册，商务印书馆，1946 年，第 164 页。

的国民党内部，宝安如此大案也是不了了之，可想国民党内部斗争的厉害。三个月后，《广州民国日报》发了一条短讯，内云："国民革命第一军补充团长张我东，奉令酌调部队赴深圳圩驻防，以维治安。张氏奉令后，昨一日檄调所部第一营数百人开赴深圳圩驻防云。"[1]宝安县长梁树熊带兵调任第一区绥靖专员，1926年3月调署鹤山县长。[2]可见没有人去"动张我东、梁树熊的一根毫毛"，这才是查处宝安云霖惨案的最后结果。[3]

而到11月，黄学增继续在宝安地区带领民众与当地劣绅土豪进行不懈的斗争。国民党中央农民部会刊《中国农民》刊登一则信息《（宝安）沙井民团围攻纠察队及农军》里面称：11月12日，"省农民协会秘书黄学增出虎门通电各机关，并请就近虎门防军张贞部队往援。该部允兵一连到宝安解围。十三日黄学增与蔡日新带同张贞部队一连由虎门赶到宝安，是日十时到云林，农军及纠察队早已集中云林，共百余人，见军队开到助战，军威大振，齐向沙井民团猛力进攻，不料张贞连长到云林后，即极力主张调和。同时沙田民团亦派人为求和，纠察队及农军严词拒绝"。[4]

农民运动促进了农民思想觉悟的觉醒，它唤醒了农民群众长期以来的不满，此为后来的反抗、起义、大暴动奠定了基础。"革命的发生并非总是因为人们的处境越来越坏。人们耐心忍受着苦难，以为这是不可避免的，但一旦有人出主意想消除苦难时，它就变得无法忍受了。"[5]在大革命时期，以黄学增为代表的农民运动特派员深入各地，开启民智，指引广大人民群众走向改变自己命运的道路。

到大革命失败时期，鉴于黄学增对宝安地区的熟悉，以及工作能力，在1928年4、5月，黄学增又回到宝安地区指导民众进行武装起义，狠狠地打击了国民党反动派，为宝安地区播下了红色种子，促使宝安地区成为

---

[1]《张我东驻深圳》，《广州民国日报》1926年3月2日。

[2]《新委县长消息》，《广州民国日报》1926年3月10日。

[3] 梁尚贤：《国民党与广东农民运动》，广东人民出版社，2004年，第342—343页。

[4]《中国农民》第1卷第1期（1926年1月1日），第14—15页。

[5]（法）托克维尔著，冯棠译：《旧制度与大革命》，（香港）牛津大学出版社，1994年，第171页。

大革命时期与土地革命时期广东省重要的革命根据地。[1]

广东西江地区当时包括高要、广宁、封川、郁南、德庆、四会、罗定、云浮、恩平、开平、鹤山、开建、新兴、高明等县。[2]

在1927年四一二政变前，中共广东区委根据广东的形势，迅速采取了一些应变措施：（一）为了不惊动敌人，区委继续坚持正常的工作，让已经公开的领导干部刘尔崧、李森、何耀全等照常上班，做到内紧外松，以稳定群众的情绪。（二）设立党的秘密机关……（四）下令各地准备应变，并派专员分赴各路负责指挥：罗绮园、周其鉴到北路，黄学增到西江，杨善集到琼崖，黄居仁到潮梅，何友逖到惠州，中路由区委直接指挥。[3]

而西江的广宁县是一个典型的山区县，有西江苏维埃之称。早在1924年11月24日，著名农民运动领袖周其鉴就在广宁农民运动中发展了一批骨干分子入党，建立了中共广宁支部，书记周其鉴，有11名共产党员，支部机关设在广宁县南街新楼村。[4]黄学增与西江广宁地区的交集时间也比较早。1924年11月，广宁县农民自卫军受到当地的地主武装的围攻，在潭布发生了激烈战斗。黄学增受中共广东区委的派遣，前往广宁，协助彭湃、周其鉴等在广宁积极开展农民运动，击退地主武装的进攻。

1925年初，广宁县农军与地主民团的战斗更加激烈，黄学增再次奉中共广东区委指示，前往广宁了解斗争情况，使省区委及时掌握斗争的形势发展。根据中共广东区委的安排，在廖仲恺和周恩来的精密协调组织下，由黄学增负责从广州押送一批弹药船运到广宁，支援广宁农军和铁甲车队卫士队等革命武装。1925年5月25日，在1924年10月成立的广宁县农会

---

[1]（1928年5月21日　中共广东省委致宝安县委信——发动群众斗争，扩大土地革命宣传，恢复与发展党组织）：“学增同志来，省委对宝安工作之意见，除了学增同志在所指示及省委前函之意见外，仍有下列之重要三点”。中央档案馆、广东省档案馆：《广东革命历史文件汇集》（一九二八年），1982年11月，第65页。

[2]《中国共产党广东省组织史资料》（上册），第20页。

[3] 赖先声：《大革命洪流中的一段回忆》，转黄振位：《广东革命根据地史》，广东人民出版社，1993年，第20页。

[4]《广宁革命史略》，《源流》2013年第10期，第18页。

响应广东革命政府讨伐杨刘叛军的号召，征得县长蔡鹤朋及驻军第三师司令莫国华的同意，派出农军100多人进驻江屯，以堵住杨刘叛军西窜之路。这一带的地主冯月庭、江耀南对此反应剧烈，乃串通仍然被通缉的前县长李济源组织武装地主民团围攻农军。由于武器装备落后，再加上县政府及驻军没有派人援助，农军不敌地主武装，造成多人被杀，事称“江屯事件”。广州革命政府接讯后，在廖仲恺干预下，7月份建立的国民政府确定由中央农民部等部门派出廖仲恺、黄学增、陈公博、郑润琦、罗绮园、梁朴元等，组成“广宁乱事处分委员会”，并于7月29日召开第一次会议，提出相关意见。但省政府一方面同意意见，另一方面又节外生枝，调派遭受广泛反对的人选出任县长。最后，广宁乱事处分委员会经过多方协商，才使“江屯事件”得到解决。

1925年8月1日，省港罢工工人第七次代表大会在广州召开，通过了《对于广东省农民协会代表黄学增报告决议案》，声援广宁县农民协会及农民兄弟反抗地主残杀的斗争，表示要以全力帮助广宁农民。决议“请求政府惩办凶犯，撤回第三师兼撤换广宁县长，从严惩办”。8月下旬，国民党左派领袖、中央农民部部长廖仲恺于20日被刺不幸逝世，广东国民革命中的农民运动受到一定程度的波动。为了安抚广大民众的情绪，广宁县农民协会在潭布举行“全县农民追悼廖部长大会”，已在外地工作的周其鉴、陈伯忠，广东省农协代表黄学增专程到潭布参加大会。经过大会宣传鼓动工作后，江屯地区的区乡农协人员情绪渐趋稳定。[1]

1927年4月19日黄学增秘密抵达高要禄步黄洲，向隐蔽在当地的罗国杰、周其柏、陈均权和许其忠等原西江党组织负责人和农军骨干传达广东区委的指示和举行武装暴动的决定，并与之一起研究作战的具体部署。后在黄学增的组织下，高要、云浮、新兴三县农军组成暴动部队，相继发动肇庆起义以及郁南都城、罗定横岗等农军暴动；其中肇庆起义是西江地区

[1] 中共广宁县委党史研究室：《中共广宁县地方大事记（新民主主义革命时期）》，1998年5月，第16、17页。

最大规模的武装起义。1927 年 10 月 15 日，广东省委与中共南方局在香港召开联席会议，对广东省委进行改组。黄学增以省委西江巡视员的身份被选为省委候补委员。在该月黄学增秘密到广宁，向中共广宁地委叶洁秀等人传达省委关于举行暴动的决定，建议广宁地委集结武装力量，待时而举，以配合广州起义。[1]

1927 年 12 月提前举事的广州起义因为敌我力量悬殊，仅持续 3 天遂告失败（11 日爆发）。广东省委认为不能因此停止各地暴动，仍要坚持不懈地加紧发动，拟夺取全省政权。1928 年 1 月初，根据广东区委统一部署，西江地区农民暴动的运动中心选择在广宁。“在西江以广宁为中心，扩大到高要一带；以罗定为中心，扩大到郁南、封川一带，形成两个割据，与北江密切的联络。”[2] 在 1 月 30 日《中共广东省委给中央的报告——关于党务的几个重要事件和当前政治形势》中也谈及：“西江工作黄学增返，已有详细讨论，通过西江工作大纲，并派学增为广宁书记，陈强为四会书记，另外再派大批同志去广宁工作，因为广宁、罗定为西江工作两个中心，群众基础尚好，兹将工作大纲抄上请指示。”[3] 也就是说，为了开展西江的暴动工作，省委通过西江工作大纲，并指派黄学增为中共广宁县委书记。广宁县委除了黄学增书记外，委员有罗国杰、谭鸿翔、陈家善、高玉山、龙卓南。[4]1928 年初黄学增到达西江广宁之后，即刻紧锣密鼓地开展工作，组建了“广宁农民赤卫队”武装暴动指挥部，黄学增兼任总指挥。目前见到一份 1928 年 2 月 3 日《西江暴动工作计划》文件显示：“西江农民一向是有多少基础……广宁、高要、罗定、云浮、封川、新兴各县，农民对于政权及土地的要求，是非常迫切——尤其是广宁、高要。……西江暴动主要

[1] 中共广宁县委党史研究室：《中共广宁县地方大事记（新民主主义革命时期）》，1998 年 5 月，第 30 页。

[2] 中央档案馆、广东省档案馆：《广东革命历史文件汇集》（一九二八年），1982 年 11 月，第 23 页。

[3] 中央档案馆、广东省档案馆：《广东革命历史文件汇集》（一九二八年），1982 年 11 月，第 267 页。

[4]《中共广宁县委给省委报告》（1928 年 5 月 22 日），见中共广宁县委党史研究室：《中共广宁地方史（1919—1949）》，中共党史出版社，2004 年，第 94 页。

任务，就是要实行土地革命，扩大各县暴动形成西江割据局面，以致汇合各方割据力量，由广宁以影响清远，由罗定以联络南路，使渐形成全省总的暴动。其次，西江为桂系进窥广东，扼守广西之门户，西江暴动之胜利，可以给极大之帮助于广西工作，根本动摇以致推翻桂系在两广的统治。……西江暴动第一个中心是在广宁，第二个中心是在罗定。”同时，文件也指出：“我们能够不能够领导农民起来暴动？暴动能够不能够得到胜利？胜利能够不能够持久？并不是完全在客观的事实，大半还是在我们党主观力量。如果我们党的力量太薄弱，在客观方面，虽然有很好的条件，这个暴（动）是很难领导起来，很难得到胜利，胜利很难持久的。西江许多地方如新兴、云浮、德庆、开建、高明，尚无党的组织（云浮、德庆以前已有组织，事变后才解体）；有党的组织地方如广宁、高要、罗定、郁南、封川、三水、四会太无力量。广宁党在质量上、数量上，虽然比较各县为好，但党的组织还是解体，各级党部负责人大多逃走，不逃走的亦是染着很深机会主义遗毒。”因而要求注意党的问题，依据上级党委的要求，整顿党的队伍。“西江暴动渐次扩大起来时，即须依照情形设立西江特委，直接指导西江暴动工作。”[1]黄学增根据广东省委（广东区委已改称广东省委）的暴动指示，将中共西江地委改为中共西江特别委员会，黄学增任书记，周济为副书记；并成立军事委员会，黄学增任军委主席，周济任副主席。黄学增主要负责西江下游的高要、新兴、四会、广宁、三水等县。[2]

不久，以西江特委书记、县委书记黄学增为领导核心的西江党组织发动西江暴动。2月25日，县委指挥在螺岗圩发动武装暴动。广宁县农民赤卫队队长欧蛟指挥300余名赤卫队员武装进占螺岗圩，宣布暴动，没收地

[1] 中央档案馆、广东省档案馆：《广东革命历史文件汇集》（一九二八年），1982年11月，第289—296页。

[2] 另外《中共广宁地方史（1919—1949）》认为黄洲会议时，西江特委已成立：“1927年9月，黄学增在黄洲村主持西江地委扩大会议，根据广东省委（广东区委已改称广东省委）的暴动指示，将中共西江地委改为中共西江特别委员会，黄学增任书记，周济为副书记”。见中共广宁县委党史研究室：《中共广宁地方史（1919—1949）》，中共党史出版社，2004年，第89页。

主粮仓内几百石稻谷，充作赤卫队给养。广宁县委随即在螺岗镇安府召开了3000多人参加的群众大会，宣布成立西江地区第一个县级苏维埃政府。大会选出罗国杰、薛六、谭鸿翔、高玉山、高纪、欧蛟、伍学南为苏维埃政府委员，罗国杰任苏维埃政府主席。当时（28日）广宁县国民党政府即纠集以广宁、高要、德庆三县联防民团为主力的反动武装向螺岗进犯。由于敌我力量悬殊及敌人疯狂反扑，苏维埃政权仅存在3天时间。大批党员被迫转移疏散，转为地下斗争。三四月间，县委机关被敌人破坏后，县委书记黄学增、县委委员罗国杰率领一部分农民赤卫队与高要县许其中率领的农民赤卫队会合，转移到广西大黄岗附近活动。4月13日，省委召开扩大会议，黄学增与陈家善之前接到通知要求出席会议。在广宁县委机关未被敌人围攻之前，两人出发到香港参会。会上选举黄学增为省委委员，陈家善为省委候补委员。5月间，省委决定派黄学增担任琼崖巡视员。黄学增在赴琼崖之前夕，秘密回到广宁，召集干部会议，布置今后工作，然后乘船去海南。[1]

---

[1] 中共广宁县委党史研究室：《中共广宁县地方大事记（新民主主义革命时期）》，1998年5月，第35、36页。

第三章

北部湾红色记忆中的社会变迁

传统乡民所以因循保守，害怕任何性质的社会变动，害怕尝试新的东西，最主要的原因是这种变动和尝试常常都带有某种程度的危险和不确定性，甚至可能导致第二年没饭吃。按照学者米格代尔的说法，农民所以“对变革充满怀疑，因为他们意识到那些所谓进步可能把他们带入比现在还糟糕的地步。对这些挣扎在生存边缘上的农民来讲，这是种无法承受的风险”[1]。也就是说，在传统社会里，由于大多数农民还沉睡在宗法社会里，处在独立生产者的环境，日出而作日落而息，而靠天吃饭并不能感觉到政治的需要，因而要改变社会原来的面貌，让他们意识到变革才是进步，是需要一番努力的。1927年国民党第二届第三次中央全会发表的《对全国农民宣言》就认为：“革命的要求需要一个农村的大变动，每一个农村里都必须有一个大大的变革，使土豪劣绅、不法地主及一切反革命派之活动，在农民威力之下，完全消灭，使农村政权从土豪劣绅、不法地主及一切反革命派手中移转到农民的手中，在乡村中建设农民领导的民主的乡村自治机关。这是完成民主政治的唯一道路。”[2] 当然这种思想，中国共产党人早在建党初期就意识到了，如党的一大文件中，第一个纲领就明确指出：“本党承认苏维埃管理制度，把工人、农民和士兵组织起来，并承认党的根本政治目的是实行社会革命。”[3]“必须有步骤有计划地在农村中进行鼓动工作。如果工人阶级不能得到哪怕是一部分雇农和贫农的拥护，不能用自己的政策去中立一部分其他农村居民，那就不能巩固自己的胜利。在目前这个时期，共产党在农村中的工作具有头等意义。这项工作主要应当通过同农村有联系的革命的工人共产党员去进行。放弃这项工作，或者把它交给不可靠的半改良主义者，就等于放弃无产阶级革命。”[4] 正是基于两党共同的理念，经过国共两党的共同努力，

---

[1]（美）米格代尔著，李玉琪、袁宁译，姜开君校：《农民、政治与革命——第三世界政治与社会变革的压力》，中央编译出版社，1996年，第43页。

[2] 荣孟源：《中国国民党历次代表大会及中央全会资料》，光明日报出版社，1985年，第309页。

[3]《中共中央文件集》（第一册），第5页。

[4] 中共“二大”会议上通过的“中国共产党加入第三国际决议案”，《中共中央文件集》（第一册），第42页。

在大革命时期，北部湾地区发生了翻天覆地的变化。

第一节 国民政府南征与广东南路社会觉醒后的社团组织

邓本殷，字品泉，广东防城县（现隶属广西）茅岭乡大陶村人。幼时家境条件一般，父母务农，兼做织席等小手艺。由于家贫，邓本殷幼时不上学，在家帮扶；长大后从军。由于作战勇敢，遂逐步提升。从军经历中，先后在龙济光军、桂系、粤军等部队待过。1918 年出任为陈炯明援闽粤军第四支队司令。[1] 跟随陈炯明在援闽和回粤战斗中屡立战功，表现出色，受到陈炯明等人赏识。1921 年，孙中山整编援闽粤军，并在全省分设十个善后处。邓本殷被任命为粤军第四旅旅长兼琼崖善后处长，驻扎在琼崖及雷州。1922 年陈炯明叛变，粤军随即分化为拥孙派和拥陈派。邓本殷作为陈炯明的爱将，追随陈炯明，并与部分拥陈派粤军将领联名通电，要求孙中山下野。

1923 年，他联合申葆藩、黄志桓等部，网罗一批豪绅、地主、民团和土匪，成立南路八属联军，任总指挥，开始了其军事上、政治上的飞跃，野心也随之恶性膨胀。1923 年 9 月，邓氏出兵攻陷北海，原归附于孙中山的讨贼军将领、高州善后处处长吕春荣叛附邓本殷，驻守廉州的孙派黄明堂部被迫撤走。八属联军随后进攻阳江，孙派有陈策部迎敌。10 月，八属联军先后攻占化县、高州。11 月邓氏联军占领信宜、罗定，且击退讨贼军梁士峰部，进占阳江。至此高雷钦廉琼崖罗阳等南路八属地区归属于邓本殷八属联军占据。与此同时，由于陈炯明兵败广州，退回东江，困守惠州，针对此局势，八属联军停止攻势，偃旗息鼓，盘踞于北部湾地带。在 1923 年底，南路八

[1] 郭翘然、李洁之：《粤军史实纪要》，广东省政协文史资料研究会：《粤军史实纪要》，广东人民出版社，1990 年，第 8—9 页。

属联军在高州召开军事会议，南路主要军阀邓本殷、申葆藩、苏廷有、吕春荣等均参与，最后议决：维持八属地盘，主张雷钦廉琼崖各军一致合作，如别军来攻，应互救，脱离陈炯明范围，待机各将领认定接济前方饷额。议毕，各将领回防，邓本殷仍驻守高州。[1] 自此后，邓本殷一统南路，成为北部湾地区的“南天王”。且他还利用当时各地军阀割据的局面，颇有心机地寻找法理上的支持。1925 年 4 月，“邓本殷派代表入京，请改琼崖八属为广南省，以邓为督理”。作为回应，段祺瑞派代表杨穆生抵港，赴广东南路与邓本殷接洽。两天后，北洋军阀政府便将广东高雷八属改为特区，委任邓本殷为“高雷钦廉琼崖罗阳八属督办”，[2] 且授以其“品威将军”头衔，申葆藩、黄志桓也被委任为会办。1925 年 9 月 2 日，段祺瑞特派邓本殷为广东高、雷、罗、阳、钦、廉、琼、崖八属代表会议议员临时复选监督。

邓本殷盘踞北部湾，不仅拥兵割据，割裂广东，危害地方社会，且还勾结外国势力，损害国家利益、群众利益。“南路土匪之多，为广东全省冠，亦可说为全国冠……当邓本殷占据南路时代，不但不剿土匪，且借土匪之力，以保全地位。故土匪与兵士合混，匪即是兵，兵即是匪，匪首愈大官愈大。”“邓本殷占据南路时代，各县钱粮已预征到民国十六年。一县在数月之内可易几十县长，其征收新旧钱粮，不要问其能否完纳，只问其受差丁刮去了不少了。”“当邓逆占据雷州时代，农民被摧残，非常痛苦，土豪劣绅，怂恿邓逆党羽邓承荪拔农民之薯而种鸦片烟苗者，在在都有。”[3]“考邓贼借款，乃因去年（按：指 1924 年）六月间嘉积杀美教士而起。当时美国派兵舰一艘，同美国副领事及随员六十余人，到琼交涉。邓贼恐慌，对于美人谄媚备至，将教案秘密解决。自此邓贼与美人意气所投，酬酢往还，几无虚日。今年四月初旬银行代表周斗山，同陈炯明代表、林虎代表到琼接洽借款事，遂从此种积极进行。邓贼此次巨大借款，名为举办实业，实则希图募兵购械，

[1] 莫华生、梁小娟：《广州国民政府南征》，线装书局，2008 年，第 11 页。

[2] 汕尾市人物研究史料编纂委员会：《陈炯明与粤军研究史料》第二辑，1994 年，第 492 页。

[3] 黄学增：《广东南路各县农民政治经济概况》，《中国农民》第一卷第五期（1926 年 5 月）。第 8 页。

并戕杀我人民，贻祸我国家。”[1]“邓本殷原为陈炯明死党，盘踞八属，负隅自固，屡次想反攻广州与东江叛军响应，图谋倾覆革命政府，近更受北京段政府命令就任八属督办兼警卫军总指挥，划据地方，危害革命政府。”[2]如此种种，真谓民愤难平！诚如《广州民国日报》时评曰：“军阀作恶，邓本殷已可谓至极，彼以一阴险小人，盘踞琼崖，久已天怒人怨，咸有及汝偕亡之思，而邓贼之作恶，尤不特残民已也，竟勾结帝国主义，甘为虎作伥，自各地惨案发生，罢工风潮开始时，彼即肆其凶残迫压学生爱国运动……此等军阀不肃清，则救国运动必无可言，换言之，即此等军阀不推倒，其势必勾结帝国主义者以蹂躏民众也。……吾人最后更有言，此种殃民卖国之军阀，作恶之程度，已达最高度，吾人若不努力肃清之，则其恶更肆，而民益苦，故吾人日前之最重大问题，此肃清南路军阀一事，实不宜缓也。”[3]

1925年10月，东征将近结束，为了广州国民政府的稳定，为了国民革命顺利推进，7月已成立的广州国民政府决定发动南征，准备肃清邓本殷集团在南路的势力。1926年2月，广州国民政府南征军攻陷崖县，八属联军守将冯铭楷自杀身亡，而在1月22日时，南征军已占领海口，邓本殷本人化装逃入日本兵舰离开海南岛。到此，南征军宣告胜利。

在南征胜利后的不少文献中，我们发现了下面一些评价。“他们（按：指南路农民）有些供给革命军粮食，有些当前敌或后备队，有些做引路、侦探、运输种种工作，使革命军一路胜利，在短期之内，把邓本殷打败，南路肃清。”[4]“此次革命军克复雷城而后，经第四军政治部宣传队四出，各县市农会工会之云涌风起。”“雷属有此得力农工团体，以团自决，从此而后，

[1] 陈布公、钱亦能等人：《邓本殷借款详细情形》（1925年4月29日），《中共琼崖一大研究资料选编》，第38页。另按：是次借款金额为3000万美金，九折交款，邓本殷计划用海南全岛的森林和矿产资源为抵押。

[2]《琼崖革命同志大同盟第二次代表大会讨邓本殷议决案》（1925年8月15日），《中共琼崖一大研究资料选编》，第43页。

[3] 时评：《亟宜肃清南路军阀》，《广州民国日报》1925年8月17日。

[4] 罗绮园：《会务总报告》，《中国农民》1926年第一卷第六、七期合刊。

雷属人民可望永得安居乐业云。”[1]“国民革命在东江南路作战，没有农工的帮助，国民革命军也决不能成功这样快。”他们“都以实力来帮助，有做向导的，有做运输的，有侦探敌情的，有供给粮食的，并且每经过一市镇，每克复一城邑，一般工农民众，不是诚恳的慰劳我们，就是很热烈的慰劳我们，鼓励了不少勇气。”[2]也就是说，在广州国民政府南征时期，北部湾民众经过国共两党先进人物的教育、指引，敢于反抗，敢于抗争。“我国农民因为没有人提醒，没有人输以相当智识，对于社会上的公众利弊，对于国家的政治香油，简直不闻不问，漠然无动于衷，这确是一件毋庸为讳的事实，所以他们对于万恶的军阀，暴虐的地主，以至贪官污吏与土豪劣绅的摧残苛刻，都只有饮泣吞声，无可如何，现在居然能晓得起来替地方上铲除害群之马，替地方上谋公共的幸福，这不但可为农民庆，如把这种精神引入正轨，传播全国，实为全国的福音，所以也是可以乐观的。”[3]

据了解，南征大军出发之际，黄学增与王文明于穗成立“广东高雷罗阳钦廉八属旅省革命团体联合会”，动员组织一批革命青年随军出发，到南路、琼崖各地开展政治工作和群众工作。[4]在9月，黄学增百忙中抽空，奉中共粤区委之命从广州秘密回到遂溪，协助早已回雷的韩盈、黄广渊等人，建立“雷州青年同志社”乐民分社。[5]

农民部农民运动特派员黄广渊在1925年7月回到雷州后，“秘密到农乡宣传，农民非常倾向组织农会，但因个人精神不能支配，故先吸收有觉悟青年，组织雷州青年同志社乐民分社，后即分配各社员到各乡宣传及组织，计雷社乐民分社现加入社员百一十余人，纪家区现亦组织分社，加入社员十余人。农民协会方面，现乐民区已组织五个乡农民协会，同时组织联乡武装预备队共有七十余人（即是农民自卫军，因在邓逆势力范围下，不得

[1]《广州民国日报》1926年2月4日。

[2] 蒋介石：《工农兵大联合报告》，《中国农民》1926年第一卷第六、七期合刊，第1—2页。

[3] 杨耻之编：《农民运动与暴动》，（上海）《生活》1927年第2卷第13期，第83页。

[4] 中央档案馆、广东省档案馆：《广东革命历史文件汇集》，1992年10月，第31页。

[5] 中央档案馆、广东省档案馆：《广东革命历史文件汇集》，1992年10月，第31页。

不如此名称）”[1]。到 1926 年初期，黄广渊已在这一带成立正式农会 12 个，即“乐民城乡、田园乡、海山乡、内塘乡、敦文乡、调神乡、芋园头乡、（盐仓乡、松树仔乡、挟了乡、余屋乡、乐旺乡——此五乡据下文增补。）共有会员一千五百余人”[2]。而在 1924 年 11 月间，农讲所第二期学员黄杰（虎臣）与陈钧达（才干）已作为特派员奉命来到海康开展农民运动。由于当时也是处于邓本殷统治下，他们到家乡后，即利用乡亲关系，秘密地号召农民，组织农会约共 41 乡，包括一区城角乡、西门，四区雾社陵乡，六区西宁乡、桥头乡、大桥乡、麻廉乡等。“这是南路最早的农会。”[3] 后为县长陈炳焱知觉，声言要拘押运动农民者，黄杰、陈钧达的活动受到限制，陈钧达转移到遂溪，并在南征时期，本计划奉命上去广州报告农运情况，“到水东因战事影响船不通行后回”来遂溪继续从事农民运动。[4] 而黄杰以“雷州改良蒲包会”演说者的身份为掩护，继续从事农民运动。他深入海康各乡村市镇，继续宣传组织农民协会的好处，并帮助农民认识自身团结的必要，提高农民的思想觉悟。韩盈也是于 9 月奉中共广东区委命令，回家乡组织农民协会，帮助南征。诚如中共相关文件所记载：“南征时，我们用统一军政、统一民政、统一财政的口号秘密派人去雷州组织农会，影响南征军。”[5] 除了黄杰、黄广渊、陈钧达等人在南征之前以农民部农民运动特派员的身份回到南路从事农运工作外，特派员苏南还率第三届农讲所学生 10 人，计划随军前往南路开展农民运动，协助南征。9 月 5 日，农民部致函粤军第一师师长李济深谓：“贵师此次出发肃清南路逆氛，敝部现派特派员苏南率同农民讲习所学生苏其礼等十人，随同贵师前往，随军宣传本党主义并组织农民协会，除着该员遵照外，相应函达贵师长查照转饬所属一体知照妥为保护。”并

[1]《南路农民运动史料》，第 18 页。

[2] 黄学增：《广东南路各县农民政治经济概况》，载《南路农民运动史料》，第 44 页。

[3]《广东南路农民运动史略》，第 15 页。

[4]《南路农民运动史料》，第 19 页。

[5] 中央档案馆、广东省档案馆：《广东革命历史文件汇集》（中共广东区委文件，一九二一年～一九二六年），1982 年 10 月，第 260 页。

函知苏南“遵照前往妥为宣传组织”，通知学生宣传队苏其礼暨全队队员“即归苏特派员指挥领导，努力工作”。[1]

1925年，阳江二区雅韶乡成立了阳江第一个农会。[2]12月8日，广州农民运动讲习所第五期乙班谭作舟、敖华衮、吴铎民以及何毅、欧赤等人亦以中央农民部特派员名义先后被派至阳江从事农民运动，在江城文昌宫设特派员办事处。先以一区为重点，黄贞恒为农运指导员，从事发动群众工作。这些农运工作在南征时也发挥了很大作用。11月1日，南征军陈铭枢部奉命从台山向阳江方面追击八属联军。3日下午就占领金鸡圩，4日，八属联军四、五千人在苏廷有亲自督率下，分三路反攻金鸡圩。陈铭枢部当即分左、右两翼展开，一面正面迎击敌军，一面抄袭敌后。这一仗八属联军被打得狼狈而逃。[3]陈铭枢部乘胜追击，又败敌于那扶，敌军司令苏廷有几乎被擒。“昨得南路消息，邓逆苏廷有部，在金鸡墟被革命军击败后，纷纷溃窜，实无战斗能力。我革命军奋其战胜之余威，一致前进，努力杀敌，长驱南下，势如破竹，打得敌军如土崩瓦解，不分昼夜，拼命走回阳江，收拾残众，一图孤注。惟该逆军逃回阳江时，即那龙、北惯一带禾地，均被逆军践踏，该农民遭此重大损失，深为痛恨，因而联合一带农团，四出截击，闻逆军受此打击，损失甚众，不能成军云云。”[4]这要是在农民协会、农民自卫军成立之前，不要说践踏庄稼，就是连根拔去，老百姓们也只是敢怒不敢言，更不用说联合当地“农团”，四出截击。换而言之，经过精英分子努力组织起来的农会，在组织翻身农民进行清匪反霸、减租退押和土地改革的过程中，发挥了十分重要的作用。从另一个方面讲，农会也是培养和输送新兴村庄精英的基本管道。正是意识到农民协会在南征中的作用，为了保护

[1]《农民部致建国粤军第一师师长李济深函稿》、《农民部致特派员苏南函稿》、《农民部致学生宣传队苏其礼暨全队队员函稿》（1925年9月5日），转自梁尚贤：《国民党与广东农民运动》，广东人民出版社，2004年，第316页。

[2] 阳江市地方志编纂委员会：《阳江县志》（下），广东人民出版社，2000年，第711页。

[3] 据第四军参谋部：《南路作战记》，《军事政治月刊》，转自梁尚贤：《国民党与广东农民运动》，第40页。

[4]《工人之路特号》第146期；据《广东南路农民运动史略》，第152页。

农运特派员组织农民协会，南征军第一路指挥陈铭枢将军特发出如下布告："照得先大元帅提倡三民主义，注重扶植农工，东江、北江各属农民协会，已次第成立，农民利益，日见加增。惟南路农民，则蒙害最巨，频年以还，受逆军所骚扰，土匪所残劫，加以苛捐杂税，重重剥削，天灾疾疫，无岁无之，荒原千里，农务失时。本指挥目睹此状，惕然忧悚，用是保护农工，以副先大元帅遗训，不容再缓。爰由中央农民部派员指导各地农民，组织农民协会。诚恐地方人士，不明斯意，劣绅土豪，从中破坏，以致直接贻害农民，间接反抗政府。本指挥职责所在，断难宽假，如敢故犯，一经查出，定必严惩。"[1]在南征军占领雷州城后，为了下一步完善雷州的管理，促使人民群众走上安居乐业的日子，1925年12月15日雷州青年同志社即发表《对雷州善后宣言》，明确指出国民政府南征的目的"不惟在驱除邓逆一人，尤以在驱除之后，永无与邓逆同样之继起者"，因此，对诸如邓本殷之"一切恶政，务须根本取消"。如何才能做到这点呢？在雷州青年同志社看来，如下11项要求是一个根本："铲除贪官污吏，劣绅土豪；肃清散兵土匪；废除苛捐杂税；严禁烟赌；救济失业农民；扶助工农团体之发展；保护青年之一切利益；改良盐务；振兴实业；整顿教育；提倡女权"。

第二节　国民党南路特委、广东省农协南路办事处之建立与活动

国民党在北部湾的发展历史可以上溯到这一时期所秘密创建的中国同盟会各分会，这些分会即是国民党南路党组织的前身和源流。如1910年底，孙中山先生胞兄孙眉（字德彰，号寿屏）就潜至广州湾租界，化名黄镇东、刘汉生，设立秘密机关，联络同志，发展同盟会员，随后被任命为同盟会

[1] 转自梁尚贤：《国民党与广东农民运动》，第313—314页。

南方支部副支部长（正支部长为胡汉民）。如1911年7月15日孙眉写给其儿子孙昌（字建谋）的家信中就提及："字示男建谋知之：父有信你二叔，筹舟资费打法（按，'法'即'发'）你等一齐回来。父在广州湾运动高雷两府人民，数月经营，今得两府民智大开，高州六县人民入会者源源不断。旧年（按，即'去年'之意，1910年）十一月，父到湾时，觅得地方一所，创立机关，外面开一药房，名叫祐生药房，此地方面，并无西医及西药房。今民智开通，用西药者大不乏人，今虽有药房，亦无西医，故望你速即与二叔商量筹舟资，速回来料理药房事务，极之合宜。高属革命风潮，日进千丈。各府州县清官不敢出来干涉。父在此地办事平安，见字不用介怀。 父德彰字，辛亥（按，即1911年）七月十五日湾付。"[1]在发展的同盟会会员之中，最具影响力者有二：杨益三和陈鹤舫。杨益三1924年卒后，汪精卫为其撰墓碣，国民政府主席林森为其题"岵屹瞻依"碑，孙科为其题"山高水长"碑。汪兆铭的墓碣很清楚地说道："当总理提倡革命，密令同志孙眉在广州湾组织机关，相机行事。君慷慨慕义，毅然加入同盟会，对防城、镇南关、钦廉、上思诸役，始终相从。所有筹饷密谋，事靡巨细，恒视其力之所至，未尝诿责。"此外还有江琮（玉泉、山渊）任中国同盟会粤支部廉江分部部长等。其后虽然经过国民党、中华革命党、中国国民党的阶段，但由于1899年广州湾租界条约的签订使广州湾实际上成了法国的殖民地，而法殖民者对待国民党并非是友好的——广州湾赤坎公局局长"陈学谈不能牵涉我们卷入广东混战不已的军阀争斗之中。我们务必避免干预中国的政治事务，尤其是孙逸仙煽动者的政党和广州新掌权者之间，否则将挑起危险的棘手困难。我们务必尽力恪守中立态度。"[2]再加上南路一直是邓本殷等人势力

[1] 信件由孙眉曾长孙孙必胜提供，于2015年2月期间曾在中山市孙中山纪念馆二楼展厅及中山市商业文化博物馆的图片展《兄弟同心——孙眉与孙中山》中展出。另，孙昌后在护法运动中为国捐躯。

[2] "总督致广州湾总公使"（1923年3月3日），法国艾克斯国立海外档案馆（Archives nationales d' outre-mer）印度支那总督府档案的56499号案卷，原文为法文，由吴子祺提供并翻译，在此致谢！

范围，故国民党在广东南路一直没法很好发展。虽然在 1922 年前后亦有相关分支部的成立，如阳江分部、廉江分部、灵山分部、茂名分部、遂溪分部等，但其影响却是微乎其微的，如至 1924 年 2 月，廉江分部党员人数仅为 10 人。[1] 国民党对南路的影响是在国共合作之后。1924 年 1 月第一次国共合作正式形成，国共两党共同携手国民革命。1925 年 10 月 20—25 日中国国民党广东省党部召开正式大会，选举出来的执行委员有：何香凝、刘尔崧、彭湃、杨匏安、陈公博、甘乃光、陈孚木（云南讲武学堂，《民国日报》）、范其务（军政府大元帅府参议等）、罗国杰（中国共产党，广宁县党部代表）……监察委员：伍朝枢、宋子文、古应芬、李济深、杨其珊（广东省农民协会执行委员，中国共产党，海丰县党部代表）。其后，11 月 4 日，省党部召开第一次会议，选出了陈公博、杨匏安、甘乃光为常务委员，杨匏安为组织部长，甘乃光为宣传部长，彭湃为农民部长，刘尔崧为工人部长，范其务为商民部长，陈孚木为青年部长，何香凝为妇女部长，谭桂萼为书记长。[2] 由上述可见，在广东省党部内中国共产党具有一定程度的地位。然后随着不少富有基层活动经验的跨党党员进入各地国民党党务建设中去，国民党在南路的党务工作实现了重要的转变和突破。1925 年 12 月 23 日，中国国民党广东省南路特别委员会成员随国民革命军到南路，在梅菉办公。主席潘兆銮（中共党员），委员有黄学增（中共党员）、彭刚侠（中共党员）、林丛郁（林增华，中共党员）、谭竹山（谭平山胞妹，中共党员）、朱曼、吴武祥、许庆之。稍后，由黄学增、林丛郁主持，韩盈、钟竹筠、薛文藻、杨枝水、陈克醒等分工负责党务、农运、宣传、妇女等方面的工作。[3] 由此可见，国民党南路特委是国民党开办、由共产党人具体主持的机构。同时根据中国共产党的文件精神："我们在国民党改组以后更加以努力扶持他们，不可因他们以往的缺点，预存嫌恶藐视的心理。……本党同志在国民党能尽

[1]《近代广东的政党·社会·国家——中国国民党及其党国体制的形成过程》，第 204、202 页。
[2]《近代广东的政党·社会·国家——中国国民党及其党国体制的形成过程》，第 256—257、258 页。
[3]《中共广东南路党史大事记》，第 14 页。

所职，引起国民党员都能尽职，使其真变成一个有组织能行动的党，我们加入国民党之目的才算达到。”[1]根据中共中央的文件精神，以跨党党员为主的国民党南路特别委员会，随后积极投身到南路国民党基层组织工作中。在茂名，共产党人朱也赤奉命于1925年12月返乡成立县党部筹备处。翌年1月29日选出朱也赤等为执行委员，正式成立县党部，地址设于振兴学舍。“共有（国民党）党员约四千人”，到年底党员人数达5787人。[2]在电白，中国共产党党员邵贞昌受命返乡，于1925年12月成立县党部筹备处，筹备员还有区就宪等人；翌年1月27日召开代表大会，邵贞昌等被选为执行委员，正式成立县党部，党部设有执行委员会、工人部、农民部、商民部等机构，至年底有国民党党员1060人。在化县，朱光震（邑人，县教育局长，中国共产党党员）、陈城（邑人，中国共产主义青年团团员）、马英（邑人，原分部长兼县长）、梁浩然（中国共产党党员）等于1925年12月5日被委任为筹备员，15日成立县党部筹备处。翌年1月14日选出梁浩然、朱光震、劳光文（中国共产党党员）等为执行委员，正式成立县党部，地址设于旧议会。成立时国民党党员在册人数为800人，至1926年4月时达2000人，年底为3325人。1925年12月成立信宜县党部筹备处，1926年4月15日成立，林丛郁到会参加，全县“党员三万余人”。阳江县党部3月间成立，在册国民党党员约800多人，至年底则有2867人。阳春县党部成立于1月18日，下辖六个区党部，有1500余名在册国民党党员，至年底发展到2437人。在廉江县，邑人李任杰、梁季模等于1925年被委任为筹备员，12月成立县党部筹备处。1926年4月18日正式成立县党部，林丛郁到场参加，期间李任杰与黄学增派遣的中国共产党党员周永杰就任改组委员；成立时国民党党

[1] 《同志们在国民党工作及态度决议案》（1924年）原文载于1924年4月11日《团刊》，估计是1924年2月底召开的第二次中央执委会议文件；见《中共中央文件集》（第一册），第181—183页。

[2] 下述有关国民党广东南路党员人数，除特别注引外，皆据《南路特别委员会工作状况概述》（国民党广东省党部《党务月报》1926年7月1日）及《中国国民党广东省组织部一年来工作》（1926年12月），载于《南路农民运动史料》，第125—138页；及张翃：《国共两党在广东南路的第一次合作》，《湛江文史》24辑135页。

员约6000人。1926年，廉江安铺地区成立国民党廉江县第四区党部，办公地点在安铺东街荣兴，书记为李毓甫，委员有陈弼廷、龙飞、黄品三、黎德光，监察委员莫炽章。[1] 在吴川县，1925年12月成立县党部筹备处，1926年2月间正式成立县党部，年底有国民党党员769人。梅菉市至1926年1月改组前已有11个区党部，市党部筹备处也已成立六个月，有党员7800多人，但仍没有市党部。国民党南路特委随后于4月将之改组，重新确定3个区党部，约于7月上旬成立市党部，年底有党员309人。在海康县，1925年11月派来筹备员，翌年4月20日召开成立大会，林丛郁参加，正式成立县党部，有党员千余人；年底国民党党员人数为1807人。在遂溪县，1925年11月派来筹备员，翌年4月10—11日召开成立典礼，正式成立县党部，全县国民党党员一千余人。在合浦县，“党部筹备员只许锡清一人，后来宋以梅（中央曾派为钦廉筹备员）又加派罗镇纲，但罗回乡做小学校长去了，始终未到筹备处”；韩盈参与（合浦）改组筹建工作，1926年7月，正式成立县党部，地址设于惠爱东三官楼，年底有国民党党员1288人。在防城县，邑人李治云、雷慧贞、林爱民、郑心化等被委任为筹备员，回县筹建县党部，已于1926年2月间于东兴正式成立县党部，有国民党党员三千余人。在北海市，“宋以梅原已设筹备处，但完全没有进行，我（按，指林丛郁）五月二日到北海，即加派筹备员四人”；1926年7月市党部正式成立，下辖3个区党部和12个区分部，韩盈参与改组与筹建工作。1925年12月12日，南征军第四路指挥俞作柏由灵山行营电称：“钦廉二属，久为邓军占据，压迫农民，而对国民党尤所仇视，故属内完全无党之动作。此次我军克复，广派宣传员下乡宣传，唤起乡民，使知三民主义之要旨，及大元帅建国方略之大要，而各乡民亦大加觉悟，收效甚伟。”“钦廉农工阶级，久处军阀积威之下，可谓绝无生趣，故关于联络合作之事，绝无端倪可观。今我军克复，即派员宣传三民主义，故该二属之农工，已觉非实行联合，与军兵合作，不可以图存，现已纷行组设农民协会及工会，而灵山附近农民，尚有农民自卫军组织，请

[1] 廉江县安铺镇志编纂小组：《安铺镇志》，1986年，第162页。

我军派员前往指挥训练。"[1]灵山县党部在南路特委成立后不久委派潘渊泉、宁兆春和梁奇勋为筹备员，于6月间开始筹备，"后来省党部又派出李玉纲"，惜还没有县党部正式成立，但年底有党员1460人。徐闻县党部筹备处于1925年10月成立，先后有吴运瑞、程赓、郑一林等筹备员负责筹备工作；1926年，国民党徐闻党部成立，书记张光斗。[2]钦县党部筹备员章苹伦由省党部派遣，思想消极，韩盈、潘兆銮等先后前往督促指导，但工作无进展。至12月底，钦县党部仍未正式成立。

据1923年前后的粗略统计，国民党共有党员20余万，其中国内党员不到5万；组织机构共计400余处，亦绝大多数设于海外；国内除广州、湖南设有分支部外，其他省区既无正式的组织机构，亦无显著的活动成绩可言；[3]但经过国共合作之后，经过跨党的党员的努力，国民党基层组织取得很大进步，广东南路基层组织就是一个例子。可以讲随着国共合作的全面推进，国民党北部湾党组织的根须亦逐渐向基层社会伸展，其各级党组织的党员主体亦逐渐从单一化走向了多样化，除了以往的知识分子、政商精英之外，工人、农民、妇女等下层群体的比重大幅上升，这不仅壮大了国民党在广东南路的实力，同时也进一步扩充了国民党在北部湾的群众基础。不过，凡事利弊并生，国民党北部湾地区各级党组织党员的激增，也隐含着严重的危机和问题，这些数量庞大的党员们，其人数虽然很多，但是人员复杂，对这些人的入党，又不加以必要的审查甄别，不论其人素质之优劣，是否信仰三民主义，均一并吸纳入党。这就使得北部湾地区国民党的党员数量虽然激增，但是党员质量却难以有所保障。而且很多人对国民党的党义、纪律之类的几乎毫不了解、漠不关心，他们严重缺乏对国民党的认同感和

[1] 转自梁尚贤：《国民党与广东农民运动》，第316页。

[2] 徐闻县志编纂委员会：《徐闻县志》，广东人民出版社，2000年，第15页。

[3] 李云汉：《中国国民党党务发展史料——组织工作》（上），（台北）近代中国发行，1995年，第2—47页；土田哲夫：《中国国民党的社会构成》，《南京大学学报》（研究生专辑·哲社版），1989年4月。王奇生：《党员、党权与党争：1924—1949年中国国民党的组织形态》，上海书店出版社，2009年，第39页。

归属感，缺乏国民党的集体感和使命感、荣誉感，而国民党也因此缺乏向心力和内聚力，这就对国民党的建设和发展带来了很多的消极影响。“茂名县党部工作实不甚好，执行及监察委员多是校长、教员，除了一二人能够切实工作外，其余都是尸位素餐，不大负责……区分部的职员大抵都是五六十岁的绅士”；电白县党部各部则“互相攻击，工人部自委工会执行委员，商展部自委商民协会筹备员，各自为政，执行委员会形同虚设……至于农民部，不独自已没有做农民运动工作，即使农民运动特派员的工作，也要物碍。甚至有工人部剥削工人，各级党部职员与反动分子勾结压迫农民的举动”。信宜“国民党员特别人多的原因”，不过是羡慕国民党员能做官，“以为入党可以升官发财，和运动选举所致”。廉江县党部“李任杰专权独断……屡次把他的死党——土豪劣绅黄德华、江碧山、李毓甫和他在广州的侍妾诸群英，及已经受贿名单提出要求介绍，在开会的几日内，几乎闹到天翻地覆”。在遂溪，县党部选举时，土豪劣绅王庆云，冯汝祺等雇用代表，“每名工银二元，每日杂用六毫，车膳费在外，并说明选举胜利后，在麻章请酒”；甚至发生“到县党部谋杀执行委员”的事件。在海康，国民党员洪钟鎏“常在行政机关和军队里说农会工会的人是土匪，以挑拨农工和各界的恶感，成立会时，洪钟鎏又用教育局名义，叫学生不要到会旁听，并在会场演说，大骂近日省城有打倒智识阶层的口号……使农工对于本党怀疑”。……如此种种可以看出，由于入党人员素质各异，强调利益关系，以致在党务上极易形成畛域，在国民革命上产生各类纠纷，妨碍国民革命顺利推进。事实上，为了统一思想，在 1926 年 3 月，中国国民党就发出告全体党员及民众书，声称：“本党及本党所领导之国民政府，始终接受总理所定农工政策，拥护农工群众关于本身物质生活改良正当之要求，扶助农工团体及保证其发展及行为之各种自由。”[1]广东省党部也公开表示：“我们应该接受总理遗嘱所说的唤起民众及联合世界上以平等待我之民族共同奋斗的革命策略，

[1]《中国国民党告全体党员及民众》，《广州民国日报》，1926 年 3 月 31 日。

所以农工政策和联俄政策是我们现在革命策略上必不可缺的步骤。”[1]然而广东南路地区国民党基层组织由于人员素质问题，一定程度上妨碍了该地区国民革命的发展。

1925年5月1日，广东省第一次农民代表大会在广州召开。出席代表117人，他们代表了全省21个县农会组织的21万会员。会上通过了工农联合等决议案并发表了宣言，宣告了广东省农民协会的建立，大革命时期广东农民运动自此后有了核心领导机构。中共广东区委和共青团广州地委为此特发庆祝，号召工农群众力争“组织工会与农会之自由权”，“组织农民自卫军”，开展反帝反封建斗争。为精减人员指导广东省各地农民运动，1925年12月广东省农协将其原来设置干事制改组为常务委员制，由罗绮园、阮啸仙、彭湃三人任常务委员。[2]1926年1月，广东省农民协会执行委员会为了更好地指导全省农民运动，分别在潮梅海丰、惠州、南路、北江、西江、琼崖六大区域设立办事处，派遣彭湃、朱祺（琪）、黄学增、丘鉴志、周其鉴、冯平六人担任个中主任，此六人皆是中共党员。故此可以看出大革命时期广东省农民运动与中共息息相关，毕竟农民协会是全省农民运动中的重要组织，是对广大农民进行动员的重要机构和载体。

1926年3月7日，广东省农协南路办事处（简称南路办事处）在梅菉正式成立（1926年秋迁到高州），与国民党南路特委合署办公。黄学增任南路办事处主任，韩盈任书记，委员有苏其礼等人，其主要职责是指导南路地区的农民运动，当时的广东南路有十五个县二个市（现在属广东的有阳江县、阳春县、茂名县、信宜县、化县、廉江县、吴川县、电白县、遂溪县、海康县、徐闻县、梅菉市，现在属广西的有合浦县、钦县、灵山县、防城县、北海市）。至1927年“四一五”政变结束，南路办事处在短短一年多时间主要着力于规范农民协会、指导农民协会成立、扶植农民运动、打击劣绅土豪民团对农运的破坏等方面工作。“该区（按指遂溪县第六区）

[1]《广东省党部黄花岗纪念日告民众》，《广州民国日报》1926年3月29日。

[2]黄振位：《中共广东党史概论》，广东高等教育出版社，1994年，第55—56页。

农民协会竟有违背定章、干涉行政及种种非法行为。似此弁髦法纪，殊属可恶。本办事处为维持宗旨，巩固纪律起见，特提出严重训诫如左……务须依照农民协会章程及农民自卫军组织大纲组织……该区协会只准办理与农民有关系事宜，不准包办其他与农民无关的事。”“该乡（尖岗南乡）农民协会既系依章组织，应准成立。但仍候广东省农民协会特派员卢宝炫同志前往考察，监选职员，并定期举行开幕典礼，授旗授印，方符手续。”“查该区（按指海康县第四区）各乡农民协会，其中纯粹农民固多，而不良分子亦属不少。如该区候补委员兼肇榄乡正委员长卓子藩者，本系一方的大地主，与农民利益绝对冲突，并有以重利剥削农民事实，与章程第一条规定违背。卓子藩着即免去本兼各职，且不许名列会籍。”“该特派员（按指特派员黄杰）并须注意入会分子并选出职员，切不可潦草从事，致起违定章。如会员中有不守纪律者，尤须极力淘汰，毋稍姑息。”“兹派执事（指特派员周永杰）前往廉江县负责各级农民协会，仰即赶于四月四日前到该县调查各乡农民协会，分别指导成立，并将调查详情及各级协会成立日期、选举结果造具表册，报告本处查核积案。”“该乡（电白第三区蕢花乡）农民协会尚系依章组织，但选举手续不甚妥当，仍候本处派员前往指导改选，以符定章。”“该团董李公录，胆敢在青天白日旗帜下作此反革命行为，殊属弁髦法纪，可恶已极。当经先后函咨该县县长严拿究办。”“案查各乡农民协会非经本处特派员指导组织，不能擅自成立，碍难照准。”“查得（海康）第六区农民协会自卫军，未经报告上级机关，擅行缴去第四区自卫军枪弹及掳去队员数名，任意凶殴捆送，似此越轨行为，本会认为显违纪律，应予严重惩办。但现姑念其初犯，格外示宽，特为拟定下列五条，仰该区农民协会即便遵照办理。”“查该乡（按指电白县文峰下锦乡）组织不甚合法，仍候本处特派员黄广渊查复核办可也。”“查该乡（电白白马乡）农民协会之组织，未经报告本处批准，且是否系纯粹农民自动依章组织，真像未明，现难照准成立。”“案已下令严驳（电白第三区）门前乡筹备员李景山等，着刻将门前乡农会名义取消，所有会员准即转入蕢花乡农会，俾易统率以符定章。并附发门前乡会员一册，仰即切实考查。”[1]

为了更好地指导、组织北部湾地区农民运动，让广大农民清楚明了自己的权利，南路办事处还为此特发布告曰：“为布告事。照得农民协会系根据中国国民党政纲、第二次全国代表大会对于农民运动决议案、革命政府对于农民运动第一第二两次宣言、迭次通令，并遵照广东第一次全省农民协会代表大会宣言及决议案而组织，其旨意在集中全国农民力量，增进农民生活，改良农村组织，进而要求中华民族之完全解放。苟非丧心病狂，叛党叛国，残贼农民之徒，谁肯稍加破坏？苟非真正纯粹农民或真正维护农民利益者，尤不许其借名组织。乃近查各县，有劣绅、土豪、大地主，竟肆意破坏协会。或妄造谣言以恐吓农民，不予其加入协会。或以民团暴力压迫已加入协会之农民退名。甚至假借国民党区党部、区分部名义以抵抗农民协会。有等劣绅、土豪、大地主，又以农民协会为奇货可居，妄思包办，或自称已向省农民协会领得公事，或自称已在县署立案等谎言以欺骗农民，令农民群堕其术，任其宰割。此种奸狡叛徒，实属不法之至。除函请各县长暨驻防军队分别查禁惩办外，亟应布告各县农民知悉，须知农民协会是代表农民利益而奋斗，是完全独立，不受任何方面拘束之合法团体。所有劣绅、土豪、大地主，一概不得破坏，尤不得妄思包办，只有帮助农民，不许有压迫农民。我农民不要为彼辈所愚，务须一致团结起来，集中在农民协会旗帜之下，受广东省农民协会及本办事处的监督指挥。”[2]

当然，除上述提及的情况外，国民党南路特委与广东农协南路办事处还有各种各样能够提升农民权利及开展农民运动的举措。如针对农运干部缺乏，无法很好启发农民思想的情况，两大机构遂学习广州农讲所等机构的经验，利用办学校、讲习班的方法，在短期内培养一批具有先进意识的农运骨干。在梅菉开办了“梅菉市宣传学校”；在雷州举办了“雷州宣传讲习所”、“雷州工农补习班”；在廉州亦举办了农协骨干分子培训班。在这些培训班上，

[1] 以上据《广东省农民协会南路办事处通令、文件》，《南路农民运动资料》第61—80页。

[2]《南路农民运动资料》第68—69页。

两大机构的主要人员黄学增、韩盈、黄杰、苏其礼、杨枝水、陈荣位等人，以及驻军人员，纷纷亲自授课，大大提升广东南路农运干部的素养，有力地推动了当地农民运动的进行。同时，两大机构也协助当地民众成立维权团体，合法地维护自身权利。如雷州除盗安良会就是其一。1926 年该会上书中国国民党中央执行委员会、国民政府等曰："中国国民党中央执行委员会、国民政府、省党部、省政府、各县党部，各报馆、各团体、各学校、各机关钧鉴：雷州久处邓本殷铁蹄践踏之下，压迫摧残无所不用其极，如迫种鸦片，鼓铸伪币，勒派军饷，预征钱粮，屋梁有捐，人头纳税，雷民之脂膏有限，邓逆之欲壑难填，痛苦颠连，已难忍受。而地方之劣绅土豪，使吾民如水益深，如火益热，壮者流为盗匪，老弱死于沟壑。数年内吾雷民流离失所者，固比比皆是，受压迫摧残而致死亡者不下四十万人，此种惨状，亘古所无。今我革命军率师南来，肃清邓逆，吾雷民始得重见天日。惟当兹战事初平，邓逆虽除，而余孽仍在，劣绅、土豪、土匪等其披猖如故，其横行如故，设非彻底澄清，则除恶未尽，雷民终难安枕。况民生凋敝已达极点，抚辑善良，安插失业，尤为刻不容缓。是以雷州各界，有广东雷州除盗安民会之组织，经于一月十二日正式成立。至于会务之进行，款项之筹措，尚望我各地各界热心人士锡（赐）以指南，助以实力，庶几垂死之雷阳或有复苏之希望。临电陨涕，不知所云。广东雷州除盗安良会叩。"[1]雷州除盗安良会自成立后，即督促驻军清剿当地土匪，很好地保护当地民众生命财产。该团体主席陈荣位亦为中共海康县支部第一任书记。似乎民众对此团体比较自豪，甚至将能够在此团体任职记入族谱。"黄时熙，毕业又在于雷州中学校，后在遂溪第六高小当教员，遂溪教团民校长，雷州三属安良会文牍员。"[2]

没有一个社会运动是完全按照运动本身所产生的动力和内在的逻辑、路径发展的，它的发展总是受到当权者以及其他独立于运动本身之外的各

[1] 中国第二历史档案馆：《中华民国史档案资料汇编》第四辑（一），江苏古籍出版社，1991 年，第 450 页。

[2] 湛江麻章区湖光镇鹿渚村《黄氏族谱》，民国十七年二月重修族谱。按：湛江麻章区湖光镇过去称为潮满区。

种因素的影响，有时这些外部影响可能会阻碍运动的发展，有时它又可能促进其发展，社会运动一旦发动起来，在各种因素的综合作用下，运动蕴含的能量迅猛爆发，其发展趋势往往会偏离发动者既定的运动轨道，不可控的风险将会急剧地增加。北部湾农民运动的运作轨迹大体类似于此。

第三节　中共广东南路地委建立

在中共早期历史上，它可谓是一个没有武装力量，没有地盘，纯粹以组织宣传和动员群众为中心的革命党。自然地，中共组织史在早期发展史中扮演着一个非常重要的角色。地方党组织的建设是使党从一般小政党转变成为群众性政党的一大关键力量，没有地方党组织的努力，中共难以发展成为一个富有影响力的全国性政党。广东南路第一个地委是中共在广东西南部的一个重要党组织，它的成立对广东西南地区的党的发展与革命活动起了重要作用。但学界对其几乎没有研究，只是间或一语带过。广东南路在民国史上，既是一个地理方面的概念，亦为一个行政区域，地理位置大致包括整个广东西南部地区。虽然当时广东政府间或将粤中与西江地区的开平、罗定、郁南、云浮等纳入南路区域，如20世纪20年代一份广东省政府公报中曰："电各县长财局长剋日到阳会议 阳江、阳春、恩平、开平、新兴、茂名、信宜、电白、吴川、廉江、化县、遂溪、徐闻、海康、钦县、防城、合浦、灵山、罗定、郁南、云浮（等）县长览兹定本月二十在阳江开南路各属县长及财政局长联席会议讨论各属要政仰该县长财局长届时到阳……会议地址：在阳江城尊经阁，即南路行政委员会行署楼上。"[1]1925年11月22日，《工人之路特号》报道：国民政府决定任甘乃光为广东南路行政委员，辖恩、开、两阳、三罗、高雷、廉、琼等各属；决定任周恩来为广东东江行政委员，辖潮梅各属。

[1] "广东南路各属行政会议记事"，《广东南路各属行政委员会公署公报》1926年第1期，第14页。

在此之前的1925年8月7日的广州《民国日报》报道：为请愿政府肃清南路成立了八属各界团体联合会；9月6日八属旅省国民党员决定成立中国国民党八属旅省同志会。但在中共地方党史上广东南路主要指茂名以南地区。“南路地区当时包括化县（今化州）、遂溪、合浦、电白、茂名（今高州）、吴川、海康、徐闻、阳江、信宜、廉江、灵山、防城、钦县（后三县今属广西）等15县与梅菉、北海（今属广西）两市，以及广州湾（法租界，今湛江市）。”[1]广东“南路地处广东西陲，包括高州六属（茂名、信宜、电白、廉江、化县、吴川）雷州三属（遂溪、海康、徐闻）钦廉四属（合浦、灵山、钦县、防城）两阳（阳江、阳春）十五县和梅菉市”[2]。大致是指现在的北部湾地区加茂名、阳江两市。关于第一个中共广东南路地委成立的详细情况，一直未见当时直接文件资料，仅根据相关文件资料作出判断。故有关论著对于其成立时间说法不一，主要是1927年1月、1925年9月两种说法，时间间隔较大，令人疑惑颇多。现根据目前所见的资料及当时的概况，在此作一个辨析。

目前广东湛江地方党史部门大致认定中共广东南路第一个地方委员会成立的时间是在1927年1月，黄学增任第一任书记。“1925年10月，国民革命军讨伐南路军阀邓本殷，中共广东区委任命黄学增为中共广东南路特派员，来南路开展革命运动，建立党的组织。”“1926年初，特派员到达南路，驻梅菉市，1926年8月以后驻高州城。受中共广东区委领导。”特派员是黄学增。“1927年1月，中共广东区委决定撤销南路特派员，成立中共广东南路地方委员会（简称南路地委）。”书记是黄学增，任职时间至1927年3月止，“委员，不详”。“南路地委驻高州城，受中共广东区委领导。”[3]其后不少地方党史书籍皆采用该说法，相关内容稍有差异。“1927年1月　中共广东南路地方委员会成立，黄学增任书记，韩盈、梁本荣、钟

[1]《中国共产党广东省组织史资料》（上册），第35页。

[2] 中共湛江市委党史研究室：《南路人民抗日斗争史料（1937.7—1945.9）》，广东人民出版社，1996年，第1页。

[3] 中共湛江市委组织部、中共湛江市委党史研究室、湛江市档案馆：《中国共产党广东省湛江市组织史资料（1925—1949）》，1991年7月，第8—9页。

竹[illegible]任委员。”[1] “中共广东南路特派员（1925.10—1927.1），特派员黄学增。1927 年 1 月，中共广东省委决定成立中共广东南路地委。中共广东南路地委（1927.1—？）书记黄学增（1927.3 止）副书记王克欧。”[2] 按照湛江等地方党史的说法，1927 年 1 月前，广东南路地区党组织采用的是特派员制度，黄学增被任命为中共广东南路特派员，领导南路地区的革命斗争；直至 1927 年 1 月，中共广东南路地方委员会才成立。据了解，更高一级的中共广东省组织史资料主要是湛江市党史部门所提供，故中共广东南路第一个地方委员会成立时间自然是 1927 年 1 月——虽然没有直接说及“第一个”的字样，但在 1927 年前没有地委的组织，只有各地支部组织；另在组织结构图上却没有采纳特派员的说法，只在概说部分说到特派员。“1925 年至 1926 年，在中共广东区委及南路特派员黄学增的领导下，南路的电白、阳江、吴川、遂溪、海康、梅菉、廉江、茂名、北海、化县等地陆续建立起党组织。”“1927 年 1 月，根据中共广东区委的决定，成立中共广东南路地委。机关驻地高州。书记黄学增（1927 年 1—3 月）。南路地委隶属于广东区委，下辖南路各县（市）党组织。”[3] 然后是中共中央一级组织史资料里面的内容几乎与广东组织史内容一致：“1925 年至 1926 年，在中共广东区委执委及南路特派员黄学增的领导下，南路的电白、阳江、吴川、遂溪、海康、梅菉、廉江、茂名、北海、化县等地陆续建立起中共组织。”“1927 年 1 月，在南路各地普遍建立党的组织，农民运动轰轰烈烈地开展起来的基础上，根据中共广东区执委决定建立中共广东南路地方执行委员会，机关驻高州，下属南路各县（市）组织。书记黄学增（1927.1—3）。”[4] 于此，中央一级的

[1]《中共广东南路党史大事记》，第 36 页。

[2] 中共茂名市委组织部、中共茂名市委党史研究室、茂名市档案馆：《中国共产党广东省茂名市组织史资料（1924.5—1987.10）》，1996 年 8 月，第 8—9 页。

[3]《中国共产党广东省组织史资料》（上册），第 35—38 页。

[4] 中共中央组织部、中共中央党史研究室、中央档案馆：《中国共产党组织史资料》第一卷（党的创建和大革命时期）（1921.7—1997.7），中共党史出版社，2000 年 588、600—601 页。该书下面简称：《中国共产党组织史资料》第一卷。

组织史资料除了多“执行”两字外，几乎没有其他差别。[1] 也就是说，在中共广东省组织史与中共组织史里面，中共广东南路第一个地（执）委成立的时间是在 1927 年 1 月，书记是黄学增。是否 1927 年 1 月存在的中共广东南路地方（执行）委员会就是中共广东南路第一个地委组织呢？在 1927 年 1 月之前是否曾经存在过中共广东南路地委、特委的党组织呢？中共广东组织史资料与中共中央组织史资料的说法有没有可商榷的地方呢？

经过仔细阅读省级与中央一级的组织史资料和有关中共广东南路地委方面的内容，发现两资料皆出现前后相互矛盾之处。如中共广东省委组织史里面说到，1925 年至 1926 年，黄学增领导南路人民相继在南路各地“陆续建立起党组织”，“在这一基础上，成立了中共广东南路地方执行委员会，代替特派员统一领导南路地区的党组织”[2]。按照此说法，至少在 1927 年前中共广东南路地方（执行）委员会已成立。而中共中央组织史资料几乎一字不漏地采用中共广东省组织史的说法：“1925 年至 1926 年，在中共广东区委执委及南路特派员黄学增的领导下，南路的电白、阳江、吴川、遂溪、海康、梅菉、廉江、茂名、北海、化县等地陆续建立起中共组织。在这一基础上，成立中共广东南路地方执行委员会，代替特派员统一领导南路地区的中共组织。”[3] 不仅如此，《中国共产党组织史资料》第一卷在概述中，也存在着一些模糊的说法。如在记载广东南路下面县市党组织时，第 599 页说道：“1924 年 5 月，就读于广东大学的电白籍学生、共产党员邵贞昌、区就宪回到电白从事农民运动和从事建党活动，于 1925 年 6 月在县城建立中共电白县支部。支部建立初期，直属中共广东区执委领导。1925 年 10 月起，属中共广东区执委南路特派员和中共广东南路地执委领导。”多多少少有些模糊不清。第 583 页亦是说法模糊：“1925 年 5 月……广东区执委在组织发动工农群众运动、推动国民革命的同时，在各地普遍建立党的组织，

[1]《中国共产党广东省组织史资料》（上册）第 35 页还是存在“执行”两字：“在这一基础上，成立了中共广东南路执行委员会，代替特派员统一领导南路地区的党组织。”

[2]《中国共产党广东省组织史资料》（上册），第 35 页。

[3]《中国共产党组织史资料》第一卷，第 588 页。

并建立海陆丰、汕头、西江、惠州、琼崖、北江、四邑、南路8个地执委，以及中共省港罢工党团、中共国民党中央委员会党团和中共黄埔军校党团等。”而根据中共中央组织史资料说法，中共海陆丰地方执行委员会成立时间是1925年10月，书记是彭湃。中共汕头地方执行委员会成立于1926年3月，是由1925年12月成立的中共潮梅特委改变而来的。两组织机构的书记皆为赖玉润（又名赖先声）。北江地委成立于1926年冬，驻地在韶关，书记为卓庆坚。四邑地委成立于1927年1月，书记是叶季壮。惠州地委成立于1926年3月，书记是肖鹏魂。之前已成立惠州特支，书记是朱琪。西江地委成立于1926年1月，书记为周其鉴。琼崖地委成立于1926年3月，书记为王文明。[1]也就是说，除了四邑与南路外，8个地执委成立时间皆在1927年之前。事实上，根据中共广东省组织史资料，除了上述8个地委外，大革命时期归属广东区委下辖的地委还有东莞地委与广宁地委。东莞地委1926年6月成立，书记为李本立，下属有组委、宣委、工委、农委、妇委、青委；“下辖5个支部，党员39人”。广宁地委1925年6月成立，书记叶浩秀（任期为1925年6月—1927年12月），驻地为广宁县城南街福儒馆。[2]《中国共产党组织史资料》第一卷（第591页、第594页）亦采用相同的记载。若中共广东南路第一个地（执）委诚如多个组织史所言是1927年1月成立的，那为何上述相关概说却采用比较模糊的语言呢？有没有别的说法呢？

查阅相关文献，果不其然，不难发现有不同的说法。对于早期中共广东党组织的历史，1983年王健英编写的《中国共产党组织史资料汇编——领导机构沿革和成员名录》是这样描述的：“中共海陆丰地方委员会（一九二五年十月成立），书记彭湃；中共广东南路特别委员会（一九二五年秋成立），书记黄学增；中共琼崖地方委员会（一九二六年三月成立），书记杨善集；中共汕头地方委员会（一九二五年十二月成立），书记杨石

[1]《中国共产党组织史资料》第一卷，第592—602页。

[2]《中国共产党广东省组织史资料》（上册），第17、21页。

魂。”[1]在这里，广东区委下辖的地委与上面提及的，除了南路地委外，汕头地委与琼崖地委也有差异。在《中国共产党广东省组织史资料》里，杨石魂是1925年3月成立的汕头特别支部的书记，汕头地委是由1925年12月成立的潮梅特委改为的，书记是赖玉润。琼崖地委成立时间都是1926年3月，但《中国共产党广东省组织史资料》记载书记是王文明，而王健英的《中国共产党组织史资料汇编——领导机构沿革和成员名录》则记载为杨善集。中共琼崖地委方面，其实上不少回忆文献提及首任琼崖地委书记是杨善集，杨氏之后再由王文明接任。“一九二六年三月，中共广东区委派杨善集同志到琼崖筹建琼崖地方党的领导机构。在海口市竹林村邱家召开琼崖党第一次代表大会，正式成立中国共产党琼崖地方委员会……杨善集任地委书记。五六月间，杨善集调回省委，由王文明接任地委书记。”[2]“（1926年）三月，中共广东区委派特派员杨善集同志来琼，同国民革命军过琼中的共产党员商量，筹建海南党组织。同月，在海口市竹林村召开中共琼崖第一次党代表大会，成立中共琼崖地方委员会（当时称C·P），由杨善集任书记（一、二月后调回广州，由王文明接任书记）。”[3]“党和团的领导机构还是琼崖收复后，1926年三月间才能在海南正式建立的。……1926年6月，广东区委就派杨善集同志兼任地委书记。”[4]其中罗文淹是当事人之一，担任地委青年部部长一职。也就是说，罗文淹的回忆是否准确？是否还有商榷之处，在此不论。但上文讲到1926年3月初，返琼组织“特别委员会”的符向一、罗汉、冯平三人事实上是琼崖地区最早的中共党员。除此之外，1926年3月22日，团粤区委给团中央第二号报告“梧州问题：派善集去（二十三日）组织地方团，并开办训练班，约两星期可以返来，从前本决定居仁去的，近

[1] 王健英：《中国共产党组织史资料汇编——领导机构沿革和成员名录》，红旗出版社，1983年，第36页。

[2] 李黎明遗稿：《关于第一次国内革命战争时期琼崖党和人民革命斗争的一些情况》，《中共琼崖一大研究资料选编》，第205页。

[3] 郑放整理：《海南革命斗争大事纪要（1909年~1937年上半年）》，《中共琼崖一大研究资料选编》，第304页。

[4] 罗文淹：《海南岛初期人民革命史资料》，《中共琼崖一大研究资料选编》，第159页。

来因为善集父亲由家里来省，要他返里，不得不暂时一避。”[1] 这个记述与上文的 1926 年 3 月杨善集任书记，一、二月调回广州之说更为接近。如第一次东征期间，周恩来派共产党员杨石魂等以特派员身份到东江地区各县，发展工农运动，建立党的组织。潮安（今潮州）、汕头、海丰、陆丰等地的共产党和共青团组织，都是在东征中陆续建立起来的。[2] 其后杨石魂成为当地支部书记。[3] 按照王健英的说法，其编写的这本《中国共产党组织史资料汇编——领导机构沿革和成员名录》，其“资料来源，主要摘自党的历史文件、部分中央与军委文电、历史报刊及悼词、传记，同时吸取了一些专题研究成果，参考了各种回忆录及党史、军史材料，并经过了一定的核对”。也就是说，有一定的出处，并经过“一定的核对”，是比较谨慎的。可惜的是，与书中所有叙述一样，对于南路地委成立及黄学增担任书记的资料出处，并没有详细标注。

中共中央党史研究室编写的《中国共产党历史》是富有权威性的！此已为学界认可。《中国共产党历史》第一卷对于中共广东南路党组织的叙述，却是非常明确地指出：“在第二次东征期间，国民政府还派部队进剿盘踞广东南路的军阀邓本殷部。中共广东区委为配合这次军事行动，成立了以黄学增为书记的南路特别委员会。朱克靖、张善铭、廖乾五等共产党员带领政治工作人员深入民众，大力开展宣传和组织工作。”[4] 在这里，中央党史研究室如王健英一样，采用的是“特别委员会”的组织结构，而非“地方委员会”的机构。1925 年 10 月 1 日，国民革命军举行第二次东征，11 月初就收复了东江。而在 1925 年 9 月份，黄学增就奉中共广东区委之命秘密回到南路。事实上，除了《中国共产党历史》有如此说法外，相关研究

[1] 见中央档案馆、广东省档案馆：《广东革命历史文件汇集》（一九二六年），1982 年 10 月，第 235—236 页。

[2] 中共中央党史研究室：《中国共产党历史》第一卷上册，中共党史出版社，2002 年，第 172 页。该书下面简称《中国共产党历史》第一卷。

[3]《中国共产党广东省组织史资料》（上册），第 26 页。

[4]《中国共产党历史》第一卷，第 174 页。

著作亦认为 1925 年南路地委（或特委）是存在的："1925 年秋，经过共产党员黄学增等人的努力，建立了中共广东南路特别委员会，以黄学增为书记，统一领导南路各属党的工作。"[1] 在中共组织史上，对于"特委"这个组织形式，有文献资料指出，1927 年"八七"会议后，中共中央制定新的组织法，规定省委与县委之间可以设特委，但"特委……为工作需要的临时组织……其权力当然可以指挥当地整个党的工作，但不是经常的党的系统"。[2] 而在此之前，根据 1922 年通过的《中国共产党章程》及 1923 年通过的《中国共产党第一次修正章程》，中国共产党组织形式主要为：组、地方支部、地方执行委员会、区执行委员会及中央执行委员会。[3] 也就是说，"特别委员会"应该是 1927 年"八七"会议后再出现的组织形式。

对一个政党而言，既要保持组织的严密性和纯洁性，又要使组织具有相当的群众基础，总是一个两难问题。中国共产党的历史显示，中共与列宁主义密切相关，"十月革命一声炮响，给中国送来了马克思列宁主义"。马列主义一直以来都是中国革命的理论基础和指导思想。中国共产党以"严密的组织"和"铁的纪律"著称，组织性非常严密；它有遍布每一个党员的基层组织——"支部"。"在基层组织里，党员之间定期开会讨论，交流思想，共同行动，既相互了解，也相互监督，使党对每个党员具有凝聚力和向心力，维系每个党员对党的意识形态的认同，并通过支部考察吸收新党员，确保党组织的群众性和严密性。"[4] 实际上，在我党的历史上，党的建设包括两大部分：思想建设和组织建设。组织建设自建党之初，就一直是我党所强调的内容。"我们就不能忘了两个重大规律：（一）党的一切运动都必须深入到广大的群众里面去。（二）党的内部必须有适应于革命的组织与训练。""凡一个革命的党，若是缺少严密的、集权的、有纪律的组织与训练，那就只有

[1] 苏若群、姚金果：《第一次国共合作始末》，中共党史出版社，2016 年，第 159 页。

[2] 赵生晖：《中国共产党组织史纲要》，安徽人民出版社，1987 年，第 76—77 页。该书下面简称为《中国共产党组织史纲要》。

[3]《中共中央文件选集》（第一册），第 59—61 页、第 123—124 页。

[4]《中国共产党组织史纲要》，第 169 页。

革命的愿望，便不能够有力量去做革命的运动。”[1]组织性在共产党里占据着不可动摇的地位，“组织能力使力量增加十倍”（列宁语），中国共产党“通过召开全国代表大会和其他重要会议，通过了党的组织章程，规定了党的组织原则、组织制度、组织系统和党的纪律；逐步建立和健全了从中央到地方的基层的组织机构，以及党内生活和工作制度；采取积极措施发展党员和建立党的组织”[2]。关于党的组织结构，《中国共产党第一个纲领》在第七、九、十三条分别规定：“凡有党员五人以上的地方，应成立委员会”，“凡是党员不超过十人的地方委员会，应设书记一人；超过十人的应设财务委员、组织委员和宣传委员各一人，超过三十人的，应从委员会的委员中选出一个执行委员会”。关于党的组织工作制度，《纲领》第六、第八、第十二条分别规定：“在党处于秘密状态时，党的重要主张和党员身份应保守秘密”；“委员会的成员经当地委员会书记介绍，可转到另一个地方的委员会”；“地方委员会的财务、活动和政策，应受中央执行委员会的监督”[3]。1922年中共二大通过的《中国共产党章程》第五条继续完善党的组织建设：“一地方有两个支部以上，经中央执行委员会之许可，区执行委员会得派员至该地方召集全体党员大会或代表会，由该会推举三人组织该地方执行委员会，并推举候补委员三人，如委员因事离职时，得以候补委员代理之。未有区执行委员会之地方，则由中央执行委员会直接派员召集组织该地方执行委员会，直接隶属中央。区执行委员会所在地方以区执行委员会代行该地方执行委员会之职权。”[4]1923年三大上，中国共产党对《中国共产党章程》进行第一次修正，其第六条是有关组织建设一方面的：“一地方有十人以上，经中央执行委员会之许可，区执行委员会得派员至该地方召集全体党员大会或代表会，由该会推举三人组织该地方执行委员会，并推举候补委员三人——如委员因事离职时，得以候补委员代理之。未有区执行委员会之地方，

[1]《关于共产党的组织章程决议案》（1922年7月），《中共中央文件选集》（第一册），第58页。
[2]《中国共产党组织史纲要》，第1页。
[3]《中共中央文件选集》（第一册），第5—6页。
[4]《中共中央文件选集》（第一册），第60页。

则由中央执行委员会直接派员召集组织该地方执行委员会，直接隶属中央。区执行委员会所在地，得以区执行委员会代行该地方执行委员会之职权。”[1]通过这些文件文献，我们不难看出，组织在中国共产党历史上占据重要地位，无组织、无纪律，是不可能使一个政党强大的！

1925年1月11日至22日在上海召开的中共四大，则是中国共产党历史上一次重要会议，在党的建设上开始了一个新阶段，将组织建设提升为党的生存和发展最重要的问题，规定了正确的政治路线，以确立无产阶级领导权为中心，规定了党的建设同国民党合作以及工人、农民、青年、妇女运动等的组织路线，为新的革命高潮作了政治、理论和组织准备。大会强调，为了加强党对国民革命运动的领导，必须加强和改善党的组织工作和宣传工作。大会在《对于组织问题之议决案》中指出，现在“组织问题为吾党生存和发展之一个最重要的问题”。如果五月扩大执委会关于组织问题的决议不能实际实行，党决不能前进。要求“我们党的基本组织，应是以产业和机关为单位的支部组织，至于在小手工业和商工业的办事中，不能以机关为单位组织支部时，则可以地域为标准”[2]。为了有利于发展党员工作的进行，大会认为必须：“（一）（原）章程上‘有五人以上可组织一小组’，应改为‘有三人以上即可组织支部’”；（二）改变各地在吸收党员时“有使经过十人团”或“使之经过社会主义青年团”等“与吾党组织的原则相违背”的做法，使已有阶级觉悟的分子“直接入本党”。

根据上述文件及叙述，我们比较清晰地知道，在1925年1月后，地方有三名中共党员者可组织一支部——之前是五人成立一小组，“一地方有三个支部以上，经中央执行委员会之许可，区执行委员会得派员至该地方召集全体党员大会或代表会，由该会推举三人组织该地方执行委员会”。[3]而上述《中国共产党组织史资料》提及的8个地执委中，1927年1月成立

[1]《中共中央文件选集》（第一册），第123页。

[2]《中共中央文件选集》（第一册），第308—309页。

[3]《中国共产党第二次修正章程》，《中共中央文件选集》（第一册），第312页。

的是四邑与南路，其余都是1927年之前成立的。而根据该资料，四邑地执委成立时下属为“江门、新会、开平的党组织”，新会支部是在1924年春成立，书记为陈日光；1926年9月新会支部分为“江门支部和新会支部，分别驻江门、会城”。[1]开平支部虽在1926年秋成立，但当时是归属于西江地执委管辖。“西江地区当时包括高要、广宁、封川、郁南、德庆、四会、罗定、云浮、恩平、开平、鹤山、开建、新兴、高明等县。中共广东区委从1924年开始派周其鉴、彭湃等到广宁等县发动农民运动，并在广宁、四会等县建立党的基层组织，然后建立中共西江地方执行委员会，统一领导西江各县党组织。”[2]“1927年1月至4月该支部（按，指开平支部）隶属于中共四邑地执委。”[3]也就是说，至1927年1月四邑地区才有三个党支部，四邑地执委1927年1月成立也就没有什么问题了。

那我们来看看1925年南征前后，南路各地党员及基层党组织的情况如何。1925年11月《团雷州支部关于第二次临时会议的情况报告（一九二五年十一月三十日）》[4]提及，薛文藻是9月受罗汉的委派回到雷州半岛从事军事策反活动的，薛氏是1924年12月加入共产党的；韩盈早在1923年即为党员；黄广渊回雷的时间是在1925年7月，同期回来的还有韩盈与陈才干（即陈钧达），他们三人也是中共党员。而在1925年9月5日农民部一份致粤军第一师师长李济深函件提及的苏南与苏天春，[5]他们亦是中共党

[1]《中国共产党组织史资料》第一卷，第592页。

[2]《中国共产党广东省组织史资料》（上册），第20页。

[3]《中国共产党组织史资料》第一卷，第594页。

[4] 中央档案馆、广东省档案馆：《广东革命历史文件汇集》（一九二五年），1982年10月，第247—251页。

[5]《农民部致建国粤军第一师师长李济深函稿》、《农民部致特派员苏南函稿》、《农民部致学生宣传队苏其礼暨全队队员函稿》（1925年9月5日），转自梁尚贤：《国民党与广东农民运动》，第316页。

员。[1]1926年3、4月间黄学增撰写了《广东南路各县农民政治经济概况》一文，在里面有一节是专述“南路农民运动之状况”：“广东南路在邓本殷盘踞时代，已由农民部派遣特派员黄杰、陈材干、黄广渊等，在雷州方面秘密运动。革命军南下，首先派遣何毅、欧赤等同志，在阳江方面运动；苏其礼、王会东、廖华卓、敖华衮等在钦廉方面运动；次派遣卢宝炫在化县方面运动；刘坚、冯振腾等在雷州方面运动；吴锋（铎）民、冯年同志在阳江方面运动；廉江方面受雷州之影响，电白方面受阳江及梅菉南路办事处设立之影响，已由各该县党部自起运动了；信宜方面由梁本荣去做运动农民的工作。”[2]黄学增、苏南、黄杰、黄广渊、敖华衮、何毅、欧赤、谭作舟、冯平、吴铎民、刘坚、卢宝炫、苏其礼、陈材干、王合东、廖华卓、冯振腾、梁本荣等皆是中共党员；其后何毅、欧赤、冯平、冯振腾大约在1926年3月过去海南岛担任农民部特派员。大约在1925年11月，国民党南路特委随着广东政府南征军南下，设办事处于梅菉。朱克靖、林丛郁、潘兆銮、彭刚侠等一批跨党党员一齐到达。1926年1月中旬后，潘兆銮、彭刚侠等人陆续离开南路，分别前往广州和海南；留下来的林丛郁主持南路特委的全面工作。南征军南下前，阳江除了谭作舟、敖华衮外，还有梁济享、符国光、王仲芳、黄贞恒等共产党党员到达阳江宣传革命，发动群众接应革命军。[3]信宜罗克明亦于1925年冬返乡开展农民运动与建党活动。还有电白的邵贞昌、区就宪亦在1924年就回到家乡从事农民运动和从事建党活动[4]如此多的共产党员汇集南路，若没有一个统一的党组织管理，多少有些不合情理。按照党的纪律，“党内组织为党的中心工作，一切对内对外发展，均与之有密切

[1] 苏南曾于1923年12月任团香港地委会计委员，见中央档案馆、广东省档案馆：《广东革命历史文件汇集》（一九二二年～一九二四年），1982年10月，第259页；1924年5月当选为团广东区委候补委员，见中共广东省委党史资料征集委员会、中共广东省委党史研究委员会：《广东党史资料》第五辑，广东人民出版社，1985年，第238页。苏天春1925年就读广州农讲所期间入党，见《苏浴尘（苏天春）自白书》，1950年二月四日笔录，广东省公安厅档案。

[2]《中国农民》（1926年）第一卷第4期，第18—19页。

[3] 莫华生、梁小娟：《广州国民政府南征》，线装书局，2008年，第91页。

[4]《中国共产党广东省组织史资料》（上册），第37、35页。

关系”，并要求至少要做到：“小组及地方会应照例举行，不得间断”；“开会时应常常提出具体的政治问题，依本党机关报之主张，以教育各个同志”；“负责党部或组长，应规划工作，分配各个同志担负，训练各同志使成为真能行动的党员”；“每次接到中局文告后，应即提出会议讨论，并尽力执行，执行时有无障碍及其结果，均应随时报告中央”。[1]1925 年 1 月通过的《中国共产党第二次修正章程》第十二条非常明确规定：“各支部每星期至少须开会一次，由支部书记召集之。但已分成小组之支部，其小组每星期至少须开会一次，由小组组长召集之；至支部全体会议，至少须每月举行一次。各地每月至少召集全体党员会议一次（其有特别情形之地方，得改全体会议为支部书记或干事联席会议，但全体会议至少须两月一次）。”有关纪律方面，《修正章程》第二十二条规定：“区或地方执行委员会及各支部均须执行及宣传中央执行委员会所定政策，不得自定政策。凡有关系全国之重大政治问题发生，中央执行委员会未发表意见时，区或地方执行委员会，均不得单独发表意见。”第二十六条规定：“凡党员离开其所在地时必须经该地方党部许可，其所前往之地如有党部时必须向该党部报到。”第二十七条则规定，“无故连续三次不到会”者，地方执行委员会是必须开除该名党员的。[2]到了后来，中央更加充分意识到支部组织的重要性，特别是 1928 年六大之后，中央强调各地党部要做到“一切同志都有支部，一切工厂中都有支部，一切支部都有支部生活”，要求每个支部的党员“到会，纳党费，看党报，推销党报，讨论问题，在群众中工作，介绍同志等等”。[3]虽然有学者谈及，“组织松弛涣散，支部有名无实，党员缺乏训练，是这个时期广东各地党组织的普遍特征”[4]。但他强调的是这个时期——1927—1932 年，当时是大革命失

---

[1]《中央通告第二十一号》，《中共中央文件选集》（第一册），第 233 页。

[2]《中国共产党第二次修正章程》（1925 年 1 月），《中共中央文件选集》（第一册），第 313—315 页。

[3]《中国共产党组织史纲要》，第 88 页。

[4] 王奇生：《革命与反革命：社会文化视野下的民国政治》，社会科学文献出版社，2010 年，第 172 页；《党员、党组织与乡村社会：广东的中共地下党（1927—1932 年）》，《近代史研究》2002 年第 5 期，内容提要。

败时期，是国民党的屠刀随时落下的时代。但国民革命时期，国共合作还是处于蜜月时期，部分共产党人的身份还是可以公开的；1924 年至 1927 年 4 月广东党组织的纪律情况还是需要评估的。当时，南路中共党组织比较明确存在的是电白支部与信宜各支部，信宜据言拥有 13 个党支部。[1] 也就是说，到 1925 年底为止，南路党支部的数量至少超过三个。到了 1926 年初，南路大部分支部皆成立，如吴川支部、梅菉支部、廉江支部、阳江支部皆 3、4 月成立，廉江党员曾发展到 350 名；遂溪支部、海康支部、北海支部是 6、7 月成立，海康党员曾发展到 100 名。[2] 广东南路如此大规模的支部数量，若没有一个更高一级党组织统筹管理，如何发展区域庞大的南路地区国民革命实在是难以理解的。事实上，《中国共产党广东省组织史资料》在涉及广宁地委时亦有注解说明："据老同志回忆为广宁县委，但据党的'四大'党章规定 3 个支部以上可设地委。故我们判断为地委。"[3] 在当其时的社会环境背景下，若没有一个核心党组织指挥，如此大规模的基层党组织及党员分布在广东南路各地进行国民革命，也许是不可想象的！

1923 年 12 月 25 日《中央通告第十三号——为国民党改组及收回海关主权问题》谈及："有国民党组织之地方，同志们立时全体加入；没有国民党组织之地方，望切将同志非同志可加入国民党之人数及何人可以负责，报告中局，以便中局向国民党接洽，请其派人前往成立分部。""在国民党已有组织之地方，本党地方会应即与 SY 地方会合组织国民党改组委员会，以主持目前即应进行诸事。改组分区事竣，即应由两地方会在各区指定我们的同志一人组织国民党委员会，受两地方会之指挥。"[4] 也就是说，在国共合作时期，在处理国民党党务方面，地方党组织与团组织需要通力合作，

[1]《中国共产党广东省组织史资料》（上册），第 35—38 页。
[2]《中国共产党组织史资料》第一卷，第 599—600 页。
[3]《中国共产党广东省组织史资料》（上册），第 21 页。
[4]《中共中央文件选集》（第一册），第 165—166 页。

共同促进国民革命顺利进行。[1]1924年2月扩大会议对于组织问题，有如下说法："为履行各种职任起见，党的组织应当采取下列的形式及办法：（甲）地方委员会由三人组织之：委员长兼宣传部，秘书兼组织部，组织部之下另有'统计分配'及'交通'的职务——'交通'的职务便是发送秘密宣传品，组织群众大会及示威运动等。第三人管理工农部（如遇有特别情形，各委员之兼职得互换之）。地方委员会对于在当地国民党中工作的同志负指导的责任——凡在国民党工作之同志都应由地委指派。为增进某一部的工作成效起见，地方委员会得组织各种委员会。"[2]也就是说，南路各县市国民党支部组织者中的共产党员由地委派遣，并非是区委派遣。故我们在留下不多的南路国民党党务文件中发觉蛛丝马迹。"广东省党部南路特别委员会训令第五十一号　令遂溪县党部筹备处　呈悉。该县党部既经筹备就绪，应即于四月十日正式成立，毋□多延时间。届时当派本会委员林丛郁莅会参加。合行令知，仰即遵照。此令　中国国民党省党部南路特别委员会。"后来国民党遂溪县党部向省党部呈文称："为呈报事。窃职部奉南路特别委员会主任黄学增、委员韩盈两同志，督职部从（应为'重'）新分配工作，以俾党务系统整符而职员责任清晰。在本月□日召集执委、监察第三次联席会议，与席有黄主任学增、韩委员盈，到会：陈耀庚、邓成球、吴斌、钟竹筠、陈光礼、吴定培、叶春卿、周纪、周润生。当席选出陈光礼、吴斌、陈耀（庚）三人为常务委员，并选定陈光礼为组织部、吴斌为宣传部、刘坚为农民部、邓成球为工人部、梁树本为商人部、陈耀庚为青年部、钟竹筠为妇女部，及指定各部干事，陈光礼担任责组织宣传部干事，邓成球担任农工部干事，陈耀庚担任商青妇女部干事。且决定另请梁栋同志为秘书处书记，梁德修同志为特别干事，以处理一切庶务事宜。至梁树本同志任商人部继任执行委员（乃为黄荣同志身故缺职，同席议决以梁树本同志补上执行委员）。"

[1] 虽然在早期团与党的关系比较微妙，团有"第二党"之称，但总的来说党团工作关系还是协调的。见黄金凤：《从"第二党"到后备军：共产党与青年团早期关系的演变》（《近代史研究》2011年第3期）等。

[2]《党内组织及宣传教育问题议决案》，《中共中央文件选集》（第一册），第195页。

根据目前的资料，我们知道林丛郁、邓成球、钟竹筠、陈光礼、刘坚、梁树本、周纪等是跨党党员。国民党南路特委委任令第五十二号是给北海市的："查北海商场在南路颇占重要位置，省政府经划为独立市。本会议决于该市设立市党部筹备处，以利党务进行。兹将委该员为北海市党部筹备员，仰即会同负责同志努力进行，期于一个月内正式成立，合行令知。此令。中国国民党广东省党部南路特别委员会委员林丛郁 黄学增"。[1]文中该员根据其他文献显示是江刺横。[2]他是廉江抽调过来的跨党党员。国民党廉江县党部也是黄学增派出周永杰作为筹备员之一参与改组才能正式成立；合浦等地也是国民党南路特委派出筹备员才能得以正式成立的。1926 年"5 月 6 日，国民党广东南路特别委员会主席潘兆銮（中共党员）到合浦检查、指导国民党县党部的筹建工作"[3]。

综观党史，在党的历史上第一次明确提出了农民同盟军问题的是在四大。中国共产党成立之初，相较而言，虽然意识到农民是一支重要的力量，但鉴于局限，主要精力在于领导开展工人运动，一大和二大都没有通过专门的关于农民运动的决议。三大虽有《农民问题决议案》，但也只是区区 200 余字，"严格来讲，这一决议案对农民运动的发展无理论阐述、无具体措施，还称不上是真正意义上的党代会'决议案'"[4]。从内容实质而言，四大中"农民运动决议案"才是我党历史上真正的农民运动决议案，其内容翔实，非常明确地指出农民问题的重要性，阐明农民是无产阶级同盟军的思想。议决案认为共产党固然可以在"国民党名义之下"用农民协会的组织去团结农民，但同时"应注意利用每个具体争斗的机会根据国民党拥护工农利益的政纲作反抗国民党右派及军阀的压迫"，同时必须于国民党

[1]《南路农民运动史料》，第 65、93、66 页。

[2] 中共北海市委党史研究室、中共合浦县委党史办公室：《中共广西地方历史专题研究（北海市卷）》，广西人民出版社，2001 年，第 21 页。

[3] 中共北海市委党史研究室、中共合浦县委党史办公室：《中共广西地方历史专题研究（北海市卷）》，广西人民出版社，2001 年，第 15 页。

[4] 李颖：《中共四大历史意义探析》，《中共党史研究》2015 年第 1 期，第 37 页。

之外，“独立地进行本党公开的宣传和支部的工作”，“并将各地农民运动特派员放在本党地委指导之下”。[1]议决案明确地指出农民运动中的特派员是在“本党地委指导之下”！那我们来看看南路农民运动中特派员的情况。上面我们已叙述了广东省农民运动特派员的产生是在1924年7月广州农讲所第一届学员毕业后之事。第二届学员黄杰估计是第一个以国民党中央农民部特派员身份到南路从事农民运动的，其后，黄广渊、陈材干、卢宝炫、王会东、廖华卓、敖华衮等人陆续以国民党中央农民部特派员名义来到广东南路从事农民运动。1926年3月7日，广东省农协南路办事处在梅菉正式成立，这是一个颇有浓厚共产党背景的机构，它亦派出了部分农民运动特派员。下面是广东农民协会南路办事处部分档案文件中提及的南路农民运动特派员情况，多少有“各地农民运动特派员放在本党地委指导之下”的体现。“令中央特派员 第二号 令中央农民部特派员黄杰……城角乡农民协会职员，其中间有不甚妥当者，合行令仰该特派员就近指导改组可也。此令。”“令 第三号……仍候广东省农民协会特派员卢宝炫同志前往考察，监选职员。”“令 第五号……所有特派员尽行分头下乡工作，其生活费拟每人暂向纠察队存款内借出八元……嗣后各级农民协会成立报告内，须签有该负责组织特派员姓名及盖私章，方为有效。该特派员并须注意入会分子并选出职员，切不可潦草从事，致违定章。如会员中有不守纪律者，尤须极力淘汰，毋稍姑息。”“令 第八号 兹派执事（按指特派员周永杰）前往廉江县负责各级农民协会，仰即赶于四月四日前到该县调查各乡农民协会，分别指导成立。”“令 第十一号……兹派杨特派员前赴面促电白县长依法办理。”“令 第十八号 四月二日……令驻海康之农民运动特派员黄杰等就近制便，仰即转知该区各乡协会备款领取。”“令 第三十八 令特派员苏其礼……前往各该乡调查情形，依第一第二次报告表填竣寄上备案，以便核准成立。”“令 第四十号……查该乡组织不甚合法，仍候本处特派员黄广渊查复核办可也。”“令 第五十五号 令阳江特派员吴铎民……就近

[1]《中共中央文件选集》（第一册），第295页。

指导成立，并依式制就旗印颁发，定期举行授旗授印礼，以昭慎重。”“令第七十一号 令特派员陈才干、陈克醒……以最精诚恳切的语意向两方调解，务使革命势力不致分裂为主要。如双方不能体谅此意，则惟有执行铁的纪律，极力淘汰，以符本旨而肃纪纲。仍将办理情形迅行报告。切切，此令。”[1]……毫无疑问，上述提及各农民运动特派员是在省农协南路办事处指挥下行事，同时这些农运特派员身兼共产党员的身份，他们也势必遵从党的纪律、听从党的指挥。他们的行为是符合中共四大文件的要求的：“各地农民运动特派员放在本党地委指导之下。”实际上，国民党中央农民部曾有一份1924年9月颁布的《特派员办事细则》，涉及特派员的管理情况。《细则》规定：特派员应受农民部直接指挥；特派员所到各乡村每日须有六小时之调查宣传及组织等工作；特派员到各乡村应将其工作随时报告，至少一星期报告一次；特派员接到农民部命令后，非有特别事故，不得延缓停顿其执行；特派员回部时，“应即向本部报到，听候指挥。”[2]但根据上述文件，不少中央特派员，如黄杰、黄广渊等，还是由南路特委派遣、指挥。因而，南路地委在1927年1月前应该是存在的，只有这样才符合“各地农民运动特派员放在本党地委指导之下”的情况。

作为一个以马克思主义理论为基础的政党，中国共产党一直将党的建设作为首要工作来处理，并将党的建设作为关系到党的生死存亡大事。一般而言，在中国共产党历史上，党的建设主要包括思想建设和组织建设两大部分，两者都扮演着重要角色。故在早期党史上，中国共产党在加强、完善中央一级、省一级党组织建设外，亦着重发展地方执行委员会、党支部等基层组织的建设，为党从宣传小团体转变、建设为强大的革命性、群众性政党奠定基础。在广东党史上，虽然目前我们还没有找到1925年广东南路地委成立的文件——当然在早期党史上诸多文件是无法找到的，但亦有权威党史文献采用1925年南路地委存在的历史，更主要的是根据现存当时的党内

[1]《黄学增研究史料》，第6—15页。

[2]“特派员办事细则”，载《中国农民》（1926年）第一卷第二期，第12页。

文件，无论是在党员人数、支部个数，抑或是有关农民运动特派员管理方面，我们都可以认为 1925 年南路地委的存在是可信的。正是这个中共广东南路地委的存在，为大革命时期轰轰烈烈的广东南路革命奠定了领导核心。

第四节　广东南路社会的觉醒之一：农民运动

八一南昌起义后，面对敌强我弱的局势，新建立的人民武装力量面临着一个何从何去的困境。根据一份回忆："此后，朱德和范石生分析了敌我力量对比以及所属部队的实际情况，'决定把部队拉到广东雷州半岛取得海口，以求得到国际上的援助。然后，再向桂越、滇越边境发展，扩大革命力量'。"[1] 李奇中在犁铺头整训之时是朱德起义军教导大队队长。他和朱德接触密切，是最有可能得知这个极其重大的秘密决定的几个人之一。从一定意义上讲，朱德考虑将部队拉到雷州半岛，除了出海口考虑外，或许还有当地的革命气氛。按照华南沿海漫长的海岸线情况，出海口并非只有雷州半岛。在大革命时期，南路各地经过黄学增等志士的努力，面貌为之一新。广东南路各地农村纷纷被发动起来，政治参与意识与革命前相比，已大大不同。

众所周知，中国是一个经历了两千多年封建统治的国家，自给自足的小农经济生产方式、牢固的血缘宗法制度、政治和思想文化的高度专制以及封闭的社会政治、经济结构等，无一不严重影响着传统政治心理的形成和发展。在这种背景下形成的社会政治意识表现为政治自我意识丧失，等级意识、崇拜权威、顺从依附的臣民意识盛行。传统乡民所以因循保守，害怕任何性质的社会变动，害怕尝试新的东西，最主要的原因是这种变动和尝试常常都带有某种程度的危险和不确定性，甚至可能导致第二年没饭吃。按照米格代

[1] 李奇中：《朱德同志与湘南起义》，《回忆朱德》，中央文献出版社，1992 年，第 176 页。

尔的说法，农民所以“对变革充满怀疑，因为他们意识到那些所谓进步可能把他们带入比现在还糟糕的地步。对这些挣扎在生存边缘上的农民来讲，这是种无法承受的风险”[1]。自然地，在乡村政治中，地主处于权力网络中心，凭借政治强势频繁参与乡村事务，影响力遍及乡村基层政权及各种宗教性、生产性、自卫性的社会组织，农民则处于权力结构底层。但一旦农民觉醒，被动员起来、被组织起来，将势必成为一支强大的力量，成为改变农村社会的原有权力网络的重要力量，农村权力网络一定会被分化及重组。对此，中国共产党在建党之初相对而言，比较明了。早在 1922 年二大时，党就意识到，“中国三万万农民乃是革命运动中的最大因素”，“大量的贫苦农民能和工人握手革命，那时可以保证中国革命的成功”。“必须有步骤有计划地在农村中进行鼓动工作。如果工人阶级不能得到哪怕是一部分雇农和贫农的拥护，不能用自己的政策去中立一部分其他农村居民，那就不能巩固自己的胜利。在目前这个时期，共产党在农村中的工作具有头等意义。这项工作主要应当通过同农村有联系的革命的工人共产党员去进行。放弃这项工作，或者把它交给不可靠的半改良主义者，就等于放弃无产阶级革命。”[2]故在国共合作时，大量下到农村从事农民运动的特派员中绝大部分是具有共产党员的背景的。经过他们的努力，包括北部湾地区在内的众多农民政治参与意识纷纷觉醒，成立自己的组织，从而推动了社会的觉醒。其中尤以农会为一大表征。“建立农民协会是一种政治行为，而最经常、最有效地采取这种行动的又是政党，因为它需要农民组织的机制来取得农民的支持，并使农民与党牢牢地捆在一起。在处于现代化之中的国家，几乎每一个强大的政党都与某一个农民组织保持着密切的联系。这种组织当然能给党的领袖，但也同样能给农民效劳。”[3]农民的政治组织——农会的成立，促使

[1]（美）米格代尔著，李玉琪、袁宁译，姜开君校：《农民、政治与革命——第三世界政治与社会变革的压力》，中央编译出版社，1996 年，第 43 页。

[2]《中共中央文件集》（第一册），第 3、42 页。

[3]（美）塞缪尔·亨廷顿著，王冠华、刘为等译：《变化社会中的政治秩序》，上海人民出版社，2013 年，第 365 页。

了农村权力网络的一环迅速转移到农民手中，农民成为改变自己命运的主宰。1925 年 5 月广东省农民协会召开成立大会，发表了成立宣言，里面提及："吾人从实际地，身受其苦，比较任何人都苦不过的，现在已感觉着了，并且十分知道苦从何来了。……仍然是帝国主义与军阀互相勾结利用来压迫工农阶级的政局。仍然是外国洋鬼子，番鬼佬与国内一班带兵爷，鬼鬼祟祟来谋害我工人农民的时候。北京政变，冯玉祥虽然将曹锟吴佩孚打走，但是走了两个猛人，又来了无数猛人，现在在北方之段祺瑞、冯玉祥、张作霖这班猛人，其残害我农民工人，与曹锟吴佩孚是一样的，况且曹吴虽倒，其走狗萧耀南等依然存在，依然想维持其原来势力，依然食工人农民之肉。东江战争，虽然将与曹吴同一鼻孔出气之军阀陈炯明、林虎、洪兆麟打走，但是走了三个猛人，还有无数猛人存在……帝国主义谋害吾人，还不止此，占我重要海港，如北方之威海卫、胶州湾、大连湾、旅顺湾、青岛、南方之流球、台湾、香港九龙、澳门、广州湾，都被帝国主义占去了，变了（老番）的土地了。强租重要的商埠，如天津、汉口、上海、广州沙面都是（老番）租借地了。管理出入口货物的海关也在外人手上。出金银铜钱的矿山，往来交通的铁路，也在外人掌握之中。还有外国领事裁判权，老番在中国犯事，吾人不得管理他，中国人在租界犯事，老番就来干涉，就要受他的领事裁判。从此外国人在中国就横行无忌了，外国军舰可以在中国内河行驶了……外人就可以自由运载洋货入口发卖，大扒特扒中国金银财宝而去，使吾农民在乡村造出来之农产品被其抵制，不能消（销）售，因亏本而不敢再做，专用彼等洋货……都是老番的东西了。这就是帝国主义者在经济上政治上侵略吾人的。尤其是农民被侵略更利害"；"最受痛苦最受压迫的工农同胞们！吾人仇敌就止两个吗？并不止此！……劣绅、土豪，上通官府，下结游民，地痞，□□利用失耕的农民兄弟们，来损害自己阶级的人，真是一件痛心之事啊！操纵农村政治，拿联团局、民团、保卫团、护沙局等机关做工具，设种种苛细杂捐，以及盘剥鱼肉吾农民……抽捐名目，如人头税、婚姻捐、果木捐、六畜捐、水道捐等不下卅余种，农民血汗，能有几多供他们括取呢！……田主们用重租、押租（批头）、租信（田信鸡，或银钱等）租契压迫农民，农民稍有反抗，就可借军阀、贪官污吏、劣绅土豪做镇压农民暴动的利器”。正是在这些反抗经验中，我们“因此认识解放我农民的，只有靠我们自己团结，本身奋斗的力量”[1]。广东省第一次农民代表大会是按照国民党农民部的计划而召开的。早在1925年4月2日时任农民部部长的廖仲恺就颁布通告曰：“省代表大会为全省协会之最高机关，除选出执行委员九人以便执行代表大会闭会后之会务外，并须决定各地代表之一切提案及擘画农民解放运动之根本大计。”[2]随后在5月3—10日召开的第一次农民代表大会上，经过讨论，于10日上午，对农民自卫军组织大纲、政治问题提案、经济问题提案、农民教育问题提案、农民自卫军与民团问题提案、农村合作运动提案、农民协会今后进行方针、拥护革命政府宣言、全省农民协会成立宣言等，依次讨论通过。[3]大会选举蔡如平、彭湃、阮啸仙、黄学增、李爱、杨其珊、罗绮园、黄雄标、苏南等人为执行委员，王军、韦启瑞、萧何源、朱观喜等人为候补委员，聘请廖仲恺、谭平山为顾问。[4]广东省农民协会具有浓厚的共产党背景，执行委员绝大多数是跨党身份。也就是说，开展农民运动用的是国民党的名义，而实质上这项革命运动是中共广东区委统一领导的。“在一九二三年到一九二四年国民党改组的时候，我们更加注意农民运动，但那个时候的工作，还是在C·Y方面。C·P方面，当时……花县、广宁的农民运动已经开始做起来了。我们党在广东开全国第三次大会后，C·P、C·Y分化清楚，定出农运政策，农运便放在党的指挥之下。但当时并没有公开招牌做，同时因为国民党改组后，国民党认定农民运动是革命工作之一，我们因用国民党中央农民部名义工作，开办农民运动讲习所……此时党里边便组织农委，指挥国民党中央农民部工作，等到省党部农民部、省农民协会等成立，农委便指挥：（一）民中农民部；（二）省农民部；（三）

[1]《广东省农民协会成立宣言》，省农民协会执行委员会印行：《广东省农民协会第一次代表大会议决案及宣言》（1925年7月），湛江市档案馆2—1—001。

[2]转自梁尚贤：《国民党与广东农民运动》，第157页。

[3]《省农民大会会议情形》，《广州民国日报》1925年5月11日。

[4]《省农会职员名表》，《广州民国日报》1925年5月15日。

省农民协会；（四）各县地方或支部的农委；（五）农民运动特派员同志。”[1]

正是在中国共产党的领导下，包括北部湾农民在内的全省农民纷纷从狭隘的小农意识中走出来，思想不断受到洗礼，文化程度和思想认识也不断得到提高，踊跃参与社会事务的管理；他们不断建立了社团组织，积极主动地与危害自己权益的阶层作斗争。据统计，经过国民党农民部中央特派员等人的努力，至1926年10月止，“在广东幅员九十县中，已有六十六县有农民协会的组织……会员人数，合计共六十二万六千四百五十七人”。这些农民协会与会员可谓是遍布各个角落。以偏远、经济不发达的南路为例，其农民组织情况如下：“化县乡协会数1，会员人数359人；遂溪区协会数5，乡协会数51，会员人数28000人；合浦乡协会数3，会员人数234人；电白乡协会数9，会员人数500人；茂名区协会数1，乡协会数7，会员人数1200人；海康区协会数6，乡协会数65，会员人数3400人；阳江区协会数1，乡协会数10，会员人数100人；廉江乡协会数3，会员人数500人；吴川乡协会数1，会员人数100人；信宜区协会数1，乡协会数7，会员人数未知。”总计南路9县，13区，144乡，共有会员10093人。[2]组织化的农民协会的成立打破了社区内原有的权力结构，原有的权力网络悄悄然分化重组。如广东南路农运办事处领导的防城县东兴镇农会也与工会一道，组织工农群众发动驱赶东兴洋务局董朱彩臣和抗议法帝国主义枪杀越南芒街碗厂华工的斗争。[3]在防城农运发展的整个过程中，还有反对“大卑公”和陈十四卖高价粮食的斗争及设立平粜局并取得一定的经济利益。在合浦公署（政府）的领导下，肖云彬以农协委员的身份，首先在何屋坡发动农民参加农协会，他向农民宣传：“组织起农会，不受人吓霸（欺侮），组织起来力量大。”

---

[1] 中央档案馆、广东省档案馆：《广东革命历史文件汇集》（中共广东区委文件，一九二一年～一九二六年），1982年10月，第256页。

[2] 广东省档案馆、中共广东省委党史研究委员会办公室：《广东区党、团研究史料（1921—1926）》，广东人民出版社，1983年，第331—333页。

[3] 中共广西区委党史研究室：《中共广西地方历史专题研究（民主革命时期综合卷）》，广西人民出版社，2001年，第32页。

不久，就有七八十人申请入会，经批准入会的发给会员证。（老会员利用全、利用建的回忆）（1926年）1月17至31日，由广东省农民协会批准合浦县第一区何屋坡乡农会成立，会长肖云彬。[1]而在雷州半岛一带，在省农协、农协南路办事处以及农运特派员的指导下，农民的觉醒程度、争取权益力度尤为突出。当时的吴川县第五区，即现在吴川振文区一带，农民"多种蒜为业"。且由于地少人多，耕地面积比较紧张，本地民众往往是"耕种普遍分为三造，早造种禾或薯，中晚两造俱种蒜"。虽然如此，收入也是仅够糊口："计种蒜一亩，可得蒜头四石，约值银四十至五十元，除成本外，每亩蒜得利数元至十元。故其入息甚微，其耕作至劳，其生活甚苦。"[2]而在邓本殷时期，该地与北部湾地区民众一样，苛捐杂税繁多，"娶老婆有税，人头有税，甚至猪、牛、鸡、鸭也有税"，日子如何，也就可想而知，但当时，农民往往是敢怒不敢言，更不用说反抗了。广州国民政府南征后，农协南路办事处成立，吴川第五区亦有农民协会成立。面对土豪与官吏勾结，借故加税的情势，该区在农会领导人李士芬等人的领导下，陆续派出数百名农民代表分别到农协南路办事处、国民党南路特委以及第十一师政治部等机构请愿，要求取消蒜头捐和蒜串捐。南路办事处经过了解实情后，随即一方面写信给吴川县长反映情况："农民躬耕食力，茹苦含辛，加以盗贼猖獗，民不聊生。连年幸得蒜头收入，始稍资度活。讵意今年吴川土豪李咏益，借报效学费为名，新起蒜头捐税及蒜串捐税……今国民政府以废除苛细杂捐，扶植农工为政府，望贵县长顾念政府，体恤农民至意，尅日将蒜头捐取消"；另一方面办事处主任黄学增亲到吴川县署据理力争。吴川县县长苏鹗元被迫取消蒜头捐。随后，在各方的努力下，蒜串捐又被取消，并附带取消了壳灰捐。"反苛捐斗争的胜利，极大地鼓舞了吴川农民，通过斗争，吴川县第五区成立了区农民协会——振文农民协会，由李士芬任委员长。继振

[1] 中共北海市委党史研究室、中共合浦县委党史办公室：《中共广西地方历史专题研究（北海市卷）》，广西人民出版社，2001年，第15页。

[2]《吴川农民举行废除苛捐大运动》，《犁头》第8期，1926年4月15日。

文之后，第六区（山圩）、第三区（芷寮）、第四区（龙头岭）、第八区（石门）等地也先后成立了农民协会。”[1]据了解，吴川反苛捐斗争的胜利，对南路地区影响很大，继其之后，遂溪、雷州、阳江等地纷纷要求取消一些不合理的税捐、高利贷等，并取得一定的胜利。这在农会成立之前，是不可想象的！“基于长期的实践经验，农民自己已经积累了很多有关农业周期的每个方面的实际知识，包括种植和收割每一种作物的最佳时间和地点等等。事实上，这种知识通常与经验有着极为紧密的联系，因此对绝大多数农民来说，背离原有的经验会遇到巨大的风险，即使是现代政府在说服农民改变其习惯时也会面临极大的困难。”[2]“当越来越多的人类痛苦被‘意识到’的时候（换言之，被重新归类为‘人为的’时候），容忍不舒服的阈限也在不断降低。毕竟，现代性为普遍幸福带来了希望，并为消除所有不必要的痛苦带来了希望。它也决心重新安排所有不必要的痛苦。”[3]

匪患在广东南路也是一个重要的社会问题。“雷州三属匪徒凶悍，不特为广东冠，更为全国冠、全球冠也。他处匪徒，最多不过如陆荣廷张作霖等辈，打家劫舍、掳人勒索耳。此则逢人便杀，遇屋则焚，雷属西方千数百村落，悉成灰烬……故李福隆一股杀人盈万，即杨陈仔一股，亦杀人逾三千。”[4]黄学增的调查报告也提到：“南路土匪，昔时虽不敢说完全没有，但是绝少。民国五年以后，广州湾变成土匪大本营，土匪可以全队驻扎在赤坎各处。土匪劫杀凶品——枪弹特别是驳壳枪弹——可以从香港购回及广州湾法帝国主义者之成千成万供给。土匪所劫掠之对象人口，可以在广州湾发货吊赎，因此土匪人数众多，枪弹充足，所向无敌。”[5]虽然北部湾的民众对心狠手辣的土匪是痛恨的，但在没有带头人的情况下却是无可奈

[1]《广东南路农民运动史略》，第 32 页。

[2]（美）巴林顿·摩尔著，王茁、顾洁译：《专制与民主的社会起源——现代世界形成过程中的地主和农民》，上海译文出版社，2013 年，第 208 页。

[3]（英）齐格蒙特·鲍曼著，郇建立译：《被围困的社会》，江苏人民出版社，2005 年，第 42 页。

[4] 黄强：《军次英利通信》，载《黄司令官造雷平匪实纪》，雷州道南印务局，1922 年，第 3—4 页。

[5] 黄学增：《广东南路各县农民政治经济概况》，《中国农民》第一卷第四期，1926 年 4 月，第 7 页。

何的。《农民自卫军组织大纲》提及："为巩卫农民协会，保护农民利益，防御外来侵略起见"，广东农民协会可以"根据政府第一次宣言在一定计划之下组织农民自卫军"；"农民自卫军之组织，须依据各级协会而组成各级之农民自卫军"。[1]根据该规定，成立农会的地区纷纷成立农民自卫军，保护农民的权益。1926年三四月间，海康县即有农民自卫军数百人。根据《农民自卫军组织大纲》，他们经常进行操练，且到各乡作剿匪示威巡行，并积极协助和配合驻防军清剿土匪的行动。在农协及各方组织的协助下，"雷州除盗安良会"（即除盗安民会）得以成立，会长是陈荣位（跨党党员），它的职责是一方面督促驻军清剿雷州土匪，一方面领导农民消除暴力行为。庞玉清是当时雷州一著名悍匪，打家劫舍，为害当地民众，农民对之恨之入骨。1926年3月，遂溪第六区田西乡农民协会带领自卫军将之擒获，并将之"送雷州除盗安良会惩办"[2]；随后庞氏被押解到驻雷城防军处。开始时，许多土豪劣绅却向政府和驻防军取保，遂引起雷州半岛农民不满。"农民即联结三百余人，担番薯出雷州城充饥，请愿"，要求防军严惩庞玉清。请愿坚持5天5夜，在农民强烈要求下，庞氏终被枪决。[3]正是在农协等的领导下，农民纷纷觉醒起来，敢于反抗，自然地摧毁了当时的统治力量。"雷州匪首几完全击毙，遂溪、海康境内路上已可行人，逃亡的人民，渐次回乡……三五成群之匪，有的潜回乡间，或自首于军队，或要求乡人容纳，其中许多人还要求农民协会容纳，愿终身变为良民，从事耕种。"[4]

传统上，由于环境、知识背景等因素，农民普遍缺少政治自我意识，不愿意参与村社政治事务，等级意识、崇拜权威、顺从依附的臣民意识盛行。乡绅、地主、官吏是乡村政治权力的核心。但在大革命时期，随着农会等组织的建立，农民政治意识觉醒，纷纷参与乡村实际政治，并通过组织，摧毁了封建地主的政治统治和政治权威，树立了农民的权威。如遂溪县长

[1] 湛江市档案馆资料。

[2]《南路农民运动史料》，第66页。

[3]《南路农民运动史料》，第89页。

[4] 转《广东南路农民运动史略》，第35页。

伍横贯，在任职期间，对农民运动不支持；农协筹备会请求他设法帮助全县农民运动，他不理睬；对遂溪全县第一次人民代表大会关于“裁撤各区保卫局，将所有款项给各区农民协会支配”的决议案不执行；面对更换鱼肉农民的保卫局局长的要求，他不同意，反而责难农民；面对省港罢工纠察队干预偷运仇货的举措，嚣张地发出“以何资格来雷办理”的傲慢之声！[1]如此等等。伍横贯的劣迹，自然引起遂溪民众的不满。县农协针对该情况，发动农民，联合社会各界，上控伍横贯贪劣失职于省府，请求将伍氏革职。[2]不久，伍横贯终被赶下台去。原有农村社会的权力网络遭到挑战，农民参与社会公共事务的意识增强。遂溪县第七区的警察署长李成林自任职以来，常常胡作非为，借案件对民众勒索，捆殴贫苦农民，并受土匪劣绅之贿赂，颠倒是非，剥民膏血，摧残农会。1926 年 6 月间，李成林受土豪黄正洲的贿赂，假遂溪县署的命令，派出持枪警察前往恬神村，无故拘拿农民黄建侯、黄奉缄，并抢走黄建侯枕箱中的毫银，然后并将他俩押回警署吊打，引起当地农民的强烈不满。第七区农民协会闻知消息后，即将李成林所犯的种种罪行报告县农民协会，要求协助解决。县农协核实信息真实性后，发出“通电”，并呈文遂溪县政府，要求查办李成林。[3]至 1927 年止，遂溪县参加农会的农民约有六七万人，他们曾于年初在县城、乐民、界炮等地，分别组织农民数千人示威游行。界炮圩由邓成球同志领导农民 3000 多人游行，会上发动斗争国民党税吏杨彬臣。这是遂溪县的第一次革命斗争行动。[4]1926 年 11 月，在农协南路办事处的领导下，高州城郊农民还捣毁了粪霸杨芙生把持的“大利公司”。当时“大利公司”采用勾结、暴力的手段垄断高州城居民的大粪收买，将收买来的大粪转卖城郊农民。在经营中，大利公司采用低价购入，高价卖出，大桶收进，小桶售出，甚至在大粪中使用冲水

---

[1]《工人之路》二八二期。

[2] 黄学增：《南路办事处会务报告》及《南路办事处会务报告决议案》，载《黄学增研究史料》，第 77、79 页。

[3]《遂溪县呈请查办警察署长李成林的公函》，《广东南路农民运动史略》，第 36 页。

[4]《遂溪县革命斗争简史》（1958 年 6 月 6 日，遂溪县人委会），湛江市档案馆资料。

混泥等卑劣手段，剥削城郊农民，成为当地一大粪霸！城郊农民虽然多次向县署控诉，请求政府出面解决，但由于官绅勾结，县长熊栻对此置之不理。在南路办事处以及当地农协的组织下，近万名民众集合于高州圣殿坡，然后集体前往县署请愿。但县长熊栻拒不接见，农民忍无可忍，高呼“打倒贪官污吏”、“打倒奸商恶棍”、“打倒大利屎公司”等口号，集体冲向“大利公司”处，将其捣毁，横行高州城的粪霸杨芙生威风大灭，“大利公司”也走向灭亡。[1]“琼雷等处，农村中的邪苏教堂，教会办的学校，几手遍地皆有，这也是帝国主义侵略吾人的工具”；农会必须扩大宣传反对帝国主义，就要“在基督教、天主教传教势力所及之地”，“特别鼓动人民反对教堂霸占田庄，反对教堂勾结地痞欺压良民”。觉醒的北部湾农民在大革命时期亦纷纷起来与教会做斗争。如遂城由教会开办的“乐道明民学校”就被农协和妇女解放协会改造成为“遂溪女子初级学校”，成为农村妇女学习文化、反对迷信、争取妇女解放的宣传阵地。[2]北海是当时天主教的一个主教区，天主教势力在北海的势力是比较大的。1926年6月前后，江刺横、李雄飞等到天主教势力最大的涠洲岛发动农民，成立农民协会，对法国神甫进行驱逐斗争。阳江也是教会势力比较大的区域，仅县城就有天主教堂、基督教堂多间，它们的附属事业有男学、女学、养老院、孤儿院、修真院、报业等。这些机构虽然对阳江社会现代化有一定的帮助，但无可否认的是，他们对阳江民众的腐蚀更大，民众早已对之不满。随着农民政治意识的觉醒，参加社会公共事务的意识的提高，阳江民众于1926年组织了“非天主教大同盟”，以之反对教会，并于6月举行大游行，大会会棚就设在青云路基督教教堂前。

1926年《黄埔潮》（第十三期）刊登一篇文章[3]——《解决农军民团纠纷的方案》，谈及的是农民自卫队与民团的关系的情况。文章指出：“几

[1]《广东南路农民运动史略》，第56页。

[2]《广东南路农民运动史略》，第43页。

[3]《革命历史资料》，湛江档案馆藏。

个月来我们天天都看见章上载着某处民团摧残农会，某处民团焚烧农村，屠杀农民的新闻；政府机关常常接到农民协会代表农民呼吁的文电。在西江方面如郁南封川德庆山（三）水高要各县，在东江方面如惠阳淡水紫金等处，在南路如电白，在北江如乐昌仁化，在中路如顺德中山新会等县，频频的发生许多民团打农民，自卫军打农会，打农民，烧农村的事情，好像是一致动作一样，在□许多民团进攻农军的事实中，固然一方面扰乱北伐后方的治安，使受重大影响；另一方面使全省最革命最勇敢最有组织的农民发生许多对政府怀疑失望。”为什么会出现这样的情况呢？“民团常备队兵，完全招土匪散兵充当，队长多数是曾当过团营连长的……可是他们组织民团，十之八九不报告该管机关（团务委员会）的，不管团务委员会命令如何，许可不许可，概由劣绅包团团长，准在县署立案加委，便算了事，并且他们是先□出队长招到团丁，抽到了钱买好了枪才报告，请立案的不论准与不准，事实成立了。团务委员会虽然甚少民团去立案……各县联团之成立作用，前文已说过，联团不但没有补益于治安，完全是反革命派无聊政客失意军人劣绅土豪的工具，只有百害而无一利，他们有几百常备团丁，完全是散兵土匪……经费多从苛抽得来……各县县团局，领袖是该县一等劣绅土豪，教练官均失意军人多数曾充军官的或匪首或逆党，团丁均是散兵土匪，编制均与地方军队无异，团长大队长中队长小队长——基干队则尤是军队，经费大多数苛抽田亩捐，每亩抽至一元的颇多，除苛抽人民之外，多从不正当得来……乡民团领袖最多的是劣绅土豪占十分八九，大地主直接做的较少，工商学更少，农民没资格当，间有亦少极”；而农民自卫军，又简称农军，是“从本党（按：指国民党）第一次代表大会决定农民运动政策之后，中央党部组织农民部专做农民运动工作，本党政府亦再三宣言扶植农民运动”而成立的农民组织。“四千年来各处重重压迫层层剥削底下的农民，一旦团结起来，那些惯剥削农民讨生活的压迫阶级，贪官污吏劣绅土豪地主……，自是一方面害怕一方面嫉忌的，因此破坏农民协会不还余力，农民在这种情形之下，自然非武装自卫不可。”所以“除非劣绅土豪地主民团不削剥，农民不至受压迫，否则一天一天还是纠纷，并不是一纸空文可以济事”。大革命时期，北部湾各地觉醒的、被组织起来农民与地主民团武装组织也是冲突不断，反映新与旧阶层群体之间的利益冲突。1926年秋天，廉江县长陈敬的堂侄陈康寿带兵至铜鼓迳村掠夺民财，强征苛捐杂税，并将一名干涉他胡作非为的学生打至重伤，引起当地民众的公愤。县农协筹备处即带领农民、工人、学生数千人和农民自卫军，齐集于县署门前，要求惩办打人凶手、赔偿医药费用，同时废除苛捐杂税。群众浩大的声势迫使县长陈敬下令惩办陈康寿。[1]农民取得一定的胜利。阳江民团总局当时由土豪苏式之、何敬斋等把持着，垄断了阳江各牛圩的“牛印费”（耕牛交易税），收到的“牛印费”主要是用来扩大民团武装队伍，以便镇压日常反抗的农民。1926年夏秋间，在农运特派员及农协南路办事处的帮助下，阳江各地农民运动发展迅速，至七、八月间，阳江县已建立起乡农会60个，会员人数达3000人，附设的农民自卫队也拥有枪支500余杆。到11月时县农协成立，会员更是达1.2万多人，农军枪支亦有800余杆。根据当时的情况，为了筹集农民运动与工人运动费用，县农协联合县总工会，要求苏式之将“牛印费”拨与农协与工会征收，以便作为工农运动的经费。虽多次交涉，但苏式之把持的民团总局都是拒绝。于是县农协与县总工会决定派员直接到各牛圩征收，并派出农民自卫军与工人纠察队到场维护，举措得到牛圩民众（不少是农会会员）的支持，民团团员虽来干涉，但慑于农民与工人的威力，不敢硬碰硬发生冲突。苏式之等人不得不接受调解，将牛印费之一半，移作农工运动经费。[2]觉醒的农民意识到团结就是力量的道理。梁竹铭是茂名茂南区莲塘乡一大地主，亦为银莲乡民团团董和云炉五乡局董，长期与当地豪绅相互串通，横霸一方，农民对之敢怒不敢言。乡农民协会成立后，云炉乡农协委员长黄鉴西、莲塘乡农协委员长梁兆奎以及银坑邱琼如等，决定联络五乡民众，共同联名将梁竹铭控告于农协南路办事处。南路办事处接到控告书后，比较重视案件，

[1] 见《广东南路农民运动史略》，第57页。

[2] 见《广东南路农民运动史略》，第58页。

黄学增、朱也赤都亲自到当地调查。南路办事处获得确凿证据后，坚决支持云炉乡农民对梁竹铭的斗争。同时黄学增等人亦以国民党南路特委的名义致函茂名县署和当地驻军，要求出面惩办梁竹铭。在各方压力下，驻军营长黄延祯下令扣押梁竹铭，并将之押送至梅菉驻军团总部。[1]1926年3月，电白民团团董李公禄等破坏农会事件，当即受到南路办事处致函电白县长严惩此事，李公禄被法办。6月至8月，竟连续发生了地主民团包围农会、抢掠农家、火烧民屋、捕禁吊打农会积极分子的反革命事件。6月28日，第三区团局游击队长赖树勋率团丁30余人，围攻第三区儒寮乡农会，捕去执行委员陈光良，打伤会员4人，殴打儒寮乡农会会员陈亚庆几至于死。7月16日，八区团董邓光儒率领团丁10余人，捣毁井头坡乡农会，捕去会员邓振富吊打至重伤。8月初，南路办事处主任黄学增到电白调查事件真相。8月8日在电城旧雨坡召开了全县农协干部会议，着重讨论了如何进一步扩大农会组织和向土豪劣绅展开斗争等问题。[2]8月10日，黄学增写了《为电白农民求救》[3]一文，愤怒地揭露了电白县地主土豪和民团武装破坏农民运动的罪行。文章激愤地质问："国民党的政纲不是扶助农民的吗？革命政府对农民运动第一次、第二次宣言与夫迭次通令，不是给予农民以组织农民协会，组织农民自卫军之自由，并保护农民之利益的吗？……奈何二个月来电白的地方长官绝不惩戒或制止土豪劣绅地主们此种不法行为？"文章进一步揭露了电白地方长官与地主土豪劣绅互相勾结的实质："农民的哭声已震动了全电白县，也许冲到他们衙门去了，难道他们还听不着？或者是和土豪劣绅地主们一样异口同声'农民该杀'罢了。"文章结尾，代表电白农民协会，向国民政府提出了五项要求：惩办土豪劣绅地主，解散不法民团，取消团局一切苛捐杂税（谷捐、牛只捐、人头捐、人头税、番薯捐），解散"八堡会"，赔偿农民损失。农民的利益终于有组织关注。

---

[1] 见《广东南路农民运动史略》，第56页。

[2]《电白县革命大事记》，《广东南路农民运动史略》，第50—51页。

[3]《黄学增研究史料》，第84—86页。

但毕竟农民的觉醒还是刚刚开始，新组织起来的农民协会还是弱小的，在强大民团力量的冲击下，还是会受到一定的挫折的，虽然最终的胜利始终归于新生的力量。1926 年 10 月 27 日，电白民团攻陷第二区农会，缴去农民自卫军枪支 13 枝；11 月 8 日，民团攻入第八区农会，缴去枪 7 杆，捉去自卫军 7 名，一人被枪杀；11 月 19 日，麻岗乡农会执行委员黄润延被民团枪杀。[1]1926 年 10 月 9 日，遂溪县发生了乡庭法官陆士铨勾结土豪、民团武装，殴打、拘留奉命集结返省之省港罢工纠察队人员的严重事件。海康县的贪官污吏、土豪劣绅、地主民团、奸商，此时也趁机联合，在反动驻军的支持下，向革命的农民进攻，他们组织“民团基干队”作为摧残农会的实力基础，制造了一连串的反革命事件。先后发生了公平市农民自卫军被马村民团缴械，二、六、八区农会被命令解散，以及东门头、西村仔、东关等乡之农会会员被截殴、缴械、捆绑、囚禁的事件。[2]

又如 1926 年 9 月，海康县发生了震动全省的程赓被杀事件，周恩来同志随后在该年 12 月一篇文章中提及该事，认为我们必须努力，推进国民革命：“我们共产党领导工农群众参加国民革命，其目的是在打倒国外帝国主义和国内半封建势力，其要求不能超过民主政治的范围。但当着资本家压迫工人谋生活改善的正当要求，或是地主联合一切旧势力摧残农民谋解放的运动时，共产党必须站在工家群众方面，为解放他们的痛苦奋斗到底……‘在已有组织的民众，我们（按，指国民党左派）更不能用什么口惠而实不至的假面具去蒙骗他，何况我们在有组织的民众，我们现在急须民众认识的本党（按，指国民党），发生这种摧残，不特民众不为我有，那时如你们认为该死的程赓，一定不绝赶来收拾民众，我们党只有损失，您们杀也杀不尽，杀也杀不来，那是事实，那是十分可虑的。’这些严厉的批评持与我们的批评较，我们的岂得谓过？……只要国民党革命的同志了解我们批评的立场，

[1]（罗）绮园：《农民自卫军与民团》（下），《人民周刊》第 34 期（1926 年），第 4 页。
[2]《海康县农民协会第二次全县代表大会宣言》（1927 年 4 月 20 日），湛江市档案馆资料。

继续努力，国民革命将终归胜利。”[1]程赓是徐闻县英利人（现属雷州市英利镇），因种种原因，曾到香港当过雇工，后在1925年省港大罢工时返穗。国民革命南征时，随军出发宣传，回到海康致力于农民运动，在海康县农协筹备会里“干理后方一切事务”。[2]后“广东省党部（按，指国民党）南路特别委员会，以程（赓）同志忠实努力且系徐闻人，乃加派为徐闻县党部筹备员，与吴运瑞、郑锦清（即一林）二同志办理徐闻党务。不过彼县党务为反动县长陈鸿任勾结逆党破坏，因而程同志不能在徐闻工作，仍回海康努力农民运动”[3]。程赓在海康从事党务和农运时，由于工作深入，甚有成效，深得雷州人民之信赖。也许因此触动到部分利益集团的利益，引来了一班劣绅土豪反动派的嫉恨。海康县长苏民、驻海康防军营长陈公侠遂与劣绅邓志圣等勾结，以极其卑劣之手段，诬程赓“引匪、济匪”，于9月10日下午五时许，派兵包围海康县农民协会所在地，并将程赓逮捕。程赓被捕后，在雷州从事农民运动的国民党中央农民部代表苏天春，会同雷州总工会、县农民协会、学生联合会等各群众团体代表10多人，3次到防军营部求见，询问捕拿理由，设法营救，都被拒绝，士兵且以枪指吓各代表。陈公侠竟在当日下午六时，悍然下令将程赓枪杀。[4]虽后来在社会压力之下，海康县县长苏民不久即去职，防军营长陈公侠亦奉命他调，但由此事仍然可以看出，刚刚觉醒而被组织赶来的民众力量还是比较弱小的，还需要继续努力。

正是意识到团结就是力量的道理，北部湾地区各地普遍建立起县一级的农民协会。有的县级农民协会当众发布了宣言，宣告自己组织的主旨，进一步让农民意识到自己生活困苦的根源所在，进一步意识到政治觉醒的重要性。下面是遂溪与海康两县成立时共同发表的联合宣言。[5]

---

[1]《南路农民运动史料》第111—113页。

[2]《广东省农民协会南路办事处通令、文件存稿（节录）》，见《黄学增研究史料》第8页。

[3]《省农会南路办事处为海康县长诬杀程赓通电》，见《南路农民运动史料》第108页。

[4]《程赓之死》，《国民新闻》1926年9月30日。

[5]湛江市档案馆资料。

遂溪海康两县农民协会成立联合宣言

工友们！农友们！兵友们！各界同胞！

我们呻吟于帝国主义（番鬼佬），军阀（带兵老爷），贪官污吏，买办阶级（洋奴经纪），劣绅土豪、资本家、大地主，一切反动派的铁蹄蹂躏之下，更呻吟于由帝国主义（番鬼佬）、军阀（带兵老爷）、贪官污吏、买办阶级（洋奴经纪），劣绅土豪、资本家、大地主，一切反革命派之威胁利诱，从我们自己农民中间走去一部分兄弟变为土匪的枪刀劫杀之下，已痛苦到有话都说不出了。

我们眼看到帝国主义（番鬼佬）、军阀（带兵老爷）、贪官污吏、买办阶级（洋奴经纪），劣绅土豪、资本家、大地主，一切反革命派和土匪，是联合一个战线，所有军阀（带兵老爷）、贪官污吏、买办阶级（洋奴经纪），劣绅土豪、资本家、大地主，一切反革命派和土匪之反动骚扰，都是由帝国主义（番鬼佬）所主使，他们以租界（洋界）为巢穴，胜则入寇内地（唐界）以压迫我们工农群众及各界同胞们，败则退窜租界（洋界），以保延其寿命，并且养精蓄锐，预备作再次入寇内地之反动骚扰行为，此种现象，全中国都是一样，不过遂溪海康接近租界——广州湾（原来是遂溪吴川地方）及香港（原来是宝安地方，水路与广州湾接近），我们眼睛看得比较别个地方为清楚。当龙济光及邓本殷一切反革命派先后盘踞南路时，称王称帝，都是由法英帝国主义（番鬼佬）居中拉线，极力帮助，及其失败，即相率逃窜广州湾、香港，而广州湾法帝国主义（番鬼佬）并且先后收留其败军枪械，此次邓逆失败，而依靠邓逆势力以压迫我们工农群众及各界同胞之劣绅土豪资本家、大地主、一切反革命派，不但尽窜广州湾，视广州湾为安乐窝，并且得法帝国主义（番鬼佬）之封赏，大批充当审判官、书记官及公局局头。而土匪更成千成万麇集于广州湾，素无忌惮。

我们更眼看到帝国主义（番鬼佬）及其工具军阀（带兵老爷）等一切反革命派之压迫中国民众，摧残中国革命运动，是日益紧张，自五卅惨案发生以来，在广东英帝国主义（番鬼佬）屡次图谋推翻国民政府，破坏省港罢工，既遣使东南西北各路及广州一切反革命派向国民政府进攻，并暗杀国民政府要员、工农阶级好友廖仲恺先生，不能摇动国民政府基础，及罢工政策（不但不能摇动，且促其巩固，统一全广东），又复封锁广州（粤海关税务司卑路无故停关）并倡言以兵力进攻广州，法帝国主义（番鬼佬）且从广州湾接济香港粮食。在北方日英帝国主义（番鬼佬）与奉直军阀（张作霖吴佩孚）更联合一块，四面围攻国民军及民众，日帝国主义（番鬼佬）尤以兵力占据满洲，扑灭郭松龄，并炮击大沽炮台，而各国公使团在北京且下最后的通牒，勒限国民军撤销天津一切防御，卖国贼段祺瑞在北京且屠杀爱国群众百数十人，此种反动局面，益足以表现帝国主义（番鬼佬）及其工具军阀（带兵老爷）等一切反动派末日之狰狞可怕。

在帝国主义（番鬼佬），及其工具军阀（带兵老爷）等一切反革命派的反动骚扰情势底下，我们知道除非团结自己力量将他们完全打倒，则此种反动骚扰情势，是不能免，我们的痛苦，是不能解除。所以当法帝国主义（番鬼佬）占领广州湾时（在清光绪廿七年），我们遂溪的农民兄弟，曾以散漫的，无组织的，与法帝国主义（番鬼佬）血战过数月之久。当邓本殷盘踞南路时，（客岁）我们遂溪海康的农民兄弟赠秘密地组织自己的协会，集中自己的力量，与一切反革命派抵抗。不过，当时有邓逆一切反革命派高压之下，我们绝对不能自由，其组织很少。现在国民革命军已将邓逆扫除，我们在政治上已得到相当的自由，已可以公开地并扩大地组织我们自己的协会了。于此，我们的"遂溪县农民协会"居然在四月十五日成立了，"海康县农民协会"居然在四月十七日成立了；同时"五一"劳动节日，广东省农民协会召集第二次全省代表大会，我们并且选派代表出席和我们全省农民兄弟相会，讨论全省或全国今后的进行计划了。

工友们！农友们！兵友们！各界同胞！我们的敌人——帝国主义（番鬼佬）及其工具军阀（带兵老爷）等一切反革命派，已联合一致猛烈地向我们进攻，我们为使中华民族之完全解放，为使农民自己阶级之完全解放，我们绝对不敢疏忽我们的组织，我们并绝对不敢讲个人主义、家族主义、宗族主义、地方主义，我们彻底地是要联合全县全省全国全世界的农民兄弟姐妹，并且是要联合全县全省全国全世界的工人兄弟姐妹、革命军人、觉悟学生，和其他一切革命分子，我们绝对是受广东农民协会和农民国际（世界农会）之监督指挥，猛烈地向我们的敌人——帝国主义（番鬼佬）及其工具军阀（带兵老爷）等一切反革命派反攻。同时，我们认定中国目前只有促成国民会议，建设全国的统一的国民政府，援助北方国民军及北方民众，拥护省港罢工，敦促广东国民政府提师北伐，才可以打倒帝国主义（番鬼佬）及其工具军阀（带兵老爷）等一切反革命派。我们高呼：促成国民会议！建设全国的统一的国民政府！打倒英日法各国帝国主义！打倒张作霖吴佩孚等军阀！打倒一切反革命派！援助北方国民军及北方民众！拥护省港罢工！遂溪海康两县农民协会万岁！广东省农民协会第二次全省代表大会万岁！农民国际万岁！中华民族解放万岁！全世界人类解放万岁！

遂溪县农民协会、海康县农民协会

十五年四月十七日

乡、区、县农民协会的普遍成立，切切实实让农民参与到乡村实际政治中去，从而作为一种基本力量参与到整个乡村变迁过程中去；并通过掌握乡村基层政权让自己成为乡村权力网络中的一环，从根本上改变了乡村社会的政治格局，为自己作为历史的真正创造者奠定了基础，此可谓是大革命时期一大政治成果。

下面附录《农民协会章程》与《农民自卫军组织大纲》部分内容[1]

农民协会章程

前文　农民协会为本三民主义解放劳动阶级之意旨，集合全国受压迫之贫苦农民而组织之，其目的在谋农民之自卫，并实行改良农村组织，增进农人生活，其会章如下：

---

[1] 广东省农民协会执行委员会：《广东省农民协会第一次代表大会议决案及宣言》（1925 年 7 月），湛江市档案馆。

第一章 农民协会会员

第一条 凡居住中国之自耕农、半自耕农、佃农、雇农、农村中之手工业者，及在农村中为体力劳动者，不论国别性别凡年满十六岁而愿行第二条所列入会手续者皆得为本会会员。但有左列条款之一者得拒绝之。(一)有田地百亩以上者；（二）以重利剥削农民者；（三）与农民处于利益相突击之地位者；（四）为宗教宣教师者如神甫（父）牧师僧道尼巫等类；（五）受外国帝国主义操纵者；（六）吸食鸦片及嗜赌者。

第二条 （一）填写入会志愿书；（二）承认遵守本会章程；（三）承认恪守本会纪律；（四）缴纳入会金与月费。

第三条 凡农民入会时须有会员二人之介绍，经所住地之乡农民协会会员全体大会过半数之通过。若非农民而赞成农民协会讲求加入者，必须会员全体大会四分之三之通过，始能正式承认其会员资格。

第四条 凡农民协会会员须在所属农会领取会员证章，其证章由中央执行委员会制定之，在中央未成立以前由广东省农民协会制定之。

第五条 开除会员须由所属乡农民协会之纪律裁判委员会判决经本乡农民协会全体会员大会过半数之通过行之。

第二章 会员之权利与义务

第六条 农民协会会员在各级全体会员大会中均有发言权、表决权及控告权，但所控告之案件无论书面或口头必须经过大会之审查始能向上级提出。又如控告该会职员或呈请查办军队骚扰官吏土豪专横等事，亦必由大会讨论通过始能向上级提出。

第七条 会员于大会缺席时不得由他人代表发言。

第八条 会员对于自己提出之议决案不得参加表决。

第九条 会员有依章选举或被选举为农民协会职员及代表之权。

第十条 会员须遵守本会章程与纪律并须服从本会之决议案，如有违背及破坏之者均受纪律裁判委员审判。

第十一条 一农村有三十个农民以上，由县报告省或中央执行委员会之认可，并派员至该乡召集全体大会，依法选举执行委员，组织乡农民协会。各级农民协会之成立，须经省执行委员会审查核准后颁发旗印。

第十二条 各区有三个乡农民协会以上，中央或省执行委员会认为有组织区农民协会必要时，即派员到该区召集区代表大会或会员大会，选举执行委员，组织区农民协会之范围由中央或省规定之，并得随时为适当之更改。

第十三条 各县有三区农民协会以上，中央或省认为必要时，即派员到该县召集代表大会，选举县执行委员，组织县农民协会。

第十四条 本会以乡农民协会为基本组织，自区协会层级而上，其组织系统如下：（一）全国农民协会代表大会 中央执行委员会；（二）全省农民协会代表大会 全省执行委员会；（三）全县农民协会代表大会 全县执行委员会；（四）全区农民协会代表大会或会员大会 全区执行委员会；（五）乡农民协会会员大会 乡执行委员会。

第十五条 本会之权力机关如下：（一）全国代表大会但闭会期间为中央执行委员会 管理全国；（二）全省代表大会但闭会期间为全省执行委员会 管理全省；（三）全县代表大会但闭会期间为全县执行委员会 管理全县；（四）全区代表大会或会员大会但闭会期间为全区执行委员会 管理全区；（五）乡会员大会但闭会期间为乡执行委员会 管理全乡。

……

第十三章 农民协会与他机关之关系

第八二条 农民协会对于行政机关、立法机关、教育机关、合作社等应有相当的势力以显全农民之利益。

第八三条 农民协会会员在前条所列各机关中有三人以上者应组织会员团以拥护农民协会之利益。

农民自卫军组织大纲

宗旨

一、为巩卫农民协会，保护农民利益，防御外来侵略起见，广东农民协会特特（别）根据政府第一次宣言在一定计划之下组织农民自卫军。

组织

二、农民自卫军之组织，须依据各级协会而组成各级之农民自卫军。

三、农民自卫军组织的基本单位为乡农民自卫军。

四、各乡农民自卫军联合组织区农民自卫军，其名称即以该区名名之。（说明）为便利操练起见，凡有六个乡以上之区农民自卫军分为两个以上之区分队。

五、县农民自卫军为综合该县内各区农民自卫军组织之。（说明）为操练及指挥上便利起见，凡包含八个区农民协会以上之县农民协会可以按照当地情形，组织两个以上之农民自卫军支队。

六、依照农民协会会员人数编制农民自卫军之基本组织，如乡农民自卫军，区农民自卫军及其区分队，县农民自卫军及其支队，其编制形式分为分队小队中队大队及团。（甲）每十人至十五人成一分队。（乙）每两分队至四分队成一小队。（丙）每两小队至四小队成一中队。（丁）每两中队至四中队成一大队。（戊）每两大队至四大队成一团。（说明）以上编制的形式必须注意估计农民协会现组织的实情然后编定。

七、为便利农民协会调遣农民自卫军帮助邻县或邻区起见，将农民自卫军每个基本组织中分为两组，每一组为农民自卫军警备队，专任留守防卫本区本县。第二组为农民自卫军义勇队，得由各级农民协会调往本县他乡他区有必要时可由省农民协会调往他县。第一组农民自卫军警备队有必要时亦有作战之义务，但不得调往他乡他区及他县。为集中全省农民自卫军的工作起见，省农民协会应设立军事部，各县农民自卫军均受其指挥。第二组农民自卫军义勇队的经费由农民协会担任。

八、第二组农民自卫军义勇队在平时每星期操练一次，每次以两点钟为限，并须规定操练课程。每月召集全区农民自卫军全体会操两次。战时各乡农民自卫军每星期操一次，每次三点钟。全区每月一次。第二组农民自卫军义勇队四个月全县会操一次，每次以四日为期。

九、各级农民自卫军之指挥者由各级农民协会执行委员会任命之。

十、各级农民自卫军之指挥者如该管之队对之大多数表示不满意时可向上级农民协会委员会请求撤换。

十一、各级农民自卫军之指挥者应为各级农民协会执行委员会委员。

十二、各级农民自卫军之下级干部由各级农民自卫军之指挥者直接任命之。

农民自卫军分子

十三、各级农民自卫军队员限于农民协会之会员。

第五节　广东南路社会的觉醒之二：群众革命运动

广东南路地区，地处中国西南边陲，相对中原及东南沿海而言，经济比较落后，本地民众普遍受到地主豪绅的剥削与压迫，早期反抗意识比较弱。1899年法国租借广州湾更是加剧该地区社会的动荡，民众普遍生活在地主、军阀、帝国主义、土匪、贪官污吏等多重压迫、多重剥削之中，敢怒不敢言！更不用说起来反抗。可以讲，贫困并非农民参加革命的理由，革命农民固然有物质利益的渴求，但传统的价值判断和道义准则仍在考虑之列，“安己守分、与世无争”的生活准则已在民间社会落地生根。反抗所面临的风险也常常使他们迈不出革命的脚步。只有当革命口号与农民的“个体生存性感受”产生共振、并且革命组织能够给农民提供他们所需要的安全感时，他们才能群起而加入。先进外来力量的到来，以黄学增为首的先进南路子弟们的努力，使广东南路民众终于觉醒起来，“为生存而行动”的意识呈现，从而为走向现代性的社会迈出了第一步。

1926年12月，原北海市警察局长陈椿熙利用职权，贪污勒索，欺压百姓，民愤极大，还被提升任北海市政筹备处专员。北海市工会在共产党的领导下，发动群众开展倒陈运动，成立了北海市“各界打倒陈椿熙委员会”，发出声讨陈椿熙的快邮代电，公布陈椿熙鱼肉人民的十罪状。全市罢工、罢课、罢业、罢市，各界群众万余人示威游行，要求惩办陈椿熙。在群众运动的强大压力下，陈椿熙被迫下台。[1] 面对贪官污吏的恶行，北部湾民众终于敢站出来了。而早在 1925 年秋，农运特派员黄广渊即在秘密发动农民运动的同时，也同时组织工人运动。遂溪江洪港是面临北部湾的一个渔港，亦是雷州半岛西海岸的一大盐市场。黄广渊复入江洪对渔民进行宣传，于 1926 年 1 月发动组织了雷州江洪渔业工会，初有会员 90 多人，到了 3 月即扩大到 300 多人，并建立了渔工武装——工团军。[2] 在 1924 年 5 月，为了更好地开展工人运动，广州各界工会决定成立广州工人代表会。工代会执行委员会执行委员为 21 个人，委员会由国民党中央工人部部长出任，选举 20 个工会为执行委员团体单位，各推委员 1 名；时任委员长为廖仲恺。[3] 工代会成立不久，针对乡间有民团、商界有商团，各地工会无不受到反动武装势力的侵扰等情况，1924 年 8 月份，工代会成立了工团军，意在“为自身利益与国家利益而武装，以拥护工人利益辅助革命进行为职志，以保护劳工之革命政府下之法律为范畴”。[4] 黄广渊在遂溪江洪成立工团军就是以此为背景。为了加强渔业工人工作，中国共产党又派何元余、黄安□、麦华卓等到西海江洪、纪家等渔港发展工会和有斧头标志的工团军，不但将工人团结在党周围，改善了工人的□□生活，同时由于工人掌握了武装，镇压了乱极一时的海盗，保卫了海业生产，打击了贪官污吏的剥削。如 1926 年 9 月因恶霸周森林勾结反动盐务兵抬高盐价和增加盐税，工团军没收其盐并扣留他开群众大会判决死刑。盐价从四分钱一斤降为二分钱一斤。[5]1925 年 8 月，台风在闸坡、沙扒一带沿海登陆，两港渔船被打沉 20 余艘，淹死渔工二三百人。渔船老板以渔船下落不明及损失巨大为辞，拒绝对死难渔工

[1] 中共广西区委党史研究室:《中共广西地方历史专题研究(民主革命时期卷)》，广西人民出版社，2001 年，第 48 页。

[2] 黄学增:《广东南路各县农民政治经济概况》，《中国农民》第一卷第四期（1926 年 4 月 1 日）。

[3] 刘明逵、唐玉良:《中国工人运动史》第三卷，广东人民出版社，1998 页，第 26 页。

[4]《广州民国日报》1924 年 9 月 14 日。

[5] 周容:《大革命时代南路革命活动的一些材料》，湛江市档案馆资料。

加以抚恤，劳资双方相持不下。阳江总工会成立，即派人到闸坡、沙扒二地，组织渔工和渔民家属，举行罢工斗争。[1]有组织的渔民们在面临压迫、不公的情况，也敢于抗争，寻求更大的力量来保护自己，以便维护自己的合法权益。下面是一份雷州总工会在1926年12月向国民党中央工人部转呈江洪港渔业工会呈诉：[2]“呈请察核示遵以资维持渔业事，窃于十二月十四日据得职会所属遂溪第七区江洪港渔业工会呈称呈为呈事，窃于十二月十三日突被安铺盐务局派饬盐务局捕去渔业工人缴械骑船以致势迫停业，请予设法维持，以保渔业。武装凶徒数十名乘航船驶至江洪港，将工人唐起泰、陈鸿元、戴敬和、陈文善等渔船四艘，唐起泰艇仔一只骑去，携去工人唐起盛、徐光汉、梁金玉、黄鸿良、陈宗川、陈南元、陈宗宇、陈阿四、郑德春、李鸿文、陈明中、王明猷、黄元满、刘应富、陈宗山、陈平元、王阿壅、李芝、徐春隆、莫桂富等二十名，唐起泰渔船被抢去土制单响枪三杆，洋枱枪二杆，炮药三十斤，毫银二十元整，各种子弹共计二百余颗，白米一石，衣服二十余件。陈鸿元渔船被抢去土制五响枪二杆，土制单响枪一杆，洋抬枪一杆，各种子弹共计三百余颗，炮药十斤，铜币七十五千文，毫银八十四元正，衣服三十余件。戴敬和渔船被抢去咸鱼三千余斤，鱿鱼虾米共计二十余斤，鱼干六百余斤，土制单响枪一杆，洋抬枪一杆，马刀一把，各种子弹共计二百二十颗，炮药二十余斤，毫银二十元整，铜币四十二千文，衣服三十余件。……职会突然发现此种无委剧祸，不知其由周一林、周森燃、陈国卿、陈宛卿等何自忖。职会居于遂属江洪，所受盐商剥削之痛苦，甚为惨酷、难堪。职会襄前共有渔船百余艘，一经盐商鱼肉，现仅存六十余艘。盐商所操纵削剥手段罄竹难书。职会□□幸见天日，自觉本身之脂膏有限，奸商之贪压难堪。前经职会恳求政府设卡派员监督办理，以免奸商操纵肥囊。又经雷州总工会委员长直接向雷州三属盐务总卡钟委员面订，恳求政府准设卡办理，免受奸商压迫痛苦。若政府未设卡期间，职会领每月执行定缴

[1] 张晓辉、张永春：《民国时期广东两阳史》，中共党史出版社，2016年，第39页。
[2]《广东雷州总工会执委会呈文》，中国国民党五部档案资料，中国社会科学院近代史所藏。

盐饷等语，同订在前，钟委员亦已应允照办，候政府命令前求再行办理妥当。职会此种要求并非有碍政府饷源，况系渔民要求请解除奸商惨酷痛苦，有何不可？讵今周一林等奸商见□不能威武地站在民众上头任其宰割，突起不良，利用财神魔力，勾结安铺盐务局关局长，一则瞒报政府，再则擅作威权，派兵搜劫护人骑船，缴枪、蹂躏、摧残，无所不用其极！况盐兵既不知会，各团体于先复无宣布，于后使全港人民仓皇失措。现在该港渔业完全停顿，听候解决。理合将被害情形详细呈报钧会，恳准设法请示政府，对于江洪盐务应如何办理？明白指合，只遵以资复业，实为公便等情，拟此。派代表除咨行安铺盐务局，未见答复外，又派员前赴江洪调查真像，与所称各节事实相符，究未谂政府对于江洪盐务如何设施？现在该港渔业暂行停止听候解决，理合具文呈请政府察核，明白指示。”呈文落款为雷州总工会执行委员会，及执行委员长陈炳森、副执行委员长陈佐卿等人盖章。

梅菉市有窑业工人1000多人，是南路为数少有、规模最大的集中生产的工人群体，他们以烧砖瓦为业。当时，窑业靠手工生产，工效低，工价也低，每块红砖工价仅三四文铜钱，工人从早到晚苦干一天，也只能挣到铜钱数百文，很难养家糊口……1926年春，在吴川农民运动发展的推动下，梅菉工人亦跃跃欲试，在南路办事处及梅菉市党部改组委员会陈时、龙少涛（均系共产党员）的宣传发动下，1000多窑业工人推举工人简寿祺为负责人，向资本家提出增加工资、改善劳动条件的要求，遭到窑主拒绝，于是举行罢工。罢工坚持了20多天，得到各方支持，最后窑主不得不答应工人提出的复工条件，这次罢工取得了完全胜利。[1]而阳江县酒米工会成立后，即进行争取改善生活条件的斗争。1926年7月，工人向东家提出：（一）各店买谷回铺，下行起工每石抽钱十文，上行每石十五文，抽收之钱主客各半；（二）每月各让须补工人工价二天；（三）各店雇用散工，每天工价银三毫。但酒米东家与商会串通一气，拒绝工人要求。7月9日酒米工人被迫停工。各商店老板对工人施加压力，或以不卖米作要挟，借以欺骗市民，引起对

[1]《广东南路农民运动史略》，第42页。

工人不满，或组织流氓烂崽，利用商会武装威胁和殴打罢工工人。但工人坚持斗争，并在当时驻阳江县的省港罢工纠察队和各区乡农协、农民群众的支持下，使老板们的阴谋未能得逞。[1] 在阳江，不仅酒米工会在生存基础争取条件，且其他行业的工人亦为生存条件而努力。如阳江城药材工人就向东主要求合理增加工资，虽商团派兵阻拦谈判，但在县总工会的帮助下，药材工人还是取得一定的胜利。[2]

省港大罢工是为援助上海“五卅惨案”而发生的反帝国主义、争取废除不平等条约的政治斗争，是“中国工人阶级夺取政权的一首功课”，它最早起源于香港工人维权抗争行动，“为生存而行动”。在20世纪20年代前后，中国社会处在一片混乱之中，整个华南地区工人普遍生活困苦。面对物价狂涨、工资太低的状况， 1920 年 2 月下旬香港工人根据实际情况，向各厂资方提出在原有工资基础上一律加 40% 的要求，但“各厂主竟置之不理”。工人无奈，再于 3 月 19 日第二次致函表示：“自欧战以后，万物腾贵，物价差不多加多几倍……我们工人衣、食、住实在不能维持，现在要求增加工资四成，也不为过。”但是外国资本家仍不理睬。工人十分愤恨，乃于 4 月 1 日再向资方作最后通牒，声明资方如果不应允工人要求，“决议于星期一（4 月 5 日）全体罢工”。此时，工人派出代表向港英当局要求调停。但港府华民政务司竟威胁说：“你们要是决意告辞，准可自由；但是港中律例，不准留住闲人。你们好好的预备走吧！”[3] 港英当局维护资方利益的做法，更激起工人的不满。而广州方面的工人闻讯，则纷纷表示支持香港机器工人的斗争，欢迎他们罢工后返回广州。此时，“各厂厂主也次第接到各工人的公函，但不信工人有罢工的举动”。[4]4 月 5 日，香港机器工人正式举行罢工，随即从离港相继返回广州；至 7 日，罢工人数已达 5500 人。机器工人的罢工，给资方一个沉重打击，也令港英当局头痛不已。香港到处出现混

[1]《广东南路农民运动史略》，第 41 页。

[2] 张晓辉、张永春：《民国时期广东两阳史》，中共党史出版社，2016 年，第 39—40 页。

[3] 记者：《香港罢工风潮始末记》，《新青年》第 8 卷第 1 号（1920 年 9 月 1 日）。

[4] 雁声：《中国劳动者第一次罢工的胜利》，香港晨报社：《劳动号》（1920 年 5 月 1 日）。

乱局面。…“罢工以来，现遭损失最巨者，莫如英坭公司，因该处十三个窑，均已停顿。”香港居民听说自来水工厂工人要罢工了，害怕没有水供应，“咸用琵琶桶或大水缸满贮清水，状极匆忙”；“罢工风潮，经致电车停止行驶，来往已非常不便”。[1] 最后只好表示接受工人们的加薪条件。4 月 18 日，机器工人的罢工乃告胜利结束。在之影响下，广东各地工人普遍开展了要求改善生活待遇的斗争活动。[2]

1925 年 5 月，上海发生了厂方枪杀罢工工人顾正红（共产党员）事件，导致了“五卅”运动的爆发。5 月 30 日，由上海学生联合会组织的各校学生 3000 多人，进入公共租界，举行演讲会，抗议租界当局逮捕援助工人罢工的学生，声援被惨杀的工人等，提出“打倒帝国主义”“收回租界”等口号。英国巡捕随后一方面拘捕学生，一方面开枪射杀学生，造成 13 人当场死亡，伤数十人，被捕 53 人。这也是震惊全国的“五卅”惨案。“五卅”反帝爱国运动，“标志着中国人民的民族新觉醒和大革命高潮的到来”[3]。事实上，早在香港机器工人罢工前后，“到了 1917 年 11 月间，机器同人……受了社会种种的教训，思潮一时膨胀起来，觉得现在社会现状与人生境遇，都不是正当合理的”[4]。第一次国共合作时，中共广东区委派出一批骨干深入各地指导职工运动的开展，工人们觉醒意识进一步提高。上海“五卅”惨案和上海人民反帝斗争的消息，很快就传到了广东，并得到广东人民的有力声援。6 月 2 日，由中华全国总工会、广州工人代表会、广东农民协会、广州市商民协会、广州市学联和中国青年军人联合会等六大团体代表组成主席团发起的声援“五卅”惨案示威大会如期举行。大会由主席团主任黄学增主持。黄学增首先向到会的一万多人报告了上海“五卅”惨案的经过，指出今天在广东大学操场举行的示威大会意义在于，“一面要援助上海青岛同胞，一面要自家加紧团结，打倒帝国主义，不特为上海、青岛被害工友复仇，抑亦民族

[1] 记者：《香港罢工风潮始末记》，《新青年》第 8 卷第 1 号（1920 年 9 月 1 日）。

[2] 卢权、禤倩红：《省港大罢工史》，广东人民出版社，1997 年，第 35—36 页。

[3] 卢权、禤倩红：《省港大罢工史》，广东人民出版社，1997 年，第 88 页。

[4] 雁声：《中国劳动者第一次罢工的胜利》，香港晨报社：《劳动号》（1920 年 5 月 1 日）。

自救也”。随后谭平山、邓中夏、罗觉相继发表演讲。[1] 正是在国共共同努力下，香港海员于6月19日正式打响了这次反帝罢工斗争的第一炮。电车工人、印务工人、洋务工人、搬运工人、清粪、医务、木匠、打石、落货、海陆理货、牛羊业、邮务、果菜、鲜鱼、汽车、油业、洗衣、牛奶、皮革、洋服、搭棚、电器、煤炭、清洁、戏院等工会及各行各业的工人相继加入罢工行列。广东更是全省范围进入反帝罢工活动中去，北部湾地区也不例外。

1925年12月31日，省港罢工纠察委员会派冯吉凡、黎景槐、黄镜如等到达阳江、水东、北海一带，组织截缉办事处。1926年春，纠察队陆续到达南路，分布在吴川的芷寮、黄坡、企坎、石门、遂溪的麻章、城月及海康、徐闻、阳江等地的沿海口岸，检查英日仇货，封锁内地物资出运香港。1925年7月成立的省港大罢工武装纠察队大致在北部湾地区成立六个办事处：阳江、水东、雷州、北海、琼州、淡水。

还有在南征时，“不少原籍南路各县的罢工工人，由于熟悉当地情况，操起乡音，特别受到农民群众的欢迎，因此对解决沿途给养、宿营以至侦察敌情等方面，获得许多方便，对保证南伐迅速进军，作出了很大贡献。至11月底，革命军克复廉州，12月间，解放了雷州一带。在渡海挺进琼崖时，急需征集船只等渡海物资。通过懂得当地语言的罢工工人宣传队对群众进行宣传发动工作后，很快解决了上述困难，于1926年1月间便顺利渡过了琼州海峡”[2]。“（1925年）11月3日，省港罢工委员会发出通告，通知所属各工会即日各选出5人，到筑路委员会报到，参加南征运输。参加南征运输队、担架队、宣传队的罢工工友达2000多名。”[3] 后来，当时广州国民政府主要军事人物蒋介石谈道：“两次东征及南路作战，工人农民都以实力来帮助”，“没有工农的帮助，革命军决不能成功这样快”[4]。

---

[1]《广州民国日报》1925年6月3日。

[2] 卢权、禤倩红：《省港大罢工史》，广东人民出版社，1997年，第239—240页。

[3] 刘明逵、唐玉良：《中国工人运动史》第三卷，广东人民出版社，1998页，第246页。

[4] 蒋介石在全国第三次劳动大会上的讲话，1926年5月；转卢权、禤倩红：《省港大罢工史》，广东人民出版社，1997年，第240页。

南征胜利后，在革命形势的推动下，各行各业的职工均起来组织行业工会。仅阳江、梅菉、北海、东兴等地，就陆续成立了酒米、民船、铁器、理发、车衣、装船、码头、海员、店员、驳船、药材、棉胎、茶居、鞋业、机工、手车、建筑、五金、渔栏、渔业、窑业、土木等几十种行业工会。他们在各市、县总工会的带领和农民群众的支持下，进行了反对虐待工人，改善工人生活条件的斗争。

面对“英日美帝国主义者无端残杀我同胞，噩耗传来，我广东各界非常愤激”的情况，经过各方协议，广东各界决定成立对外协会，“谋根本对待方法”。[1]随后在6月17日成立，并“议决案十五条：（一）抵制英日美劣货；（二）拒绝使用外币；（三）实行经济绝交；（四）不卖田料原料粮食各等物；（五）在帝国主义者之下工人一律罢工；在帝国学校教育者，教员学生一律退学；（六）广东工农商学各界休业一天巡游示威；巡行之日起，各界臂缠黑纱一星期，并下半旗一天；（七）各界举行大模范募捐；（八）募捐分配 工人捐工金一天，学生捐欵分三等，大学规定捐二元、中学一元、小学五毫；商界以商店为本位，亦分三等，甲捐十元，乙捐五元，丙捐二元；兵士捐二毫，农民每人捐一毫；教育职员军警法政各界，以薪金多寡比例分配捐助，政界月薪四百元以上者，捐俸一月；（九）组织各界宣传队；（十）扩大统一民众组织，以为扩大对外后盾；（十一）请革命政府向英日美提出严重抗议案，并实力援助；（十二）通电全国全世界人民；（十三）通电慰问上海汉口青岛被害各同胞；（十四）通电全国各界，先组织全国各界对外代表统一机关；（十五）示威大巡行”。[2]面对当时的形势，对外协会要求各地各界“组设分会”。[3]南路各地也响应号召成立对外协会，协助省港大罢工。如在阳江县，就成立多个分会：“广东对外协会于十日开廿三次常会，主席谭□棠、纪事萧一平，兹录是日议决各案如下：……（三）

[1]《广州民国日报》1925年6月16日。

[2]《广州民国日报》1925年6月18日。

[3]《广州民国日报》1925年7月3日。

阳江闸坡分会成立请有案案、议决、准予有案并饬该会须隶属于阳江分会共同进行。”[1] 下面是对外协会阳江分会向阳江各界社会分布的罢工宣传传单，要求各界支持省港大罢工。

援助罢工的意义 [2]

省港罢工已经有九个月了，这九个月中间罢工工人艰难困苦与帝国主义奋斗，所得到的成绩，举其大者有三：

第一：使帝国主义不敢奴视中国人民了。自从庚子八国联军用铁血政策，扫平大沽古口炮台直捣京师之后，帝国主义者压迫摧残，无所不用其极，而中国人民也慑服于帝国主义者铁蹄之下而不敢有所反抗，帝国主义者遂视中国人民如其奴隶。此次“五卅”惨案，就是帝国主义者残杀其奴隶的一种表现。此处屠杀之不足继之于彼处；上海屠杀血迹未干，而青、汉、浔、渝，又继之而起，其中以沙基惨案屠杀尤为惨酷，香港沙面之中国工人，愤帝国主义之残暴，一致起来罢工，作文明之抗议，为中国被杀同胞复仇，为中华民族争光荣，九月于兹，使帝国主义者不敢正视华人，对于国民政府，表示特别的敬意与畏惧，昔日视为奴隶不如的工人，不能不作相当的让步。同胞们！大家看看省港罢工工人，为我们出了多少气，为中国争回多少面子？假使人人能够像工人一样奋斗，一样努力，中国不久便可得到自由平等了！

第二：使革命根据地更加巩固了。廖仲恺先生之死，谁都知道是帝国主义者唆使国民政府下的反动军阀来破坏政府的阴谋，同时帮助陈炯明的残部，挥戈反攻，帮助负嵎多年的邓本殷，进兵羊城，帮助无家可归的熊克武由北江直取广州，在此四面楚歌之中，国民政府多么危险，罢工工友把反革命老巢——香港严密封锁使帝国主义与军阀的勾结打断，国民政府可以从容捕贼，数万工友又集中在国民政府之下，拥护他们的政策，增加他们肃清反革命的决心，东江南路反革命军阀之肃清，固然系由于国民政府的

---

[1] 《对外协会二十三次议决案》，《广州民国日报》1925 年 8 月 11 日。

[2] 湛江市档案馆资料。

果断，国民革命军的英勇，罢工工友之帮忙运输，使用兵得以神速，也是一个很大的帮助，所以省港工友之罢工，保护了国民政府，肃清了反革命派，巩固了革命根据地，这是第二个大成绩。

第三：使广州的经济联系逐渐发展了。广州的经济向来受制于香港的帝国主义的，食料不足，燃料缺乏，一旦交通绝断，便要发生危机，但省港罢工以后，把香港封锁，从前停泊于香港的各国轮船都直接到广州来了，平均每日黄埔到三十艘商船，为前所未有，香港受了我们的封锁，商务一落千丈，广州却因为罢工增高了地位，这是很显然的，黄埔筑港又将实行，广州经济当能日趋发展了，所以这次罢工不但争得中国的面子，巩固了革命根据地，并且发展了广州的经济。

同胞们！谁造成广东的和平？谁使广州的经济发展？饮水思源，我们不能不要推省港罢工工人了。省港罢工工人这样奋斗，做成这样多的成绩，宜乎要受社会人士的优待了，但是事实却适得其反，不但没有优待他们，而且把他们忘记了，我们知道不知道罢工工人的痛苦？我恐怕大家都不知道的。罢工工友吃的是粗茶淡饭，充充饥腹而已，现在这样寒冷的天气，罢工工友还睡在地皮上，两个人共一张又狭又薄的棉被，和马路上打睡的乞丐一样，这是多么难过呢！况且还有父母妻子受冻啊！从前做工的时候固然没有多大出息，但是无论如何每日得一元八角，维持家庭是可以的，现在不然了，不但不能维持家庭生活，而且自己有时要受饿呢！说到病在工人医院里的工人，更是可怜了，他们多是肃清东江南路当输送后回来的战士，现在病在医院里有谁去安慰过他们一次？同胞们！与帝国主义奋斗的前敌战士，正在困苦艰难之中，我们应该怎样帮助他们，振起他们的勇气，达到我们最后的胜利，这是我们亲爱的同胞的责任，这就是我们援助罢工第一个意义。

同胞们！帝国主义者不是要派四位全权代表来省讲和吗？为什么到现在还没有来呢？帝国主义者知道中国人善忘，他们的代表姗姗来迟，就想使中国人把这件事忘记了，可以自由宰割。同胞们！我们果然上了它的奸计，我们把罢工忘记了。现在应该怎样尽力来援助罢工，表示我们未曾忘记，打破帝国主义的幻想，不能不来求和呢？这是我们援助罢工的第二个意义。

我们把目前的省港罢工都忘记了，全国的同胞自然也忘记了，海外的华侨及全世界的民众，更不知道还有罢工这回事，所以我们要使全中国人民以及海外华侨、全世界民众都还有罢工这个观念，都来援助我们，这是举行援助罢工的第三个意义。

总之省港罢工不是工人自己阶级的事情，是全中国生死存亡的一个问题，假使罢工失败了，不但广州国民政府发生动摇，即国民革命也受一个很大的打击。如果罢工得到胜利，就是中华民族解放第一步胜利！同胞们！这是多么严重的时期，我们应该立即起来援助劳苦功高的罢工工人，使港政府完全接纳罢工条件，得到最后的胜利。我们高呼：

我们不应坐视工人单独奋斗！

工人为爱国受饥寒，大家援助啊！

罢工胜利是我们已得幸福的保障！

团结罢工胜利万岁！

中华民族解放万岁！

阳江各界对外协会印行

十五年三月廿六日

长期以来，广东南路人民饱受种种压迫——帝国主义、贪官污吏、地主豪绅、海盗土匪等等，由于深受传统文化的影响，反抗意识并没有非常强烈，虽间或有反抗斗争，但规模不大，影响不深。国民革命开始后，以黄学增为首的一批先进人物相继活跃于北部湾各地，他们以救国于灾难之中、救民于水火之中的情怀，积极投身于启蒙民众现代意识的行动中去。也正是由于他们的努力，北部湾各地不仅成立代表先进文化的政党组织，而且代表自己权利的农民协会、工人协会也纷纷在北部湾大地上第一次出现，这些组织不仅将北部湾国民革命的发展推进到一个新阶段，而且也为北部湾下一次革命做了必要的准备；更主要的是，这些组织更是为北部湾社会的变化奠定了基础，对北部湾社会秩序的安定、经济的发展，起了巨大的作用。

第四章

广东南路农民暴动与农民割据

第一次国共合作失败后，广东国民党反动派于 1927 年 4 月 15 日以共产党和农工组织为打击目标的武力清党运动旋即席卷全省。面对国民党反动派的血腥屠杀，经过大革命斗争锻炼和发展起来的广东南路共产党组织和广大农民，也如广东其他地方党组织一样，迅速地领导和组织各地农民群众奋起举行暴动，进而开展了“农民割据”。这些暴动和农民割据，有力地打击了敌人，为中国共产党领导农民进行武装斗争，创建农村根据地提供了宝贵的经验。用 1927 年 11 月 17 日《中共中央关于广东工作计划的决议案》的话来说，是“广东南路、海南的农暴已在各地蜂起，目前所最注意的是怎样使这些暴动能获得农民群众之广大参加，形成割据一隅的工农政权，破坏统治阶级的统一局面”；[1] 用 1928 年 2 月 22 日《中共中央致广东省委信》的话来说，是“中国现在革命的发展，事实上形成了特殊的方式：‘农民割据’”。[2]

本章所称的农民暴动和农民割据，就是指 1927 年广东“四一五”反共政变至 1928 年土地革命战争初期，中国共产党在广东南路领导农民开展武装暴动和游击战争，实施农民割据的历史过程。

第一节　广东南路第一次农民暴动与割据

“1927 年 4 月国民党右派公开叛变革命之后，中共广东党组织领导全省各地工农群众奋起举行武装起义，反抗国民党反动派大屠杀。”“自 4 月 15 日至 7 月底全省约计有 33 个县举行了 46 次起义”，起义范围，“从潮汕平原到梅县山区，从东江流域到西江地区，从粤北大地到琼崖孤岛，从广州市郊到雷州半岛。在纵横 20 多万平方公里的南粤大地，都打响了起义

[1] 转自《中国人民解放军历史资料丛书·土地革命战争时期各地武装起义·广东地区》，解放军出版社，1999 年，第 102 页。

[2]《周恩来年谱（1898—1949）》（修订本），中央文献出版社，1998 年，第 140 页。

的枪声”[1]。

在广东南路地区，用1928年1月《中共广东省委关于南路工作计划》的话来说，是“过去一‘四·一五’后一南路之廉江、遂溪、海康、吴川，都有过英勇的革命暴动。”[2]

在遂溪，1927年5月14日上午，由于税务之争，第六区农民协会在乐民一带发动敦文、调神、余屋、海山、乐民城、内塘乡、芋园头、六旺等乡农军200多人，包围了位于余屋村东南、敦文村之东北，人们习惯称之为“新圩仔”的乡圩，扣押了在“新圩仔”强行苛抽税项的乐民区署长及署员警兵七名。尔后，农军集中精干力量袭击区署，引发了震撼广东南路的乐民农民暴动。用《中国共产党湛江历史》的话来说，是“正当中共遂溪县部委在加紧策划武装起义期间，5月14日，遂溪县第六区反动区长潘林雄带领区署警兵到新圩仔苛抽勒索，……驻海山村的遂溪县部委认为这是官逼民反、发动农民暴动的有利时机，于是派出小股农军前往新圩仔，将潘林伙缴械并押回海山村”。[3]

在吴川，用《中国共产党湛江历史》的话来说，“1927年5月，南路农民革命委员会副主任兼中共吴川县支部书记陈信材，在南路农代会结束后即返回吴川，加紧着手武装起义的各项准备工作……成立了吴川县农民自卫大队”；[4]

在廉江，用《中国共产党湛江历史》的话来说，“1927年7月26日，南路农民革命委员会委员梁文琰……7月30日晚，第一区的农民武装300多人集结于梧村桐村，次日举行动员大会，公开宣布武装起义”；[5]

在海康，用《中国共产党湛江历史》的话来说，“1927年5月，海康

[1] 参见中共广东省委党史研究室：《广东工农武装起义—1927·4—1928·6广东工农武装起义学术讨论会文集》，广东人民出版社，1991年，第1、5、6页。

[2] 中央档案馆、广东省档案馆：《广东革命历史文件汇集》（1928），1982年11月，第54页。

[3] 中共湛江市委党史研究室：《中国共产党湛江历史》，中共党史出版社，2011年，第117页。

[4] 中共湛江市委党史研究室：《中国共产党湛江历史》，中共党史出版社，2011年，第121页。

[5] 中共湛江市委党史研究室：《中国共产党湛江历史》，中共党史出版社，2011年，第120—121页。

县的政局出现新的动荡……在这段时间里，黄杰、苏天春、陈育才等共产党员……在海康县第四、第七、第八区等地加紧活动……于7月间在淡水村蔗果岭举行武装起义”[1]。

由于1927年12月8日《省委通讯》《十一月份收到各地报告的统计及批评》的《续表九》有载，“吴川：同志参加斗争非常勇敢；被特委下令非得特委命令不得运动，至运动屡褐止”[2]，因此，本章没有将1927年5月吴川的武装斗争，视为广东南路第一次农民暴动。

讲到广东南路第一次农民暴动，不能不提到敦文“尚武堂”，因为1925年9月建立的遂溪乃至广东南路第一支农民自卫军就是以这个“尚武堂”为基础建立起来，且其成员也是“新圩仔”的抗税主力，对发起这次暴动有直接的影响，也可以说广东南路第一次农民暴动队伍的形成，就是在敦文“尚武堂”的基础上建立和发展起来的。用1925年11月30日《团雷州支部关于第二次临时会议情况报告》的话来说，是“现乐民区还组织五个乡农民协会，同时组织联乡武装预备队共有七十人（即是农民自卫军……）”[3]。

自广州“四·一五”反革命事变后，中国共产党之所以能在广东大地，从城镇到乡村，从沿海到内地，发起农民暴动，究其原因是中国共产党在萌芽阶段，就已经重视组织农民起来斗争。这有存于上海档案馆和中央档案馆的1921年4月由上海共产主义小组出版的《共产党》月刊刊发的《告中国的农民》“中国农民占全人口底大多数，无论在革命的预备时期，和革命实行时期，他们都是占重要位置。设若他们有了阶级觉悟，可以起来进行阶级斗争。我们的社会革命，共产主义，就有了十分可能性了”[4]、7月中国共产党第一次全国代表大会通过的《中国共产党第一个纲领》的“把

[1] 中共湛江市委党史研究室：《中国共产党湛江历史》，中共党史出版社，2011年，第120页。
[2] 中央档案馆、广东省档案馆：《广东革命历史文件汇集》（1927甲），1982年10月，第180页。
[3] 中央档案馆、广东省档案馆：《广东革命历史文件汇集》（1925），1982年10月，第249页。
[4]《共产党》月刊第3号，1921年4月7日。

工农劳动者和士兵组织起来，并承认党的根本政治目的是实行社会革命”[1]之载称、1922年7月中国共产党第二次全国代表大会通过的“如果贫苦农民要除去贫困和痛苦的环境，那就非起来革命不可。而且那大量的贫苦农民能和工人握手革命，那时可以保证中国革命的成功”[2]的宣言为证。

如人们所熟知，理论联系实际是中国共产党人取得革命成功的优良作风之一。中国共产党早期农民运动理论产生的实践效应之一，也就是从创建浙江萧山衙前农民协会、广东海丰赤山农民协会、湖南衡山岳北农民协会等新型农民组织[3]的活动开始，而雷州青年同志社也是在上述三个农协会创建期间成立起来的。用《中国共产党湛江历史》的话来说，是“1922年夏（应该是春节期间，笔者注）黄学增……返乡，积极串联遂溪、海康等地的青年学生……在家乡敦文村发起成立了雷州青年同志社，‘借以号召同志，团结力量，反抗恶霸’”[4]。据敦文村民反映，于此时，黄学增也恢复了早于清末建立起来的敦文“尚武堂”，利用“尚武堂”帮助青年农民集体习武，学习舞狮及舞麒麟传统技艺，号召农民团结起来，共同抵抗土匪及民团的干扰。对于敦文村民的上述反映，笔者按照黄学增在《广东南路各县农民政治经济概况》提到的“第六区——在去年邓逆将倒时，黄广渊等已在该区活动，计至今已成立正式农会十七个（乡农会），即乐民城乡、田西乡、海山乡、内塘乡、敦文乡、调神乡、芋园头乡，共有会员一千五百余人。该区农会在本年正月廿一日开成立大会，并示威巡行，是日到会代表者有十余乡代表，每乡农会派代表者六人至十人，计共百余人，均是武装。至参加农民巡行者约八百余人，每人纸旗一杆（写各种标语）并各种农具、化装军阀、土豪、劣绅、资本家、各帝国主义、学生、革命军、农妇、帝国主义所征服之印度、

[1] 中共中央组织部、中共中央党史研究室、中央档案馆：《中国共产党组织史资料》（1921·7—1949·9）第八卷，文献选编（上），2000年，第1页。

[2]《中共中央文件选集》第一册，中央党校出版社，1989年，第113页。

[3]《衙前农民协会宣言》（1921年9月27日），《新青年》第九卷第四号“附录”；蔡洛、余延光：《彭湃传》，人民出版社，1986年，第40页；中夏：《中国农民状况及我们运动的方针》，《中国青年》周刊第13期，1924年1月5日。

[4] 中共湛江市委党史研究室：《中国共产党湛江历史》，中共党史出版社，2011年8月，第28—29页。

非洲各等人。巡行时各纠察督队，大呼各种口号、声振如雷，并狮子班、麒麟班参行……”[1]的线索，进行多年的田野调查而得知，于此时的乐民地区方圆40公里范围内，唯敦文村才有狮子班和麒麟班。这就可证明，敦文“尚武堂”的恢复成立时间，早于1926年正月廿一日。因此，黄学增1922年，在家乡开展的两项活动，应该视为中国共产党创建时期的农民理论在广东南路的实践效应之始；应该视为中国共产党在广东南路领导农民开展斗争的队伍建设之始。

翻开中国共产党的历史，人们清晰地看到，党的农民理论蓬勃发展阶段在第一次国共合作时期。而广东南路地区在第一次国共合作初期，虽为军阀邓本殷盘踞的地方，但当时广州国民政府为了统一广东，除了二次东征陈炯明外，还发起了南征盘踞在广东南路的邓本殷部的军事行动。为了保证南征的胜利，在“南征大军出发之前，中共广东区委积极做准备，预先派出大批共产党员和青年团员，潜赴南路、琼崖等地，发动群众，开展革命斗争”[2]。

“广州农讲所第二期毕业生、共产党员黄杰被派到海康，徐树兴被派到万宁县，去进行秘密宣传和建立农会工作。”农民部还派“陈材干、黄广渊等，在雷州方面秘密运动。”[3]

“不久又派共产党员韩盈、黄广渊、苏天春等到遂溪组织农会和农军，并潜入雷属民军中活动”；薛文藻受南路政治宣传委员会罗汉之命，回雷潜入雷属民中活动……[4]

“广东区委委员黄学增从广州秘密回到遂溪，协助韩盈、黄广渊等，

---

[1]《中国农民》第一卷第四期，1926年4月，第24—25页。

[2] 中央档案馆、广东省档案馆：《广东革命历史文件汇集》（索引），1992年10月，第31页。

[3] 中央档案馆、广东省档案馆：《广东革命历史文件汇集》（索引），1992年10月，第31页；《中国农民》第一卷第四期，1926年4月，第18页。

[4] 中央档案馆、广东省档案馆编中央档案馆、广东省档案馆：《广东革命历史文件汇集》（索引），1992年10月，第31页；中央档案馆、广东省档案馆编中央档案馆、广东省档案馆：《广东革命历史文件汇集》，（1925）（2），第248页。

先建立‘雷州青年同志社’乐民分社……”[1]

南征大军出发之际，共产党员黄学增、王文明等在广州发起“广东高雷罗阳钦廉八属旅省革命团体联合会，动员组织一批革命青年随军出发，到南路、琼崖各地开展政治工作和群众工作。”[2]

南征结束后，南路各属农民运动轰轰烈烈地开展了起来。各地方县、区、乡均相应组织了农民自卫军。其中，至 1926 年 3 月，遂溪县第一区农会有枪三十余杆，第二区有五十余杆，第四区有四十余杆，第七区有一百一十杆，第六区农会共有枪三百二十九余支。[3]

然而，讲到农民武装的建立，不能不提到 1927 年 5 月 14 日，在遂溪县第六区新圩仔举行的广东南路第一次农民暴动，因为这次农民武装暴动对广东南路农民武装反抗国民党血腥统治产生了深远的影响。用《中国共产党湛江历史》的话来说，是“1927 年 5 月，在南路农民代表会议结束之后，被选为南路农民革命委员会委员的中共遂溪县部委负责人黄广渊返回遂溪六区，随即召集陈光礼、薛文藻、薛经辉等人在海山村开会，传达南路农代会关于举行武装起义、坚决反击国民党反动派屠杀政策的决定，并对遂（溪）海（康）地区的武装起义计划作了统一部署。会后，他们立即分头在遂溪第六、第七区着手进行起义前各项准备，一方面加紧筹措枪械和集结武装……”；“正当中共遂溪县部委在加紧策划武装起义期间，5 月 14 日，遂县第六区反动区长潘林雄带领区署警兵到新圩仔苛抽勒索，并以检查枪证为借口……驻六区海山村的遂溪县部委认为这是官逼民反、发动农民暴动的有利时机，于是派出小股农军前往新圩仔，将潘林雄一伙缴械并押回海山村……历时八天的海山、乐民城之战，是大革命失败后，中共遂溪县部委……领导的第一次革命武装暴动……它用血与火的语言，宣布了中国共产党不畏强暴……

[1] 中央档案馆、广东省档案馆编中央档案馆、广东省档案馆：《广东革命历史文件汇集》（索引），1992 年 10 月，第 31 页。

[2] 中央档案馆、广东省档案馆编中央档案馆、广东省档案馆：《广东革命历史文件汇集》（索引），1992 年 10 月，第 31 页。

[3]《中国农民》第一卷第四期，1926 年 4 月，第 26 页。

标志着中国共产党领导高雷以至南路地区……武装夺取政权的开始”[1]；用中共广东湛江地委党史办公室、中共广东遂溪县委办公室、中共广西北海市委党史办公室合编的《斜阳岛浴血—1927至1932年斜阳岛武装斗争记》的话来说，是“为了反抗国民党反动派的血腥屠杀，保卫革命成果，中共广东南路党组织和省农协南路办事处，于五月初在赤坎秘密召开了南路十五县农民代表议会。当时南路党组织同上级已失去联系，党的主要领导人兼南路办事处主任黄学增在广州未回，会议由朱也赤、陈信材等同志主持，成立了南路农民革命委员会，推选朱也赤为主任，陈信材为副主任，决定大力发动各县农民起来进行武装斗争，反击国民党反动派的野蛮屠杀。会后，大家分头行动，遂溪县党组织首先在乐民——海山一带，发动了南路最早的武装反抗国民党反动派的斗争”；“乐民属遂溪县第六区，大革命时期，这里是南路农民运动的策源地，广东南路最早的党组织首先在这里建立并开展工作。早在一九二五年八月，中共党员黄学增、韩盈、黄广渊、苏天春、薛文藻（经光）、陈光礼等，就在这里成立了雷州青年同志社乐民分社和纪家分社，吸收社员一百二十多人，秘密发动农民组织农民协会和农民自卫军。随着农民运动的发展，这里建立起一支二百余人的很有战斗力的农民革命武装，拥有各种枪支三百四十多支，在镇压土豪地主、肃清土匪、支援各区的斗争中，起着重要的作用。因此，遂溪县党组织决定首先在这里举起武装反抗的旗帜”；“一九二七年五月十四日，乐民区长潘林雄带领警兵七人，在乐民海山附近的新圩仔强行苛抽勒索，同赶圩农民发生争执。圩上农民自卫军前来交涉，反被潘林雄以检查枪证为名，缴去武器。海山村农军闻讯，在黄广渊、黄凌氏、陈光礼等中共党员的领导下，组织二百余人迅速包围了新圩仔，擒获了潘林雄和七名警兵，‘勒缴警团枪支，占据市乡，歃血联盟，遍树赤帜’，派出一支队伍，逼近离乐民三十里的河头圩，准备夺取该圩民团局的枪支，与此同时，遂溪、海康党的领导人韩盈、黄杰也准备组织

[1] 中共湛江市委党史研究室：《中国共产党湛江历史》，中共党史出版社，2011年，第117、118、119页。

力量攻占县城。海山新圩仔的斗争，揭开了乐民起义的序幕”[1]。但这均与1927年11月9日《中共广东省委致南路特委函—批评南路过去工作缺点和改组问题》的“特委报告已收到。关于过去工作缺点，多不扼要。省委觉得南路过去工作，主要有下列的错误：党的指导非常之弱，也可说简直没有。各县农民同志是非常勇敢，而负指导责任的多是知识分子，在每个斗争中没有很好的领导。下层群众已热血沸腾忍不住要暴动，指导机关不知怎样去领导，反说党员群众没受党的统一指挥。省委否认你们这种意见，以为‘海康、遂溪各县的暴动，多是根据该地主观条件自动地去做，未经总指挥的命令……（原文如此）不遵守科学的规则去做’是错的”[2]之载称，不相一致。

但是，从史实上来考证分析，只要谈及遂溪县第六区新圩仔扣押潘林雄事件，就不应该绕开敦文尚武堂的，因为敦文尚武堂是新圩仔抗税及扣留潘林雄的主力。用敦文文史馆存大革命时期遂溪县农民协会副委员长、广东省第二次农民代表大会代表黄学新[3]《关于扣押潘林雄口述材料》（下称扣押潘林雄材料）的话来说，是：“1927年春节后不久，遂溪县农会派代表到广州参加省农会会议，约在清明前不久参加省农会的代表回到遂溪。县农会便决定在清明后20天，在城月召开各区农会代表扩大会议，传达省农会会议精神。后来由于时值国民党‘清党’及海康县农会代表大会召开后，该县党部、县农会领导人遭受国民革命军驻雷城防军营长吴子泰部队的追杀，因此，将大会地址改在第二区杨柑墟（下称杨柑会议）。由于会议保密工作不到位，在会议召开期间被县游击大队包围了会场，部分参加会议代表被捕，我有幸与邓成球、黄广渊、罗兆京等人跳窗逃脱了追捕。此后，乐民警署潘林雄就开始违背省农会南路办事处训令，单方面收取云楼圩（即新圩仔）税费，并拒绝分配给敦文乡农会的应得部分。由此，引发敦文乡民

[1] 中共广东省委党史资料征集委员会、中共广东省委党史研究委员会办公室：《广东党史资料》第二辑，广东人民出版社，1984年，第244—245页。

[2] 中央档案馆、广东省档案馆：《广东革命历史文件汇集》（1927甲），1982年10月，第133页。

[3] 中共湛江市委党史研究室：《中国共产党湛江历史》，中共党史出版社，2011年，第68页；中共遂溪县委党史研究室：《中国共产党遂溪地方史》，中共党史出版社，2004年，第51页。

的义愤，在区、乡农会多次交涉无果后的情况下，敦文乡农会便决定派出敦文‘尚武堂’成员进驻圩场，发动商贩拒交税项，也由此发生了双方激烈的冲突。在冲突过程中，敦文‘尚武堂’青年打伤了警兵两人。旧历四月初七（5 月 7 日）趁圩日，潘林雄亲便率警兵到云楼圩驱赶拒向警署缴交税项的商贩，并打伤商贩多人，双方的冲突也由此进一步加剧。旧历十四日（5 月 14 日）趁圩日，潘林雄一早又带领警兵七人到圩场收取税费，被早有准备的敦文农民自卫队和‘尚武堂’成员，在上午九时左右，出其不意地将潘林雄等八人，全部捆绑起来。事发后，派人联络海山、调神、乐民城、内塘、芋园头、余屋等乡农民自卫队及敦文村农民近 200 多人，集合于云楼圩在黄广渊率领下举行誓师大会。中午二时左右农军占据乐民警署并将潘林雄等人关钾于警署内。下午将近晚饭时分，在田西乡农民自卫队的配合下，农军成功控制盘查了河头警署及团局枪支。旧历十九日（5 月 19 日），遂溪县长林应礼带警队及防军罗连进驻乐民市。大部分农军由黄广渊、黄汝清率领，押送着潘林雄等人撤至海山村；小部分由陈光礼、薛经辉带领撤至乐民城，并派人联络七区上郎、怡神农军开进海山一带据守。同时，我到岭仔去请求岭仔（斜阳岛）老某（符俊岳）带领土匪 70 多人前来助战。廿一日（5 月 21 日），国民党海康、遂溪县游击大队联合温钟声率领的二个连兵力包围海山及据守乐民城通往海山的城门。廿六日（5 月 26 日），敌方军队正式攻打海山村，在敌我双方最激烈的作战时，乌石盐务区区长黄兆昌，从海山村对面的北灶涉水进入海山调停。农军释放了潘林雄等人，遂溪县署也答应云楼墟税项所得按原分配方案不变。云楼圩位于敦文东北约 3 里路程的敦文岭（坡）上，是黄学增小学时的学长，乐民一带较有名望，家庭较为富易的私塾先生黄学时，1923 春投资兴建。初时墟场只建有二间土墙茅房；圩场铺面是竹木搭建的草棚，趁圩日为农历‘一、四、七’。因此，乡民编造有‘学时办市没讨铺，唯是搭棚档麻路（露水）；也有卖葱和卖菜，天光（亮）赌钱到暗谋（夜晚）’的雷歌。云楼圩场收取管理费开始时与敦文黄氏宗祠分成，农会成立后与农会分成。圩场命名‘云楼’，但乡民多叫作‘新圩仔’。新圩仔的叫法是相对乐民圩（市）而言。圩场命名‘云楼’。这是为了纪念我敦文人祖先黄勉斋在福建的‘云谷书楼’。”

虽然，黄学新关于“扣押潘林雄材料”所披露的消息，尚未得史学界的确认，但翻开历史档案，不难看出上面所引“扣押潘林雄材料”，与一九二七年三月十日、三月七日《广州民国日报》报载的广东省农会第二届执行委员会第二次扩大会议原定三月十日在广州开幕，后来因代表未能到齐而延至三月十三日才开始举行，而出席这次会议的除了全体执委及各办事处代表外，尚有四十九个县（市郊）的代表，共九十二人，南路和琼崖两地各县均派代表参加，其余五个地区则由部分县派出代表参加的消息；[1]1927年4月20日《海康县农民协会第二次全县代表大会宣言》的“今天是县农民协会全县代表大会的日子，我们要知道为什么开这个代表大会呢”[2]之内容；1927年5月海康县署给南路行政视察员的快邮代电载称“奉此查职属原有少数共产党分子聚集业于四月感（16）日将遵办情形及该党姓名电呈钧署察核”[3]的内容；1927年6月15日广东省政府委员会军字第七八号载称：“案查本部前据中国济难会广东总干事会函控：海康县驻防营长吴子泰，滥用职权，摧残民众，特请查明惩办一案，当经令行第四军长李济深查明呈复，去后；兹据复称：呈为呈复事：案奉均部务字第三七九号令开：据中国济难会广东省总干事会函称：现准海康县党部县农会，雷州总工会青年同志社，民国日报社，联同邮电，内开，原文有案，邀免冗叙外，后开，合行令仰该军长即查明呈复为要，此令等因。奉此，当即遵饬职军第十一师师长陈济棠查复去后，兹据复称：遵查，营长吴子泰被控各节，据三十一团团长余汉谋呈称：职奉令后，当经饬令该营长吴子泰自行呈复去后；兹据该营长复称：窃职自奉命驻防以来，除本职应办各项外，概未涉及其他事件，至对于党务农会教育报社，无不遵依本党主张，极力提倡赞助，惟恐发扬之不力，岂敢摧残而压抑。查中国济难会广东总干事，所接海康党部农会

---

[1]《广州民国日报》，1927年3月10日，3月7日。

[2]《南路农民运动史料》，广东人民出版社，1997年4月，第118、120页。

[3] 高州档案馆存，茂名党部档案资料。

工会日报社邮电谓：职滥施职权，摧残教育党务农会，使海康民众，消失集社结会言论自由之本能，未知何所据而云”的内容；[1]《中国共产党湛江历史》的“（1927年）4月24日，中共遂溪县部委召集部分党员骨干和县区农会、工会负责人，在该县第二区杨柑圩开会研究对策，被反动军警侦悉，除黄广渊、黄宗素等几人突围脱险外，邓成球、颜卓、陈克醒、何元余、杨庆、黄宗谟、金美荣、陈历经、陈安中、陈星芬、梁尚升等人被当场逮捕……以上被捕人员，除陈星芬、梁尚升、陈星焜获保释外，其余14人在5月21被集体枪杀于遂溪城竹行岭”[2]的载称（下称杨柑会议）；广东省农民协会南路办事处《训令遂溪县六区农民协会第一号—令遂溪县第六区农民协会》“本办事处为维持宗旨，巩固纪律起见，特提出严重训诫如左，仰即遵行。此令。1.该区协会所属各乡协会及农民自卫军，务须依照农民协会及农民自卫军组织大纲组织……5.市面税项由警区征收，除警区应得之费外，其余拨归协会支配”[3]的第5点内容；1927年5月21日《遂溪县长电报该县进剿乐民共产党情形请察核由》称“共逆黄学增、黄广渊、黄斌、陈光礼等，近潜回距县城200里之乐民地方，煽动[引]诱农民，勾结土匪，图谋不轨，当于灰（10）日代电呈报总部特别会警备部在案”[4]的内容；1927年5月21日《遂溪县长电报该县进剿乐民共产党情形请察核由》的“昨十四日，该逆等竟敢纠党200余人，持械劫掳乐民区署长［潘］林雄及署员警兵七人，勒缴警团枪支，占据乡市，歃［血］盟誓，遍树赤帜，本县长据报即一面电请余团长调驻雷防军罗连会合，十九［日］向乐民前进，逆势不支退守乐民城及海山一带，负隅顽抗。职部与罗连进驻乐民市严重［密］监视”[5]之载称；1927年5月27日《海康县长电报本［月］十月日会同防

[1] 国民党广东省政府委员会《广东行政周刊·军事》第二十三期，第19—20页，《通缉捣乱派黄斌等四名案》之《广东省政府令军字第七八号》。

[2] 中共湛江市委党史研究室：《中国共产党湛江历史》，中共党史出版社，2011年8月，第104页。

[3] 中共湛江市委党史研究室：《南路农民运动史料》，广东人民出版社，1997年，第61—62页。

[4] 中共湛江市委党史研究室：《南路农民运动史料》，广东人民出版社，1997年，第177页。

[5] 中共湛江市委党史研究室：《南路农民运动史料》，广东人民出版社，1997年第1版，第177页。

军前往乐民市剿办共党由》的“广东特别委员会暨民政厅南路行政视察公署均鉴：顷据海康警察第三区二分署长冯应汉锐【应为‘铣’字[1]】（16）日代电开万急密迭革命军第三十一团第二营部温营长、海康县谢县长均鉴，附近河头市三十里，遂溪属第六区乐民市查及该市地方，发现农军聚集数百，枪械数百，有特殊举动，已将该区署枪支缴去，扣留署长及办事人，该处地方危急，并有武装农民擅自越境河头市，借名防卫土匪，盘查职署及团军局枪支，居心实不可问，探闻由黄学增、黄广渊、黄斌、黄虎吕、黄德中、黄汝清等潜回该处主动。河头市人心惊惶，事关地方治安，请察核维持以安人心，商民幸甚等情”[2]之内容；1927年6月6日《海康县长电报击散海山村共党情形》的“海遂两县交界之乐民市，被共产党黄学增、黄广渊等占据谋乱，及咨会防军暨遂溪县长会剿情形先后呈电在案……由驻雷防军温营长钟声亲率第四连兵士暨先日进驻乐民市之第五连及职署游击队兵，共同进剿，寝日下总攻令，以一部监视乐民城，其余悉向海山冲进”[3]之载称；1928年4月26日《中共广东南路特委给省委的第一号报告》载称“土匪方面，有岭仔（是一个小海岛，在安铺、北海之间，属遂溪）从前暴动前曾无条［件］的帮助我们打入一日仗……”[4]的内容；《中国共产党湛江历史》的“反动军警在总攻受挫后，派海康县乌石港盐务署长黄兆昌进入海山村，利用黄姓宗族关系谈判……根据敌强我弱悬殊，农军弹药缺乏，以及部分村民要求和解等实际情况……释放了潘林雄等人”[5]；北京大学图书馆藏《黄文肃勉斋公文集》中宋人陈义和撰的《勉斋先生黄文肃公年谱》的“五月新作书楼法云寓居之右，牓曰：云谷，以示毋忘文公之训。陈氏记日：先生归寓舍立屋读书。其上命日：云谷，取朱先生隐庐之旧名”[6]及今敦文

[1] 中共中央组织部、中共中央党史研究室、中央档案馆：《中国共产党组织史资料》第八卷，《文献选编》（上），第803页。

[2]《南路农民运动史料》，广东人民出版社，1997年，第179页。

[3]《南路农民运动史料》，广东人民出版社，1997年，第180页。

[4] 中央档案馆、广东省档案馆：《广东革命历史文件汇集》（1927—1935），1983年12月，第240页。

[5] 中共湛江市委党史研究室：《中国共产党湛江历史》，中共党史出版社，2011年8月，第118页。

[6]《黄文肃勉斋文集》（宋）朝奉郎直秘阁致仕陈义和：《勉斋先生黄文肃公年谱》六十一。

黄氏宗祠门匾悬挂的“云楼”两字等史实，所披露的消息是基本一致的。

当然，“扣押潘林雄材料”谈到在杨柑会议被包围时黄学新与邓成球等跳窗脱险，与《中国共产党湛江历史》载称的“邓成球在杨柑会议期间被捕，1927年5月21日被枪杀”之说，确存有不相一致之处，但查阅1927年6月9日广东省政府委员会令务字第四五号有“……将遂溪县党部改组委员会木质印信一颗移交，余无别物，至前执委陈光礼，邓成珠，吴运瑞，梁树本，梁德修，监委刘坚……查该党部前执委陈光礼，邓成球……，胆敢迁毁公物私逃，殊瞩目无党纪。为此，函达，希即查照，转令通缉，严重究办……”[1]之载称。

讲到广东南路第一次农民暴动，以释放潘林雄等人而结束，就不能不提到国民党反动派和中共党组织的后续动态，因为此时正值国民党反动派以共产党和农工组织为打击目标的武力清党运动最猖狂时期。用《中国共产党湛江历史》的话来说，是“海山村和乐民城之战结束后，遂溪县部委认为反动当局绝不会就此罢休，决定进一步集结革命武装力量，扩大武装起义的革命队伍。6月25日，以遂溪县第六、第七区为主的农军和工团军共500多人……在海山村附近的米昌塘举行誓师大会，并统一整编为一个大队……28日，起义军配备土炮攻打江洪烟楼仔……后退入乐民城据守……7月1日夜由城西北面的涵撤退”；[2]“自从7月1日遂溪县工农武装在乐民失守后，反动军警旋即进入乐民城疯狂洗劫……戴朝恩、黄河沣等带领反动地方武装在第六、第七区大举‘清乡’……黄广渊、陈光礼等领导人决定将武装起义大队分为两路继续坚持斗争……由陈光礼、刘坚带领转移到徐闻山，设法教育争取以陈中华为首的“绿林”武装……8月，黄广渊、薛文藻前往广州湾参加中共广东南路特委会议，会后……对准备秋收起义和策应广州起义等工作作了部署”；[3]用《中国共产党遂溪地方史》的话来说，

---

[1] 国民党广东省政府委员会：《行政周刊·党务》，第二十三期，第43页，《通缉遂溪党部前执监委员陈光礼等案》之《广东省政府令务字第七八号　十六，六，九》。

[2] 中共湛江市委党史研究室：《中国共产党湛江历史》，中共党史出版社，2011年，第119页。

[3] 中共湛江市委党史研究室：《中国共产党湛江史》，中共党史出版社，2011年，第123—124页。

是“1927 年 6 月 25 日，来自第六、第七区的工农武装 500 多人相继会集米昌塘，统一整编为一个大队……1927 年 6 月 29 日，国民党反动派驻军两个营和遂溪、海康两县的地方反动武装共 1000 多人，配备重炮……昼夜攻打乐民城起义军。黄广渊、陈光礼等率领农军据城抗敌……激战期间，苏天春、黄杰按计划在海康东海仔蔗果岭领导农军暴动进行配合，以牵制敌军，继而向乐民靠拢……起义农军从乐民城撤出后，立即化整为零，分散在第六、第七区沿海一带海活动。后由于国民党不断加强‘清剿’，为了保存力量，黄广渊决定率领小部分农军在河头水妥村建立秘密据点，继续坚持斗争；另外大部分农军由陈光礼率领撤至徐闻大山隐蔽，一面开荒生产，一面练兵，等待时机重返遂溪。陈光礼率部撤到徐闻山后，除开垦了大片荒地搞生产外，改造收编陈中华股匪。”[1]但这均与 1928 年 4 月《中共广东南路特委给广东省第一号报告》的“七区之江洪港（是一个小渔港从前有渔船二百余，共捕鱼工人千七百余人，每船大约七八人）……当去年‘四、一五’前，我们同志曾领导他们起来组织工会打倒包盐商，得了胜利。‘四一五’后他们工会领导要帮助暴动，从北海乘船回江洪，被反动派载捕，一个投海死，一个获解回枪毙。土匪方面，有岭仔（是一个小海岛，在安铺、北海之间，时属遂溪）从前遂溪暴动前曾无条［件］的帮助我们打人一日仗，无饭吃，失败时打死了数个，但无甚悔恨。全盘同情于我们，且失败后有几个立不住脚的农民亦入去，但后来却很［少］联络了。然而他却不愿受任何部队之收编……岭仔土匪须派人去继续工作，以发展组织……海康工作近来没有进步……第七区为‘四·一五’前工作最好之区，在雷州东南濒海接近徐闻麻罗处，因去年暴动后，死者一、二百人，入农会之农村被焚毁，农民皆逃往南洋群岛及法属广州成立东海岛，有十余人跑入徐闻山当土匪……‘四·一五’之后我们同志常有去联络过，但后来又做得不好，中断了……自和我们接头后，已探［喊］出‘穷人不打穷人’的口号……须即派有能力

[1] 中共遂溪县委党史研究室：《中国共产党遂溪地方史》，中共党史出版社，2004 年，第 72—74 页。

同志到徐闻山土匪中做政治工作，发展组织”[1]；《中共广东省委致南路特委信》（南特五号）分别“接你们第三号报告，知道遂溪工作很糟，现在他们决定之工作只是专注意于渔工运动与土匪运动，这是不够的……你们说徐闻山土匪多系农民，不应是利用，应编成红军，以帮助南路暴动，这个观念非常不好……你们说编此等土匪为红军，简直是一句笑话”[2]；1927 年 7 月 21 日，南路行政视察专员公署的《快邮代电》称：“海康谢县长遂溪林县长徐闻谭县长览谢县长元邮电称，黄学增等运动乐民市附近（两字迹难辨）村及勾结匪帮及东海仔黄虎吕（黄杰）逆军协谋不轨，俟香港枪到予以大帮攻雷城，分帮攻徐闻等（两个看不清）谢林谭各县长（有四个字分不清）防范，一面由各该县等联合分（有一字辨不清）团警（有一字看不清）法兜载围拿解办，以遏乱萌仍候”[3]；薛文藻 1950 年在遂溪被监禁时的《自白书》的“一九二七年四月间，国民党揭反动面目，开始‘清党’，大举屠杀各地群众。广州市被屠杀的不下数万人，纠委会受害最惨，被残杀的同志和纠察队员千余人。我幸脱险奔香港。至五月间，派回三雷秘密行动，恢复党和农工会的组织，并发动农民组织武装自卫队，继续与敌斗争。经过数月时间，计海康东区组织武装自卫队数十人，遂溪六区五六十人，互相呼应，分向遂溪乐民市、海康东区（七区）等据点进攻，得于解放。至八月间，敌人反攻，因众寡悬殊，无法据守，又因为当时形势日趋险恶，确难继续活动，为暂时避免危险得存实力计，及将自卫队解散，武器埋藏，人员分散，潜伏各地，待机再起，我则赴香港复命。我离开地区后，其残酷的敌戴朝思、黄河沣等亲率兽兵到六、七区，大举清乡扫荡，抢掠焚杀奸淫无恶不作”[4]；1927 年 10 月 8 日，广东省政府令军字第七七四号通缉令称：“总司令部务字第八四三一号令开：案准中国国民党广东省清党委员会函开，现据高雷区

---

[1] 中央档案馆、广东省档案馆：《广东革命历史文件汇集》（1927—1935），1983 年 12 月，第 239—240，242—246 页。

[2] 中央档案馆、广东省档案馆：《广东革命历史文件汇集》（1928）（3），1982 年 11 月，第 237 页。

[3] 存于高州档案馆：茂名党部档案资料。

[4] 广东遂溪县公安局档案资料。

清党委员会呈称：呈为呈请通缉：及窃查逆党黄斌黄杰等。勾结土匪，扰乱海遂各区，经职会会同革命军第三十一团，派队剿击，各情业经先后电呈察核在案。现查该两股逆党，虽已击散，除当场击毙及擒获外，其余漏网首要，为数甚多……职会第三十次会议黄委员河沣提议，以陈荣位等四十三名……按照单开姓名，一体严缉归案究办，此令。（三）开漏网首要分子名单 遂溪县陈荣位、薛文藻、黄斌、薛经辉、黄广渊、曹廼轩、武其伦、黄雨农（遂溪七区人，共产党员）、黄德中、陈荣福、陈光礼、刘坚、陈炳森法租界广州湾东海岛、苏大春……黄凌氏……海康县黄杰、陈佐卿、吴朝英、陈玉熙”[1]的载称，关于农军暴动时间和撤往徐闻山的史实不相一致。因为按《民国时期广东省政府档案史料选编》第1册载：“高雷区清党委员会”1927年7月21日才正式成立。[2]

如人们所熟知，真实的历史永远藏于细节。因此，要了解徐闻山那时候的历史，就必须知道徐闻山的面积、土匪基本构成、那时候的剿匪及徐闻山党组织发展情况等细节。

1926年4月黄学增在《广东南路各县农民政治经济概况》一文中称：“徐闻有森林一片，纵七十余里，横四十余里，土人名之为徐闻山……革命军来驱逐邓军之后（即1925年后，笔者注），即着手清剿”土匪，“大股土匪，几完全走去徐闻森林内藏匿，三五成群之匪，有的潜回乡间，或自首于军队，或要求乡人容纳，许多要求农民协会容纳，愿终身变为良民，从事耕种，有的逃去涠洲岭仔两小岛，今派代表回本地要求自新，陈济棠今开大兵去徐闻进剿……”[3]

1932年国民党海康县党部常委执行委员陈兆鳌述的《徐匪之积聚及其演变》一文称：“民十四年冬，陈总司令任第十一师师长时。率师入山痛剿两月。迈老窝老宿地等匪巢均被攻下。同时十二师师长张发奎分剿各地散

[1] 国民党广东省政府《行政周刊·军事》第十一期第28—30页，《通缉遂溪海康两县逆党重要分子陈荣位等四十三名》之《广东省政府令军字第七七四号 十六，十，八》。

[2] 中共湛江市委党史研究室：《中国共产党湛江历史》，中共党史出版社，2011年8月，第110页。

[3]《中国农民》第一卷第四期，1926年4月，第15页。

匪。计陈振彪蔡海清等均先后授首……徐匪自经十一师十二师痛剿后。渐呈势弱力竭之状。当时苟能继续进剿下去。不难将余匪荡平。讵因移师北伐。部队悉数调去。地方官民又不能善后。坐令残匪势力扩大……于是匪势又复渐织。民十七年黄师长质胜区团长寿年等督兵进剿。不久即奉命北调。民十八年第一独立旅张团长君嵩亦曾剿办甚力。惜因事撤职。工作又告中止。旋有匪首蔡阿兰乘机购械屯粮。加以叛兵助虐。匪势日盛……民二十一年刘团长起时梁团长国武先后率队进剿。虽未克根本将其肃清。庶亦足以制其外出抢掠行动。俄因刘团一部兵变而调回。另调张文韬团继其任务。由南区绥靖委员公署陈委员章甫指挥攻下……历年所占有之斜阳岛。先断绝徐闻匪伙之水路接济。"[1]

林廷华在《南区绥署的"剿共"和"防共"》一文中称："1932 年春至 1934 年春，我曾任陈济棠的南区绥靖委员公署军务处长和代理参谋长，参与过陈济棠统治下的所谓'绥靖'工作，主要是'剿共'和'防共'，同时也消除了一些扰乱治安的土匪……徐闻土匪被击溃后，我于 1932 春奉命前往北海，指挥陈济棠的独立第三团张文韬部的王敬贤营进犯合浦属斜阳岛上的人民武装。斜阳岛原来就是红军根据地，徐闻山里的红军在 1927 年也转移到斜阳岛，与该岛原有武装会合。在我向该岛进犯以前，陈济棠曾派过海军向该岛进犯，均不得逞。这一次，陈济棠又派了几艘（似是三、四艘）军舰与王敬贤营配合进攻。在进攻前，我的随从人员曾向我献策说，附近岛（忘名）上有个庙，里面的菩萨非常灵验，叫我求签，看看这一次进攻是否会得手。我备了猪、羊牲品，乘坐舰艇驶赴该岛，因当天风浪很大，前进困难，中途折回，求签不成。当向该岛进攻时，海军舰艇先行炮击，围困多日，才用舰载王营登陆。岛上守军，因众寡悬殊，粮弹均尽，最后大部分转移，留守的一小部分被俘。王敬贤营进占了斜阳岛……我回到海康县城后得知，徐闻山里原来有一部分红军，是刘坚和陈光礼领导的。他们占据徐闻山一角作为根据地，在山里开辟了约有五十亩地，种植稻子和番薯，

[1] 雷州市档案馆资料。

粮食自给。后来他们在山里有土匪环伺、山外有国民党开路围攻的情况下，转移到斜阳岛……我在北海指挥进攻斜阳岛，在斜阳岛被王敬贤部攻占以前，我被陈济堂撤了差……我是在北海市被撤职的，接替我的人（忘了名字）到北海交接后，我便回海康，转回广州。到海康时，王敬贤攻占了斜阳岛，上述关于红军自徐闻山转移到斜阳岛以及攻占斜阳岛的情况，是王敬贤回到海康时与我谈的。那部分被俘的人民武装和北海方面的一股被'招安'出来的土匪，后来都被解到北海市，惨遭集体枪杀。"[1]

1928 年 4 月《中共广东南路特委给广东省第一号报告》载称："徐闻山是三月前新发展的工作，只有麻罗区，成立了特支，同志共二十，分布在三个乡村。麻罗区在徐闻东北，和海康七区相接，是一个港口，可容大木船。船工和木匠工人不少，此处将来可为雷州对琼崖之交通港口。该区现因土匪利害，成立了四十民团，有百余人在交界之第二区，闻可发展组织，但因久无接头，详情不知。"[2]

透过上述历史档案及亲历者回忆资料的细节，人们无不可以看到，徐闻山面积之大足以容数万乃至十万人藏身；1926 年至 1927 年山内土匪势力已趋于溃散；1928 年 1 月前，徐闻山傍的麻罗区三个乡村有特支二个；麻罗区与海康七区交界处也即徐闻山傍之徐闻第二区有 100 多人，可建立组织。而这 100 多可建立组织的人，是否是林廷华回忆中的刘军、陈光礼领导的遂溪暴动农民？这就需要进一步去探索。因为历史的纵向发展并不意味没有横向联系，在历史的前进轨迹中可以找到无数的交叉符号，然而后人在研究时往往会把这些交叉符号忽略。

因此，要了解《中共广东南路特委给广东省第一号报告》中的徐闻山傍之徐闻第二区可建立组的 100 多人，是否是刘坚、陈光礼领导的暴动农民队伍，就应该从熟悉敦文文史馆存史料——《黄学新关于遂溪六区、七区

---

[1] 广州市政协文史资料研究委员会：《南天岁月（陈济堂主粤时期见闻实录）》，广东人民出版社，1987 年 11 月，第 364、367、368、369 页。

[2] 中央档案馆、广东省档案馆：《广东革命历史文件汇集》（1927—1935），1983 年 12 月，第 245—246 页。

暴动农军去向的口述材料》（未公开出版，下称“黄学新口述材料”）开始，因为在国共第一次合作时，黄学新任遂溪县农民协会副委员长，陈光礼、刘坚分别任国民党遂溪县党部常务执委和监委；黄学新与陈光礼是遂溪县第六区云楼圩暴动的主要领导人，且陈光礼是黄学新的妻弟。用“黄学新口述材料”的话来说，是“1927年旧历四月下旬（即1927年5月下旬，笔者注），薛文藻从香港返回乐民。旧历六月底，薛文藻与黄杰等人在海康东海仔、遂溪乐民一带发起农军暴动后，遭受余汉谋团镇压而失败。旧历七月，黄河沣勾结法国人走狗陈学谈四处追杀薛文藻、黄广渊、陈光礼、黄斌、黄杰等。河沣还亲自率清党队在遂溪六区、七区，海康四区、七区追捕烧杀。由于当时海康、遂溪县委已被破坏，韩盈等被捕杀害，海康、遂溪与南路特委和南路农民军总指挥几乎没有联系。为了保存力量，薛文藻等决定将暴动农军所有枪支埋到蒲草田里，人员分散潜伏各地。约在旧历七月中下旬，薛文藻前往香港报告工作。不久，黄埔军官学校三期毕业生黄学家，接到黄学增的密信后，从南京返回家乡敦文，便与陈光礼、薛经辉、刘军和我商议决定：为避开黄河沣率清党委员会及兽兵的狂疯追杀，由刘坚、陈光礼率领身份已经暴露的150多名农军前往徐闻山安营扎寨，开荒种田；由我以习武为掩护，秘密组织20多名农军隐蔽于敦文‘尚武堂’。大约在旧历九月下旬，刘军、陈光礼率六区、七区农军150多人，从江洪寮仔上船，开往麻罗进入徐闻山。于此时，黄广渊在河头水妥被杀后，他母亲也率领海山等村30多名农军潜伏到保安圩去。次年夏，在黄学增秘密赴琼崖履职时，途经东海岛时，指示陈炳森等协助，将黄凌氏领导的农军撤到东海岛并让陈炳森通过黄时熙给我带来一封信，在信中交代尽快把徐闻山农军转移岭仔，远离山上土匪。而刘坚 、陈光礼率领进驻徐闻山的农军，经过两个多月的努力，开垦了将近100亩土地并种植了番薯、水稻等农作物，开挖了水井，搭建茅房20多座，60多间，酷如一条小村落。同时，改造了陈中华这群土匪为农军，还积极派人去做其他土匪政治工作。旧历10月初，在读广东法官学校的黄而举又名黄铁雄，在薛文藻的安排下，也返回家乡敦文。而在这个时候，黄河沣又在海山、余屋等村设有反动据点，日夜加紧追查捕杀参加过暴动的农军，黄广渊又被杀害了的情况下，我便与黄而举、黄学家前往徐闻山找到陈光礼、刘坚等商议，决定我与陈光礼前往岭仔，劝说老某（符俊岳）接受隐藏在敦文及分散在江洪、纪家一带的农军上岛避难。我与陈光礼从徐闻山返回后，便从江洪寮仔开船到岭仔。在岭仔的三天里，我用'风水'分析岭仔、冠头岭和涠洲湾（即涠洲岛）位置，劝说老某：岭仔孤悬海上，唯有接受农军上岛，团结起来控制了涠洲湾及冠头岭，才是长远发展之计。老某也因此接受了农军上岛避难，但规定人数暂不能超过 100 人。冬至后不久，陈光礼率薛经辉、武作林率农军将近 100 人，由江洪蛇头地上船前往岭仔。农军进驻岭仔后，派薛经辉等三人进入芒街碗厂打工，去争取碗厂工人支持我们。符俊岳是第七区（遂溪县的一个区）草刺园村人，家境清贫，因天旱失收，交不上租谷，父亲被地主殴打致残，无钱医治而死；母亲一气之下，上吊身亡。后来，他杀死了害死父母仇人，聚集 10 多名青年农民逃进徐闻山，不久成为山中匪帮的一个头目。1925 年底，为了躲避革命军的清剿，他带领将近 100 人，逃往斜阳岛，占岛为王。1928 年旧历九月初，黄学增返回广州湾参加中共广东南路特委会议，在这次会议上，决定陈光礼担任遂溪县委书记。而此时，又是'革命军'第二十四师师长黄质胜率领军队狂疯围剿徐闻山最激烈的时候。遂溪县委便决定派黄学家、黄而举进入徐闻山，与刘坚、陈中华等商议将受困于徐闻山的农军转移到岭仔。在徐闻山的农军转移去岭仔期间，黄学家、黄而举返回雷城监视敌军活动，被海康县警卫队逮捕，押送到'革命军'第二十四师黄质胜师部受审，后转押到海口的广东南区善后委员会公署监禁处理。在黄学家、黄铁雄被捕期间，遂溪县委也在第二区、第三区、第六区、第七区分别召开公民大会，发动群众联名签字申请保释他俩。南路特委还通过省济难会出钱并协助多方营救。在徐闻山农军转移到斜阳岛后，中共遂溪县委在涠洲岛召开改编大会，将岛上农军为两营。符俊岳原来的绿林队伍统一编在农民自卫军第一营，老某为营长，并发布了《安民告示》。在徐闻山农军转移到岭仔的三四年时间里，陈济棠多次派兵攻打徐闻山土匪，而徐闻山内的土匪也由此基本逃散。岭仔农军便也借此机会重返徐闻山，并成功策反部分剿匪兵士。这些被策反的部分剿匪兵士经过收编后，正式打出红军旗号。这年冬天南区绥靖公署陈章甫坐镇北海，在广东海陆空军配合下，岭仔被攻陷。老某阵亡。薛经辉、陈中华、黄二等被捕送到北海牺牲。岭仔被国民党陈章甫部队攻陷后的第二年，从岭仔转移到徐闻山拉起红军旗帜的农军，也被陈章甫部队全部杀害。”

虽然“黄学新口述材料”是来自民间的搜集，但翻开枯黄的历史档案，人们不难看到，这一来自民间的史料记载，却与上引1927年7月21日，南路行政视察专员公署《快邮代电》的“海康谢县长遂溪林县长徐闻谭县长览谢县长元邮电称，黄学增等运动乐民市附近（两字迹难辨）村及勾结匪帮及东海仔黄虎吕（黄杰）逆军协谋不轨，俟香港枪到予以大帮攻雷城，分帮攻徐闻等（两个看不清）谢林谭各县长（有四个字分不清）防范，一面由各该县等联合分（有一字辨不清）团警（有一字看不清）法兜载围拿解办，以遏乱萌仍候”；与上引1927年10月8日，广东省政府令军字第七七四号通缉令称：“总司令部务字第八四三一号令开：案准中国国民党广东省清党委员会函开，现据高雷区清党委员会呈称：呈为呈请通缉：及窃查逆党黄斌黄杰等。勾结土匪，扰乱海遂各区，经职会会同革命军第三十一团（余汉谋任团长，笔者），派队剿击，各情业经先后电呈察核在案”；与中共广东湛江地委党史办公室、中共广东遂溪县委办公室、中共广西北海市委党史办公室合编的《斜阳岛浴血—1927至1932年斜阳岛武装斗争记》的“乐民农军决定派陈光礼、黄学新秘密乘船前往北部湾上的斜阳岛暂避并继续战斗”[1]；与1930年3月13日《呈请准保释黄学家黄铁雄由》的“窃遂溪属第六区敦文村有黄学家、黄铁雄者……于民十四年（1925）正月间同赴省垣求学，黄学家考入黄埔军官学校肄业至毕业遂依军校分派留校服务，历经两载，民十六年（1927）七月间，随该校学员队调遣南京，是时蒋总司令辞职东游。乏人主持，乃由南京请假，九月间，买舟归梓。同年，黄铁雄考入法官学校肄业，奈因贫学费靠姑母供给。而民十六年六月间姑

[1] 中共广东省委党史资料征集委员会、中共广东省委党史研究委员会办公室：《广东党史资料》第二辑，广东人民出版社，1984年，第247页。

母逝世，家内困乏，寡母不能筹措接济，迫得向校长呈请休学，十月间，转身返里。自顾家贫如洗……因闻雷属禁烟事宜，有另行批商承办消息，黄学家、黄铁雄两人张罗资金，本拟承该项税务，故两人来雷城，正拟与总商接洽……不料海康县警卫队前队长蔡某……竟以共党罪名架害，拿送前革命军第二十四师部，转前南区善后委员会公署办理……经地方公民大会联名，呈请保释在案。旋因南区善后委员会公署办理结束在即，不及核夺。旋行致将移交琼崖地方法院办"[1]；与高州档案存黄学家、黄铁雄的问话记录所称的"民国十七年旧历九月十三日被拿"及"民国十七年旧历九月中旬被扣留"[2]；与1928年11月13日《广东省济难总会给全国济难总会——关于广东白色恐怖及救济工作情况，省总党团改组与今后计划（第三号）》的"南路特委交通处及遂溪、化县、茂名被捕的同志均给款设法运动出狱……遂溪一区月前被捕去农民同志九十余人，此区域工作是新发展同志们还没很深的色彩，所以得放回八十多人，未放的还有大约十人。最近又捕去6人。但是第四区被捕去的同志三人，或可以设法营救。被捕去前在电白负责之杨绍材兄弟二人，农民同志六、七人，杨同志已牺牲。近又捕去县委邓同志一人"[3]；与1928年9月10日《中共广东省委最近的重要决议案—接受党的第六次全国代表之指导、对全省工作的决定》的"琼崖、南路两特委将来合并，即设一特委于海口，同时负指导南路工作，这一方可健全琼崖的指导工作，一方指导高雷、梅菉，比广州湾交通反为便利。但目前海口工作太弱，而南路又只有高雷有工作，仍以在广州湾指导为便，所以两特委暂不合并，但须互派人参加，以求工作有好的联络"[4]；与1928年12月31日《广东省干部分子调查表》第十三点黄学增"现任党工作：省候

[1] 高州档案馆存：茂名党部档案资料。

[2] 高州档案馆存：茂名党部档案资料。

[3] 中央档案馆、广东档案馆：《广东革命历史文件汇集（苏维埃、工会、农会文件）》（1927—1932），1982年11月，第437、441页。

[4] 中央档案馆、广东档案馆：中央档案馆、广东省档案馆：《广东革命历史文件汇集》（1927—1928），1982年10月，第181—182页。

补常委”，“过去党工作的历史：历任广宁、西江各县县党部书记及农运，南路地委书记，西江巡视员，南路特委常委，省委委员，琼崖特委书记”；与第八十九点陈光礼“现任党工作：遂溪县委书记”；“过去党工作的历史：遂溪县委[1]；与《中国共产党遂溪地方史》的“1928年5月（这个时间应该商榷，笔者注），符振岳的队伍正式改编为农民自卫军，总指挥陈光礼（1929年春薛文藻上岛后任副总指挥）。符部编为第一营……并散发了由陈光礼、武作林《安民布告》：‘照得蒋贼介石，卖国反党殃民……倘有军士不法，准到本部指明……务宜切守依遵’”[2]；与1932年5月24日《中共中央巡视员定川汇报两广工作—两广形势及各县组织情况及苏区状况》的“徐闻方面有伍［武］装队伍七、八百人，没有正确领导，中间有许多同志，还有国共时代同志。”[3]与1932年6月26日《中共两广工委通讯（广字二号）》称“（1）以余汉谋第十一军全部第四师和第一、二独立旅以第五师进攻海陆紫和陆惠苏区，以二三个团进攻徐闻山红军……（8）徐闻红军——据报所载，陈章甫剿办束手，枪支约一千左右”[4]；1933年1月3日在雷州南区绥靖公署徐闻山剿匪会议记录称“匪情：综合最近各方探报。徐闻山股匪。迭被我军痛剿后。残余男女匪帮。不过三百余人。长短枪约二百余枝。仍在迈老窝。竹林安马一带啸聚。原有刘团叛兵。近闻悉被匪众缴械……徐闻山东西斜长八九十里。南纵深亦五六十里。林深茂密。除本署开发之道路外。军队进出运动。俱感困难……原有山内村落。均已破废。久无居民。旧有井水不能汲食”[5]；与1933年2月26日第一教导师第二团团长梁公福提交南区绥靖委员会公署《徐闻山叛兵及土匪花名清册》的《第四独立团第六连叛兵姓名表》的“少尉排长 黄夏卿……号兵黄少新……班长 黄

[1] 中央档案馆、广东档案馆：中央档案馆、广东省档案馆：《广东革命历史文件汇集》（1927—1928），1982年10月，第197、213页。
[2] 中共遂溪县委党史研究室：《中国共产党遂溪地方史》，中共党史出版社，2004年，第77—78页。
[3] 中央档案馆、广东省档案馆：《广东革命历史文件汇集》（1932），1982年12月，第90页。
[4] 中央档案馆、广东省档案馆：《广东革命历史文件汇集》（1932），1982年12月，第151页。
[5] 雷州市档案馆档案资料。

永泉……列兵黄庆元……”[1]的载称基本一致。且按中共广东南路特委给省委的报告，遂溪县委1928年7月前后设在六、七区。[2]而“黄学新口述材料”中的“黄学增赴琼履职时，途经东海岛，指示陈炳森”之说，虽没文献记载，但《中国共产党海口历史》有1928年“8月上旬，为加强府海地区工作，琼崖特委书记黄学增到海口市整顿党组织。他在海口市白沙乡三望村陆国宪家秘密召开党员会议，改选中共海口市委。与会者有严鸿蛟、陆国宪、苏天春、谭荣光、潘子裕等。改选结果严鸿蛟任市委书记，云昌江、陆国宪任市委委员，潘子裕任交通员”[3]的记载，这可证明前引《广东省政府令军字第七七四号 十六，十，八》通缉的东海岛苏天春此时与黄学增在海口。这还可从《中国共产党湛江历史》的“1927年冬，苏天春走避南洋、香港……次年被派往海口从事工运”[4]的记载得到佐证，且苏天春是广东“四·一五”后，海康东海仔暴动的主要领导人之一，对东海岛到海南岛的水路情况应该较为熟悉。而陈炳森既是介绍苏天春认识黄学增的同乡[5]，又是1924年与黄学增等在广州分别向中国国民党中央执行委员会控告雷州伪善后处长陈学谈和请求严惩陈学谈恶探陈怀琦等；1926年任雷州总工会执行委员长[6]及广东“四·一五”后，被广东省政府列为遂溪漏网重要分子进行通缉，且据史料反映当时东海岛有货船通往香港及海南岛。因此，“黄学增赴琼履职时，途经东海岛，指示陈炳森”之说，未必不可信。

---

[1] 雷州市档案馆档案资料。

[2] 中央档案馆、广东档案馆：中央档案馆、广东省档案馆：《广东革命历史文件汇集》，（1927—1935），1983年10月，第292页。

[3] 中共海口市委党史研究室：《中国共产党海口历史》第一卷，中共党史出版社，2008年，第166页。

[4] 中共湛江市委党史研究室：《中国共产党湛江历史》第一卷，中共党史出版社，2011年，第150页。

[5] 中共湛江市委党史研究室：《南路农民运动史料》，广东人民出版社，1997年4月，第246页。

[6]《党员黄学曾等请愿书》，中国国民党汉口档案资料，中国社会科学院近代史所藏。《黄学曾请愿书》，中国国民党汉口档案资料，中国社会科学院近代史所藏。《广东雷州总工会执委会呈文》，中国国民党五部档案资料，中国社会科学院近代史所藏。

第二节　中共广东南路特委的建立与广东南路农民暴动

中共广东区委从蒋介石制造“中山舰事件”开始的系列反共事件中，已逐步认识以蒋介石为代表的国民党新右派的反动本质，不断提醒各地党组织做好应付突然事变的准备。“‘四一二’前夕，区委获悉蒋介石在上海召开反共秘密会议，准备对共产党施行高压政策的消息后，赶在到沪参加会的广东右派头目返穗之前，广东区委已下令各地准备对反动派，并指定专员到各地负责指挥：派罗绮园、周其鉴到北江，黄学增到西江，杨善集到琼崖，黄居仁到潮梅，何友逖到惠州，中路由区委直接指挥，于5月初全省举行总暴动，并派专差送信去海陆丰地委。不料国民党反动派在15日即发动大屠杀，区委立即转入秘密状态，派往各路的专员除北江外，还留在广州没有出发。”[1]但广东共产党人没有被这形势的急剧变化所吓倒，“自广州四月十五日事变后，各地农民奋斗暴动，两月以来，表面上虽给反革命派次弟镇压摧残，然已给反革命派重大打击……惟各地党部，未能积极领导农民群众，继续有计划的暴动，转使反动派在政治上暂时得到安定……我们必须坚决地鼓动农民起来进行有计划的暴动”[2]，至1928年夏共有51个县先后举行了150多次起义[3]。据史料记载，广东南路的遂溪、海康、廉江、吴川、茂名、信宜等县，在1928年夏前均发动了农民武装暴动。而中共广东委为什么能够迅速应付广州“四·一五”事变，并发动如此大范围的农民武装暴动？

除了上面陈述的原因外，更主要的是广东农民运动基础较好。用1927年9月22日出版的第二期《省委通讯》中的《中共广东省委通告（第十四

[1] 中共广东省委党史研究室：《广东工农武装起义（1927·4—1928·6广东工农武装起义学术讨论会文集）》，广东人民出版社，1991年第1版，第39页。

[2] 中央档案馆、广东档案馆：中央档案馆、广东省档案馆：《广东革命历史文件汇集》（1927甲），1982年10月，第1页。

[3] 中共广东省委党史研究室：《广东工农武装起义（1927·4—1928·6广东工农武装起义学术讨论会文集）》，广东人民出版社，1991年第1版，第23页。

号）—南方局、省委联席会议的最近工作纲领》的话来说，是“中央及省委为什么决定广东暴动？这完全是根据于广东工农群众的伟大力量与剧烈斗争……”[1]。然而，对于当时广东南路农民这股革命力量的作用，可从阮啸仙在《广东省农民一年之奋斗报告大纲》的“民国十一年至十二年间的海丰农民为有组织的奋斗……十二年至十三年间：顺德农民为反对民团苛抽，组织顺德第一区云路乡农团为劣绅土豪勾结县长周之贞不准立案，转而秘密运动，此为南路有农民运动之起点……民国十三年秋……东莞霄边锦夏等乡，因反抗虎门要塞司令廖湘芸及联团之卅余种苛捐成功，并成立了第一区农民协会……十四年二月间实际参加第一次驱逐陈炯明之役……陈廉伯等运动民团土匪从西江北江南路三角洲等处起来响应，及黄埔党军进攻东江，农民事前已在东莞霄边等处实行应敌……援助省港罢工工友，农军帮助罢工纠察队，载留仇货……南路农民帮助封锁虎门，容奇，澳门，深圳……雷琼农民帮助封锁琼州海口”；《广东省农民协会第二次代表大会宣言》的“在第一次代表大会闭会未久，霹雳一声，六月六日的一周间，叛党叛国的杨刘公然做英帝国主义的走狗，谋颠覆国民政府……南路东莞宝安一带的农友，统一在省农民协会的指挥底下，一致起来。或武装来省预备参战，或出农军截断滇桂军逃窜之后路，或收缴广三路线滇军枪械，或为党军侦探，运输，向导，皆不惜牺牲性命，站在革命的联合战线上，一鼓荡平杨刘”[2]之阐述略知概况。

中共广东党组织及南路党组织之所以能够成功地发起农民暴动，除了八七会议确立的正确方针及大革命时期奠定的工农基础等因素外，还有一个特别重要的原因，就是起义地区中共地方“特委”这一领导暴动组织的建立。这从1927年12月1日《中央通告第十七号—关于党的组织工作》的“特委之组织是临时性质的，即为工作需要的临时组织，如为某几个区域或某

[1] 中央档案馆、广东档案馆：中央档案馆、广东省档案馆：《广东革命历史文件汇集》（1927甲），1982年10月，第86页。

[2]《中国农民》第一卷第六、七期合刊，1926年7月，第2—12页。

几县分的工农联合暴动而组织的指挥机关，其权力当然可以指挥当地整个党的工作，但不是经常的党的系统”[1]；1927年9月16日《惠潮梅农工救党军总指部代表给中央的报告》的“自四月十五日蒋介石叛变，大加捕杀C·P及左派，汕头地委指导潮梅每县支部领导工农暴动反抗……因莫有系统计划，各自为战，此起彼伏，缺乏统一指挥及与海陆丰联络，广东区会有见及此，决定组织东江特别委员会，负责指挥全东江党务、政治、军事……在农工救党军总指挥部则组织一个前方特委……督率同志工作及军事行动”[2]之内容得到充分体现。

虽然，中共广东南路特委对农民暴动作用的历史事实，在《中国共产党湛江历史》已有了较为详细的叙述，可是，该地方党史没有充分地活用中央档案馆、广东省档案馆的《广东革命历史文件案集》中所包含的全部史料，并且所选取的史料中，对相关特委和农民之间诸多问题的记载，也没有做详细的分析。因此，本节在活用上述先行研究的同时，对没有被充分反映出来的中央档案馆、广东省档案馆合编的《广东革命历史文件案汇集》所包含的史料以及当时的报纸等披露的消息进行重新分析并概述中共广东南路特委的建立对广东南路农民暴动的作用。

中共广东南路特委成立于1925年9月下旬。其成立之目的是为了配合国民政府派兵南征军阀邓本殷，统一广东。用《中国共产党历史》的话来说，是：“在第二次东征期间，国民政府还派部队进剿盘踞广东南路的军阀邓本殷。中共广东区委为配合这次军事行动，成立了以黄学增为书记的南路特别委员会。朱克靖、张善铭、廖乾五等共产党员带领政治工作人员深入民众，大力开展宣传和组织工作。南征部队在12月占钦州、雷州后，于1926年1月中旬渡海作战，收复海南岛。”[3]虽然这个“特委”产生的时间，是在国

[1] 中共中央组织部、中共中央研究室、中央档案馆：《中国共产党组织史资料》第八卷，《文献选编》（上），第155页。

[2] 中央档案馆、广东档案馆：《广东革命历史文件汇集（中共东江特委文件）》（1927—1934），1983年5月，第1—2页。

[3] 中共党史研究室：《中国共产党历史》第一卷上册，中共党史出版社，2002年，第139页。

共第一次合作期间，但其成立的起因及作用、对土地革命时期广东南路农民暴动的影响绝不是无足轻重的。因此，这就需要从这个中共广东南路特委成立以前广东南路共产党人的一些活动谈起。

载于1925年8月5日《广州民国日报》第二版的《八属各界团体联合会筹备处启事》一文称："高雷钦廉琼崖罗阳八属团体公鉴本会业经筹备就绪定于八月六日（星期四）十二时……开成立会……"载于1925年8月7日《广州民国日报》第三版的《八属各界团体联合会成立情形》一文称："八属旅省各界、以邓贼本殷勾结帝国主义宰制八属、图谋危害革命政府、形势日趋严重、一船被压迫民众痛苦日深、经屡次请愿政府早日出兵南征、但因无联合组织、缺少宣传、在政府方面、固置若罔闻、即社会方面亦未曾留意、致使八属复为帝国主义势力范围……八属各界团体有见及此、昨星期日即召集各界团体……开请愿政府肃清南路代表大会、分向国民党中央执行委员会及国民政府省政府请愿、并在大会通过组织各界联合会……昨日（六日）下午一时该会筹备妥当……开成立大会、到会团体三十五个、代表二百人……通过章程、选举职员请愿广东各界对外协会召集各民众举行大示威运动……"载于1925年8月8日《广州民国日报》第三版的《举行统一全广东省之示威大运动》一文称："广东各界对外协会于七日开第廿二次会议……琼雷八属代表报告……邓贼本殷在高雷琼八属、压迫人民……一致议决于八月十一日……举行［统一广东全省］示威大巡行……"载于1925年9月7日《广州民国日报》第十一版的《八属党员大会情形》一文称："六日二时八属旅省国民党员为联络感情、促进八属党务起见，在广大礼堂开会、到者三百余人……公推符梦松同志主席……定名中国国民党八属旅省同志会、即席由每县推出二人……"

详阅上面所引当时报纸披露的四则消息，可以看到，在中共广东南路特别委员成立之前，广东南路八属在广州的各界人士，为促使国民政府早日决定南征军阀邓本殷，成立了"八属各界团体联合会"；在广州的国民党员，为联络感情，促进党务，成立了"中国国民党八属旅省同志会"。虽然在上述广东南路八属这两个团体成立的报道中，未能看到中国共产党人在其中所起的作用，但是，从《广东革命历史文件汇集》中的“南征大军出发之际，共产党员黄学增、王文明等在广州发起‘广东高雷罗阳钦廉八属旅省革命团体联合会’，动员组织一批革命青年随军出发……”[1]所披露的消息中，可以看到，在中共广东南路特别委员成立前，为统一广东全省建立良好的群众基础，以黄学增、王文明为代表的南路共产党人，发起广东南路八属革命团体联合会等团体，动员南路一批青年随军出发。

中共广东南路特别委员会成立后，在黄学增的领导下，“在共产党员、青年团员的秘密宣传和组织下，长期遭受邓本殷残暴统治的广大群众热烈拥护和支持革命军。南征军所到之处，老壮妇孺夹道欢迎，并在大道两旁摆上茶水、食物，供南征军饮食”[2]。由于得到广东南路人民群众的大力支持，自一九二五年“十月初，国民政府以第四军第十师为南征主力”开始，至一九二六年“二月中旬，南征军在琼崖追歼残敌，清剿土匪，肃清了全岛”[3]止，在不足五个月时间里就取得了南征的完全胜利。广东全省也完成了全面的统一。由此，可以看到，共产党人推动和发动广东南路民众，积极参与的南征军事行动全面胜利，为广东南路共产党人学习开展武装斗争，为广东南路农民团结起来参与反抗斗争提供了机会。用《广州民国日报》的《雷州农工运动之热烈》一文的话来说，“雷属一般农民工人、久受邓贼本殷及土匪之摧残、已渐觉悟、知非固结团体不足以图自卫……”[4]因此，这对研究第一次国共合作破裂后，广东南路和海南共产党人能够迅速地发起武装反抗国民党反动派武力镇压的农民暴动，具有深刻的历史意义。

南征结束后，从1926年5月召开的广东省第二次农民代表大会《会务总结报告》的“到去年十二月时，广东的政局是东江残寇肃清，高雷已定，

[1] 中央档案馆、广东档案馆：中央档案馆、广东省档案馆：《广东革命历史文件汇集》（索引），1992年10月，第31页。

[2] 铁岩主编，姚林、曹希岑、李东明著《绝密档案—第一次国共合作内幕》（上），福建人民出版社，2002年，第410页。

[3] 中央档案馆、广东省档案馆：中央档案馆、广东省档案馆：《广东革命历史文件汇集》（索引），1992年10月，第31、37页。

[4] 中共湛江市委党史研究室：《南路农民运动史料》，广东人民出版社，1997年，第159页。

琼崖指顾可下，西北隅无事，已成统一之局……本会因感到有些地方是鞭长莫及了……乃将全省划分七个区，除中路外，每区设一办事处……广东省农民协会南路办事处设在梅菉，茂名、电白、信宜、化县、吴川、廉江、海康、遂溪、徐闻、阳江、阳春、钦县、防城、合浦、灵山，十五县属之”[1]的内容披露的消息中，可以看到，广东南路的行政范围只包括上面15个县。而此时的中共广东南路特别委员会的管辖范围及职能等，又是怎样演变的，至今虽然未能找到文献的记载，但是，《中国共产党湛江历史》有“1927年8月7日，中共中央在湖北汉口召开紧急会议……8月间，曾参加中共旅法支部，大革命时期在广东省农协担任农军部主任的彭中英，奉中共广东省委之命，由香港返回南路地区领导革命斗争。在此之前，曾任省港罢工委员会纠察委员会军务处主任兼大队长的薛文藻，于5月间由中共广东区委委派，从香港返回雷州半岛秘密活动，设法联络各地党组织，恢复工农群众团体和组建工农武装。彭中英抵达南路后，随即在广州湾赤坎召开各县党组织负责人开会，传达中共中央和广东省委的有关指示，宣布成立中共广东南路特别委员会，由彭中英任特委书记，朱也赤、梁文琰、陈信材、卢宝炫、杨枝水、黄广渊、梁英武、刘傅骥、薛文藻、刘邦武为特委委员。同时，还成立了共青团南路特别委员会，由王克欧任书记”[2]；大革命时期海康县第四区农民协会委员纪继尧的《大革命时期的海康农会草录》有“一九二七年某月，农会完全解散……上级也派来方景同志在赤坎暗中组织地下机关，秘密联络海遂农会旧人员”[3]；何锦洲的《访问彭中英先生的记录稿（节录）》有“1927年二三月间，黄学增调到高要等地……这年夏，我到广州湾赤坎，与各县同志开会，成立南路特委，以彭中英为书记，委员有朱也赤、梁文琰、陈信材、卢宝炫、杨枝水、黄广渊……薛文藻（后做反动县长）、刘帮武等”[4]；何锦洲访问陈信材的《第一次国内革命战争时期南路人民革命斗争

[1]《中国农民》第一卷第六、七期合刊，1926年7月，第1—6页。
[2] 中共湛江市委党史研究室：《中国共产党湛江历史》，中共党史出版社，2011年，第112—113页。
[3] 中共湛江市委党史研究室：《南路农民运动史料》，广东人民出版社，1997年，第224页。
[4] 中共湛江市委党史研究室：《南路农民运动史料》，广东人民出版社，1997年，第233—234页。

史》有“一九二七年八月，省委派彭中英回南路传达中央指示，‘宁汉分裂，武汉成立肃反委员会，各省成立分会支会’……同时十二月……肃反委员宣布解散”[1]的记载。而前述也有薛文藻《自白书》的“至一九二七年四月间，国民党揭反动面目，开始‘清党’……被残杀的同志和纠察队员千余人，我幸脱险奔香港。至五月间，派回三雷秘密活动，恢复党和农工会的组织……”记载。虽然上引的地方党史及何锦洲访彭中英先生对中共广东南路特委成立时间的记录，今尚不找到文献的记载，但是，从前面引述1927年11月9日的《中共广东省委致南路特委函——批评南路过去工作缺点和改组问题》有“省委否认你们这种意见，以为‘海康、遂溪各县的暴动，多是根据该地主观条件自动地去做，未经总指挥的命令……（原文如此）不遵照科学的规则去做’是错的。实际上特委不亲自去有方法的领导群众暴动，似乎反说群众要等待各县整个计划准备好才动手，方为正当办法——也许就是所谓的规则……2、没有坚决执行党的政策，在几次暴动中，你们对豪绅地主杀的非常少……3暴动失败后，特委便提出军力训练及发展党，而停止农民暴动。这种错误，已经省委严厉批评，但特委仍未切实改正……同志为南[路]巡视员，代表省委指导南路一切工作，同时根据十五号通告组织问题决议，特委即可取消，详细计划由同志到各县、市考察后，召集各地党负责议讨论决定，再交省委批准……”之载称，从所披露的消息中，可以看到，中共广东南路特委成立于海康、遂溪各县农民暴动之前。而从前文透露出来的史料中，可以看到，1927年，海康、遂溪农民暴动发生时间不会迟于当年的8月初旬[2]，因此，上引的《中国共产党湛江历史》称1927年8月间，彭中央在广州湾赤坎成立了以彭中英为书记的中共广东南路特委的时间节点，值得认真商榷。虽然上引《大革命时期的海康农会草录》及《第

[1] 中共湛江市委党史研究室：《南路农民运动史料》，广东人民出版社，1997年，第201—202页。

[2] 据上引的1927年10月8日，广东省政府令军字第七七四号通缉令称，镇压海康、遂溪夏秋间农民暴动的国民党军队是驻防高雷地区的革命军三十一团，而1927年8月8日始由国民革命军第二游击接防。见高州档案馆藏《国民革命军第二游击司令部公函第三十三号》的“总司令命令接防高雷钦廉……特于北海设立司令部外于梅菉设立行营经于八月八日设部办事……”

一次国内革命战争时期南路人民革命斗争史》的两篇回忆文章中，所披露的消息至今也找不到文献佐证，但是所谈及的政治环境均与当时的史实基本吻合。尤其是《大革命时期的海康农会草录》的“上级也派来方景同志在赤坎暗中组织地下机关”之说，对研究大革命失败后的中共广东南路特委建立时间来说，更应该引起关注。这是因为，在《中国共产党湛江历史》及相关口述史实中，除了《大革命时期的海康农会草录》谈及到方景同志外，均未见何处提及。然而，方景同志是遂溪县人，黄学增的战友。1924 年，他已经投身第一次国共合作，7 月 29 日，在与黄学曾等联名向国民党中执会的《请愿书》上署名：中国国民党广州市第一区第一区分部遂溪籍方景；南征结束后，曾任职雷州绥靖委员会[1]。

中共广东南路特委成立 4 个月后的 11 月，南路特委遵照省委指示予以取消[2]，至 1928 年 2 月底，省委才又决定由杨石魂、周颂年及工农同志三人共五人组织恢复了中共广东南路特委，指定杨石魂为书记。[3]随着形势发展的需要，4 月 15 日至 20 日，南路特委在化州召开南路特委扩大会议，选举了杨□□、周□□、卢□□、黄□□（C·Y 巡视员）李□□、梁□□，而杨□□ 为书记，周□□、梁□□ 为常务委员，组织委员、秘书处亦组成以徐□为秘书，易□为组织科（兼会计），邱□□ 为宣传科（兼印刷、分配），李□为交通科。特委下设军委，以王□□ 为主任，黄□、薛某为委员。特委地址定于广州湾赤坑。[4]根据史料考证，此处的杨□□ 即指杨石魂；周□□ 即指周颂年；卢□□ 即指卢永炽；王□□ 即指王公唯；黄□即黄中。在这次南路特委扩大会议上，对各县党组织恢复建立、土匪收编及武装斗争工作均做了详细布置，并认为“南路（此处应该漏掉‘特’字，笔者注）委到现在才算是正式成立”[5]。

[1] 见中国社科院近代史所的中国国民党汉口档案资料；中国国民党五部档案资料。

[2] 中央档案馆、广东省档案馆：《广东革命历史文件汇集》（1927 甲），1982 年 10 月，第 135 页。

[3] 中央档案馆、广东省档案馆：《广东革命历史文件汇集》（1928）（1），1982 年 11 月，第 352 页。

[4] 中央档案馆、广东省档案馆：《广东革命历史文件汇集》（1927—1935），1982 年 12 月，第 230 页。

[5] 中央档案馆、广东省档案馆：《广东革命历史文件汇集》（1927—1935），1982 年 12 月，第 231 页。

为落实省委‘夏收全省总暴动’的政策任务及适应现时代的要求，1928年6月10日，中共广东南路特委在给各县市委的信中称，“决定于七月一日开南路各县、市党部的代表大会……请求省委专派一人参加，指导大会”[1]；次日，杨石魂又在给省委的信中称“在这次七月一日的南路各县、市党部代表大会中改选南路特委”[2]；6月26日，南路特委给省委的报告称，“李本花同志已返，带来省委编定之各地代（此处漏了‘表’字，笔者注）名单收到……决定南路代表大会改期为7月10日开会（即旧历五月二十三日）……（二）请催促周颂年同志即返。（三）请即付来三百元交周同志带返，如周同志未能返时，可交陈周鉴同志带返……”[3]

讲到1928年下半年中共广东南路特委的改选计划，不能不提到当年7月16日《中共广省委致南路特委信——努力准备暴动工作》和7月31日《中共广东南路特委给省委的报告（第八号）——关于兵变问题》的这两份文件，因为通过这两份文件可以看到1928年7月拟召开的“南路代表大会”，省委派来指导大会的周颂年7月28日回到南路特委时，适逢高州兵变，而7月31日前，特委书记杨石魂去了高州。因此，南路拟改选特委的代表大会没有召开，只是改组了特委常委会。用7月16日省委给南路特委信的话来说，是“六月二十六之第七号报告及各种文件均已收到。南路代表会议省委已派周同志代表前往参加指导，一切工作计划，当可由该代表大会解决……周同志已调回常委工作，代表会议后即须归来，不能过两星期（自到的日起）”[4]；用7月31日中共广东南路特委给省委报告的话来说，是“周颂年同志偕邓地等五同志已于二十八日到了……昨天龚□□同志由高州回来报告，情形甚佳，今天又得到外间消息，二十八日高州兵变了，这大概是事实吧！”“因此，我们在于第三次常委会议中，对于兵变问题，有很详细的讨论……此

[1] 中央档案馆、广东省档案馆：《广东革命历史文件汇集》（1927—1935），1982年12月，第276页。

[2] 中央档案馆、广东省档案馆：《广东革命历史文件汇集》（1927—1935），1982年12月，第285页。

[3] 中央档案馆、广东省档案馆：《广东革命历史文件汇集》（1927—1935），1982年12月，第323页。

[4] 中央档案馆、广东省档案馆：《广东革命历史文件汇集》（1928），1982年11月，第151—153。

报告写完即接到……高州二十六营确于二十八号暴变……因石兄出发高城，颂兄去梅菉，在此紧张的工作环境中，只是平民包办一切……”[1]

至于这次改组后的特委主要领导人及委员是谁？虽然未能找到文献的记载，但从1928年12月广东省委的《干部分子调查表》之载称可知：易一德、吴家槐、杨枝水是此时的南路特委委员[2]；而从1928年12月23日和31日《中共中央巡视员毅宇给中央的报告》的“南路特委最近又破坏，黄平民被捕”[3]；“南路广州湾机关破坏，黄平民、朱也赤、黄中等十余被屠杀”[4]；《中共广东省委通告》（第四十一号）的“黄平民、朱也赤、黄中等十余同志在南路牺牲”之载称，可以看到，黄平民、朱也赤应该是中共广东南路特委重要领导人。至于《中国共产党湛江历史》载称的“约于7月底，中共广东南路地区各县市代表大会在广州湾赤坎新街头的南路特委招待所召开。与会代表约40人，其中有南路特委全体委员，廉江（4人）、遂溪（3人）、海康（2人）、梅菉（2人）、吴川（1人）、广州湾（1人）、化县（4人）、信宜（1人）、电白（1人）、东兴（1人）党组织的代表，以及共青团、兵委代表和特别指定代表。这次大会改选了南路特委，推选黄平民为特委书记，周颂年、陈均达、朱也赤、陈周鉴、杨枝水、卢宝炫（卢中火）为特委常委，彭中英、李本华、黄孝畴、梁安成、刘邦武、陈信材、薛经辉、车振轮、邱祥霞、易一德、薛文藻为特委委员。特委机关下设工运、农运、兵运、学运、妇运、匪运等工作部门”[5]之说，值得商榷。

在南路特委改组后的八月间，特委在广州湾两次遭受破坏，七人被捕。[6]八月二十九日，南路四个机关遭受破坏。[7]在此期间，遂溪、茂名、化州也

[1] 中央档案馆、广东省档案馆：《广东革命历史文件汇集》(1927—1935)，1982年12月，第343页。
[2] 中央档案馆、广东省档案馆：《广东革命历史文件汇集》（1927—1928），1982年12月，212、214、228页。
[3] 中央档案馆、广东省档案馆：《广东革命历史文件汇集》(1928)(6)，1982年11月，第410页。
[4] 中央档案馆、广东省档案馆：《广东革命历史文件汇集》(1928)(6)，1982年11月，第447页。
[5] 中共湛江市委党史研究室：《中国共产党历史》，中共党史出版社，2011年8月，第115页。
[6] 中央档案馆、广东省档案馆：《广东革命历史文件汇集》(1927—1928)，1982年12月，第157页。
[7] 中央档案馆、广东省档案馆：《广东革命历史文件汇集》(1927—1928)，1982年12月，第158页。

共有一百多人被捕。[1] 而省委也于 9 月初，决定“南路、琼崖两特委将来合并，即设一特委于海口，同时负责指挥南路工作……目前两特委暂不合并，但须互派人参加”[2]。在此之后，黄学增以省委候补常委、琼崖特委书记身份兼任南路特委常委[3]；至于南路特委与琼崖特委是否合设一个特委，这就需要从 1928 年 11 月 29 日的《中共广东省委致琼崖特委信—关于成立南区特委以及中心工作（指字第一号）》说起。

该文内称：“这次大会决议重新布置各路工作，定出城市为工作中心，在南路应注意海口、北海两城市工作之发展，并决定将南路、琼崖二特合并迁往海口，指挥琼崖各属及南路各县工作，指定陈□□、张□□、符□□、谢□□、易□□、黄□□、梁□□等七人为新的特委委员。□□、□□、□□同志为常委，□□为书记，□□为组织、□□为副书记兼宣传，限在一个月内实行合并，合并后琼崖、南路二特委名义取消，名称南区特委。”[4]

广东南路农民暴动的概述

“从 1927 年‘四·一五’到 1928 年春，广东全省先后组织了 4 次大规模的武装起义，从‘四·一五’到‘八一’前为第一次，历史上称为‘讨蒋起义’。从‘八一’南昌起义军进入潮汕为第二次，历史上称为‘策应起义军暴动’。”“第三次起义是以 1927 年 12 月 11 日的广州起义为中心的全省各地武装起义。第四次是 1928 年初的年关大暴动。”[5] 这四次暴动

---

[1] 参阅中央档案馆、广东档案馆：《广东革命历史文件汇集（苏维埃、工会、农会）》（1927—1934），1982 年 12 月，第 437、441 页。

[2] 中央档案馆、广东省档案馆：《广东革命历史文件汇集》（1927—1928），1982 年 12 月，第 181 页。

[3] 中央档案馆、广东省档案馆：《广东革命历史文件汇集》（1927—1928），1982 年 12 月，1982 年 12 月，210、228 页。

[4] 中央档案馆、广东省档案馆：《广东革命历史文件汇集》（1928）（6），1982 年 11 月，第 271—272 页。

[5] 中共广东省委党史研究室：《广东工农武装起义—1927·4—1928·6 广东工农武装起义学术讨论会文集》，广东人民出版社，1991 年，第一版，第 41 页。

是中共地方特委独立领导的武装斗争，为中国土地革命战争的掀起做出了特殊的贡献。而富有光荣革命传统的广东南路人民，在广东这四次暴动中，也都没缺席。下面按时间顺序进行概述。

1. 暴动前的晦暗天空

广州发生“四·一五”屠杀后，广东南路的形势也急剧变化。5月28的《清党运动中之高雷状况》一文载称：

此次清党运动发生，各处社会均起极大之变动，高雷方面最近之状况，均为社会上所欲知。兹探录如下。

一、（一）青党之自觉。以前之高雷青年不迷于宗法封建思想，做个人主义地方主义之工作，即为C·P所利用，误走歧途。真正明了孙文主义为孙文主义去努力奋斗者，实属寥寥无几。自党务视察员林云陔、青年运动特派员陆冠莹、工人运动特派员郑丰返高后，一般青年遂逐渐觉悟起来，并组织革命同志社，以宣传及实行孙文主义。该社现虽仅有社员二千余人，惟个个皆努力份子，一可胜百，彼等首先大张‘驱黄运动’之旗帜（黄学增是出走），次鼓‘打倒劣绅土豪贪官污吏’之战鼓，最近复努力于肃清共产党运动皆有良好之成绩。（二）劣绅土豪之摧残青年。自觉而有革命性之青年，必遵照总理遗嘱努力国民革命。一、尤其是努力农工运动，打倒土豪劣绅之工作，此当然惹起劣绅土豪之嫉忌，其摧残青年之事实，一电曰劣绅勾结官吏借清党之名，误捕革命青年三十余人（共产分子皆已先遁），其余青年，皆彷徨失措，旦夕可危。（1）化县前县党部执监委董载泰梁浩然等，无人不知是努力革命之总理信徒，而彼等则污蔑为共产党，擅下通缉令，最近土豪吴德宜，且亲上省干其陷害之工作。（2）信宜学生联合会，中学全体学生，及其校长刘力臣，皆富于革命性之真正国民党员，清党以前，曾公开与劣绅土豪之集合团体作战，清党期中，劣绅土豪乃乘机改组学生联合会，通缉中学革命学生拿缚刘力臣。（3）劣绅土豪之摧残农工。一、电曰劣绅郑锡槐、郑锡候、郑锡命等，纠率民团，联缴第八区那楼乡农民协会自卫枪支，搜劫财物，并拿去该会执委郑锡播潘德礼等，施以惨浩刑法，敲索毫银九十五元，仍继续纠率党羽，向各农会农友施以同样之手段，第八区各乡农会执委，均家散人，惨不堪言。

二、信宜第七区农会曾有会员七八千人，经费需用自然不少，当该会开成立会时，曾用该会全体名义立约，暂借该地方公款数百元使用，订明期限六月初清还，当时经该地绅董亲自签字认可，孰料四月初，该地绅董即勾结县署以抢夺公款为名，派兵拿获七区农会执委罗某，勒令还款，并解散七区农会。

三、水东市渔业工会执委郑迪城，是真正国民党党员，素努力工人运动者，大招劣绅之忌，当清党运动中，土豪郑锡槐不禀报地方官吏及防军，擅自纠率党羽，围困鱼菜市，抢掠市内财物，拿获郑迪城入彼私宅，殴打重伤，几至毙命。工人特派员郑丰、青年特派员陆冠莹之行李，亦被抢劫云。

四、高雷党务之悲观。（一）电白县党部改组委员几全是官僚，县长董凌欧，总务科长陈某亦来办党。杨锡绿出入两支左轮，亦任改组委员。彼等居然派人接收县农会，党员一律从新登记，实行排除革命党员，扩张私人势力。（二）化县最近所选出之执委，多数是假国民党员。（三）信宜之改选委员，有大半数不识读总理遗嘱。（四）吴川之改组委员，大多数从前大骂孙总理，大骂国民党。（五）遂溪改组委员吴德宜，化县全县人民一致声讨为反革命分子，其余诸委员皆吴之走狗云。[1]

从上面所引当时报纸披露的消息中，可以看到，这次“清党”行动是国民党广东最高当局，向南路等地区派出党务视察员及各种特派员，撤销各地国共合作建立起来的特别委员会，改组各种工、农、学组织，发动驱赶黄学增、追捕共产党人的运动。同时，地方劣绅也乘机报复私仇，社会一片混乱，怨声载道。

2. 夏季讨蒋起义

北部湾第一次农民暴动——云楼墟暴动，虽是由于税务之争而突发，

[1]《广州民国日报》，1927 年 5 月 28 日。

后以谈判而结束，但也应归属为广东讨蒋起义的部分。在云楼墟暴动结束后，中共广东区委指派薛文藻返回雷州半岛，重建受创的遂溪、海康党组织。7月下旬，海康县第七区东海仔和遂溪县六区、七区农军，在薛文藻、黄杰等领导下，发起震撼南路地区的农民暴动。先后攻克了江洪、纪家、乐民、东海仔等警署及反动民团，占据了乐民所城，后撤往徐闻山及斜阳岛实行农民武装割据。7月30日晚，廉江第一区农民武装300多人集结于梧村桐村，次日举行动员大会，公开宣布武装起义。8月1日，暴动农民武装一方面抵抗前往镇压的反动军警和民团武装，一方面联络争取"绿林"武装支援。最后，由于敌强我弱而失败。[1]南路的吴川"同志参加斗争非常勇敢"，"被特委下令非得特委命令不得暴动致运动屡被遏止。[2]1927年5月至7月间，中共广东南路地委负责杨枝水[3]在今"沈塘洋村、塘边村一带，领导组织农民地下军，准备暴动"[4]。这段史料虽然是引自纪继尧1957年10月撰写的《大革命时期海康农会草录》，但从当时档案材料看，杨枝水1926年夏秋间，已经与黄学增一起从事革命工作了，1926年7月1日，用中国国民党《南路特别委员会工作状况概述》的话来说，是"是日出席者有……黄学增、林丛郁及干事杨枝水、薛经辉等，由黄学增主持，杨枝水记录"[5]。黄学增离开南路后，他还负责过中共广东南路地委工作。因此，纪继尧的这段回忆值得关注，可信度较高。

从上面的概述中，可以看到，在"八一"南昌起义前，广东南路能迅速成功发动三场农民暴动，不是偶然的。这是由广东南路的历史条件所决定的。综观自中国共产党建立以来的情况，从群众基础、党的领导、农民武装建设及配合南征邓本殷军事行动四方面看，广东南路在如此短时间内

[1] 中共湛江市委党史研究室:《中国共产党历史》,中共党史出版社,2011年8月,第120—121页。
[2] 中央档案馆、广东省档案馆:《广东革命历史文件汇集》(1927甲),1982年10月,1982年12月,第209页。
[3] 中央档案馆、广东省档案馆:《广东革命历史文件汇集》(1927—1928),1982年12月,212、228页。
[4] 中共湛江市委党史研究室:《南路农民运动史料》,广东人民出版社,1997年,第224页。
[5] 中共湛江市委党史研究室:《南路农民运动史料》,广东人民出版社,1997年,第126页。

发动和组织这样规模的农民暴动，是广东南路党组织领导的结果。

3. 策应起义军暴动

1927 年 5 月至 7 月的广东南路各地农民武装暴动，虽然都先后暂时被反动派镇压下去了，但是，广东南路各地的农民武装大都仍在农村坚持斗争。

然而，汪精卫集团在 7 月 14 晚，在武汉召开武汉国民党中央政治委员会主席团秘密会议，策划“分共”。在会议上，通过了《统一本党政策案》、《统一本党政策决议案》，宣称“对于武汉国民党内的共产党员，应有处置的方法，一党之内不能主义与主义冲突，政策与政策冲突，更不能有两个最高机关”[1]；7 月 15 日，召开武汉国民党中央常务委员会第 20 次扩大会议，通过了关于“分共”问题的三点决议：“（1）在一个月内，开第四次中央执行委员会全体会议，讨论政治委员会主席团所提出之意见，而解决之。（2）第四次中央执行委员会全体会议开会以前，中央党部应制裁一切违反本党主义政策之言论行动。（3）派遣重要同志前赴苏俄，讨论切实联合办法，其人选由政治委员会决定”[2]；7 月 26 日，武汉国民党中央执行委员会公布了《统一本党政策案》，规定：“（一）凡列名国民党员，在各级党部、各级政府和国民革命军中任职者，应自即日起，声明脱离共产党，否则一律停止职务；（二）共产党员不得以国民党名义作共产党的工作；（三）国民党党员未经中央许可，不得加入他党，违反者以叛党论。”[3]

面对汪精卫在武汉公开叛变革命，中共中央决定发动南昌起义，同时制定了《关于湘鄂粤赣四省农民秋收暴动大纲》，8 月 7 日，召开了人们所熟知的“八七”会议，确定实行土地革命和武装反抗国民党反动派，发动农民举行秋收起义。8 月 20 日，张太雷在香港主持召开会议报告“八七”会议决议，“并决定暴动计划、省委改组并组织广州、西江、北江暴动委员会，

[1] 蒋永敬：《鲍罗廷与武汉政权》，（台北）传记文学出版社，1972，第 402 页。

[2]《中国国民党中执会第一届常务委员会第 20 次扩大会议速记录》，1927 年 7 月 15 日。

[3] 铁岩：《第一次国共合作内幕·绝密档案》（下），福建人民出版社，2002 年 10 月第 1 版，第 1256 页。

分派人到各地工作"[1]。广东各地自8月至10月间普遍发动工农武装起义。而广东南路，虽然在遂溪、海康、廉江的"暴动失败后，特委便提出专力训练及发展党，而停止农民暴动"[2]的策略，但是，根据史料及笔者的田野调查，遂溪、海康、廉江等地区的农军，依然分散在各地农村与国民党反动当局追捕回剿的军队进行武装抗争。正因为如此，中共广东省委指派巡视员代表省委指导南路一切工作的同时，取消了中共广东南路特委[3]。

以广州起义为中心的农军暴动

在党的"八七"会议之后，中共中央和广东省委就开始酝酿在广州举行起义及广东全省武装暴动。11月上旬，省委书记张太雷赴上海参加了中央政治局扩大会议。会后，与中央领导共同研究了组织广州起义的问题，17日，正式决定了在广州起义和全省举行武装暴动的计划。用邓中夏在《广州暴动与中国共产党的策略》一文的话来说，是"中国共产党在一九二七年'八·七'会议以后，便决定武装暴动为党的行动普遍方针。至于广州暴动，一直到十一月十七日方才正式决定……中央更提议下列具体办法训令广东省委迅速施行：'广东省委应发表宣言，号召全省工农暴动，建立工农兵士贫民代表会议的政权……'"[4]由此，武装暴动迅速在广东各地打响。

"根据广东省委的部署，在广州起义期间，除广州市郊的西村、芳村、花地以及广州附近的南海、花县、清远等县农民武装直接参加了广州起义以外，宝安、新会（包括江门）、顺德、中山、惠阳、潮安、信宜、万宁、乐会等县的工农武装，均于12月中旬在当地党组织领导下相继举行了武装

[1] 中央档案馆、广东省档案馆：《广东革命历史文件汇集》（1927甲）1982年10月，第23页。
[2] 中央档案馆、广东省档案馆：《广东革命历史文件汇集》（1927甲），1982年10月，第134页。
[3] 中央档案馆、广东省档案馆：《广东革命历史文件汇集》（1927甲），1982年10月，第135页。
[4] 中央档案馆、广东省档案馆：《广东革命历史文件汇集》（1929）（3）1982年11月，第465页。

起义。”[1]然而，在广州起义打响前的“1927年8月1日南昌起义后，起义大军主力沿闽赣边界，直下广东潮汕地区，一部控制三河坝，由朱德同志指挥。潮汕地区和三河坝相继失利后，朱德同志率领三河坝周士第余部和贺龙同志从潮汕退出之一部，历尽千辛万苦，于11月辗转到达韶关犁铺头，队伍编成一个团隐蔽在范石生的十六军内……朱德同志在来到韶关之前就和范石生部有过直接联系，并达成了‘队伍保持独立行动’的协议。到达韶关犁铺头后，与范石生从长计议商量今后双方共同行动，决定把队伍拖到广东雷州半岛取得海口，以求国际上的援助。然后，再向桂越、滇越边境发展，扩大革命力量。正当计划酝酿成熟之际，突然得到消息，蒋介石发现朱德所部是南昌起义军余部，命令范石生立即予以消灭。范石生因与我军订有协议，我们是保持独立行动的队伍，所以，让我们迅速离开韶关。”[2]虽然，朱德计划“把队伍拖到雷州半岛”的行动，不能视为是以“广州起义为中心的农民暴动”的组成部分，但是，若果该计划得以实现，必然对推动广东南路以广州起义为中心的农民暴动进一步发展，产生深远的影响。在广州起义后第4天的1927年12月15夜里，广东南路的信宜县农军也发起了影响极为深远的武装暴动。用《中共信宜县委关于武装起义失败经过给广东省委的报告》的话来说，是“去年十二月十五日之前十余日，南路的风声鹤唳和信宜的惊魂动魄的表现，已发现许多事实了，一方面因防军太少并且游魂无主，一方面因广州大暴动后，全省人心恐怖。有这两原因，一般土劣，大有‘食不甘味、寝不安席’的状态，信宜反动县长杨伟绩，深恐我们马上暴动，便召集全县土劣开了数次秘密会议……县委决议后……于十二月十五日夜里一点钟袭击第七区团局和区署，敌不及防，不敢发枪，均自动缴械……十六日即发粜公仓的谷，得数百元，迅即派人持款拨受运动土匪……我军坚守十天，而援军不至，并且粮食已绝，遂冲围退走，防

[1] 中共广东省委党史研究：《广东工农武装起义—1927·4—1928·6广东工农武装起义学术讨论会文集》，广东人民出版社，1991年，第14页。

[2]《回忆朱德》，中央文献出版社，1992年，第176页。

军民团不敢追击，原有的枪支和同志，无丝毫损失……”[1]。

一九二八年初的年关暴动

广州暴动失败后，广东南路的武装暴动也如广东其他地区一样并没有消沉下来。这主要是南路特委根据 1927 年 12 月 17 日广东省委和团省委联合向各地党团组织发出通告，明确指示“各地暴动不能因广州暴动影响而和缓或停上。反之，更应加紧发动群众发展暴动，准备夺取全省的政权”[2]；1927 年 12 月 28 日李立三《关于广东各地武装起义情形和策略给中共中央的报告》的“继续暴动策动”：“第一步，在西、北江、南路，均先从农运较有基础的地方发动暴动，造成一县或数县割据的局面，形成包围广州的形势”的要求，南路特委按照省委要求马上恢复并于 1928 年 3 月 25 日发起茂名沙田暴动，给广东南路的反动封建地主阶级的社会秩序有力打击。用《中共广东南路关于茂名暴动决议案》的话来说，是“一九二八年三月二十五日，茂名沙田的同志领导少数农民崛起武装暴动，反抗地主豪绅阶级的压迫……一连占了五个村庄，随后暴动的增至三百人……茂名是南路之政治中心，故沙田暴动虽失败，然已给了反动封建地主阶级的社会秩序以一个有力的打击……”[3]

第三节　农民割据的扩大

遂溪暴动农军割据徐闻山不久的 1927 年冬至前，根据薛文藻的指示，

[1] 中国人民解放军历史资料丛书编审委员会：《土地革命战争时期各地武装起义·广东地区》，解放军出版社，1996 年，第 263—264 页。

[2] 中央档案馆、广东省档案馆：《广东革命历史文件汇集》（1927 甲）1982 年 10 月，第 209 页。

[3] 中央档案馆、广东省档案馆：《广东革命历史文件汇集》（1927—1935），1982 年 10 月，第 218—221 页。

陈光礼、薛经辉、武作林等率领潜伏在纪家、乐民一带将近100名暴动农军转移到斜阳岛，开始了广东南路农民武装割据海岛的军事斗争。用《中国共产党湛江历史》的话来说，是“曾任省港罢工委员会纠察委员会军务处主任兼大队长的薛文藻，于5月间（指1927年，笔者注）由中共广东区委委派，从香港返回雷州半岛秘密活动，设法联络各地党组织，恢复工农团体和组建工农武装”[1]；“1927秋，遂溪县农军在第六、第七区起义失败后，中共雷州县委为了保存革命武装力量，决定由薛经辉、余道生等主力100多人，从徐闻山转回遂溪江洪港……撤往斜阳岛……”[2]用中共湛江地区党史办公室、中共遂溪县委党史办公室、中共北海市党史办公室合编的《斜阳浴血——1927年至1932年斜阳岛武装斗争记》的话来说，是“乐民农军决定派陈光礼、黄学新秘密乘船前往北部湾上的斜阳岛并继续斗争……农军除留下大部分尚未暴露的人坚持在大陆分散活动外，主力约一百人，由陈光礼、薛经辉等带领，乘船撤到斜阳岛，开始了艰苦卓绝的新战斗！”[3]

暴动农军割据斜阳岛期间，在遂溪六区的敦文、七区的上郎、怡神建立了秘密基地，还收编改造了岛上的土匪符俊岳部。而《黄学新关于遂溪六区、七区暴动农军去向的口述材料》还透露到，农军上岛后曾派出薛经辉等三人潜入越南芒街碗厂以争取到工人经济的支持。用1928年4月《中共广东南路特委给省委的第一号报告—特委扩大会议经过情形及会议决议》的话来说，是“（1）遂溪、海康之党分开组织，各分开组织，各成［立］县委……（2）该县工作以一、六、七，三［个］区为中心……（3）六区以墩尾（指敦文，笔者注）乡为中心，七区以调神、上龙（指怡神、上郎，笔者注）两乡为中心……（4）岭仔土匪须派人去继续工作，以发展组织”；“东兴（防城之一市），现尚有同志十一人，较勇敢，能做工，可惜未能打入工人群众去。只有工人同志二人，东兴对岸为安南之芒街市，有碗工二千

[1] 中共湛江市委党史研究室：《中国共产党湛江历史》，中共党史出版史，2011年，第112页。

[2] 中共湛江市委党史研究室：《中国共产党湛江历史》，中共党史出版社，2011年，第151页。

[3] 中共广东省委党史资料征集委员会、中共广东省委党史研究委员会办公室：《广东党史资料》第二辑，广东人民出版社，1984年5月，第247页。

多人……令东兴同志注意工运，打入碗工去，组织起来领导他们的经济斗争”[1]；用《中国共产党湛江历史》的话来说，是“符振岳部接受陈光礼、薛经辉等人的建议，会同斜阳岛农军集结于涠洲岛南湾街商会举行大会，进行统一整编。”[2]虽然上面所引述1928年4月，中共广东南路特委文件没有提到派薛经辉去芒街碗厂的文字，但是，1926年7月的中国国民党《南路特别委员会工作状况概述》有“对于防城县党务的纠纷案，由韩盈同志于北海、合浦事毕后，前赴调查……并派薛经辉同志往作农工运动专员”[3]的记载。且黄学新口述到薛经辉进入芒街碗厂争取工人的经济支持，比较切合当时南路干部的结构。

对于遂溪农军割据斜阳岛的这段历史，虽然我党的文件很少述及，甚至当时省委的文件多称斜阳岛的武装为土匪，且1927年5月，在遂溪六区云楼墟暴动时，斜阳岛土匪符俊岳部，确实协助六区农军与国民党反动军队进行作战过一天多，但在1927年冬，遂溪暴动农军撤至斜阳岛实行武装割据后，于1928年下半年，割据斜阳岛的农军已将土匪符俊岳部，收编为农民武装，并与割据斜阳岛的农军同国民党反动派进行了长达5年的武装斗争。最后，在国民党海陆空三军联合围剿下，大多壮烈牺牲，斜阳岛农民割据根据地于1932年11月全面沦陷。用上引林廷华在《南区“剿共”和“防共”》的话来说：“斜阳岛原来是就是红军根据地，徐闻山里的红军在1927年也转移到斜阳岛，与该岛原来武会合”；用《中共广东南路特委给省委的第一号报告—特委扩大会议经过情形及会议决议》的话来说：“土匪方匪，有岭仔（是一个小海岛，在安铺、北海之间，属遂溪）土匪二百余，从前遂溪暴动前无条［件］的帮助我们打入一日多仗，无饭吃，失败时打死了数个，但无甚悔恨。全盘同情我们，且失败后有几个立不住脚的农民亦

[1] 中央档案馆、广东省档案馆：《广东革命历史文件汇集》（1927—1935），1982年10月，第291—292页

[2] 中共湛江市委党史研究室：《中国共产党湛江历史》，中共党史出版社，2011年，第151页。

[3] 中共湛江市委党史研究室：《南路农民运动史料》广东人民出版社，1997年，第138页。

入去”[1]；用上引《徐匪之积聚及其演变》的话来说：“民十四年冬，陈总司令任第十一师师长时。率师入山痛剿两月。迈老窝老宿地等匪巢均被攻下。同时十二师师长张发奎分剿各地散匪。计陈振彪蔡海清等均先后授首……徐匪自经十一师十二师痛剿后。渐呈势弱力竭之状。当时苟能继续进剿下去。不难将余匪荡平。讵因移师北伐。部队悉数调去。地方官民又不能善后。坐令残匪势力扩大。且有斜阳岛……匪互相呼应”；用许耀震在《广东海军》的话来说，“1932年，我在‘海瑞’运输舰当见习生，参加过一次‘剿共’行动。这年八月，南区绥靖委员陈章甫派了一营陆到北海附近的涠洲、斜阳两岛‘剿共’，海军方面派‘海虎’、‘广金’、‘安北’三舰参加‘围剿’”[2]；用《合浦县二十一年十一月办事报告表》的话来说，“县属斜阳岛符俊岳匪帮，经南区绥靖委员公署令防陆海空军合剿，业于十一月五将该匪剿攻下，匪首符俊岳已中弹……”[3]

除了以上史实之外，1933年《合浦县政月刊第八、九、十期合刊》的《攻破斜阳匪岛之速记（转载第三独立团铁血）》一文，这段文字是引用距今86年之久国民党的档案原文，文中的“匪”字是国民党反动派对中国共产党和广东南路革命者的诬称，但是还留有更多深有历史价值的史料。现将该文内容引述如下：

斜阳一孤岛也，位于北海港之中央，与涠州汀遥遥相对，峙悬崖峭壁，险势天成，在昔昇平之些，亦有居民，滨海取鱼，自成村落，亦一世外桃源也，近十余年为匪……盘踞猛虎负隅出为民害，掳人勒赎抢掠频闻，钦廉之治安，大受影响，虽屡经防军进剿，卒于匪之地势优胜，不获去破，本团奉命抚有此地。为尽革命军人之天职，势难任被披猖，爰振我旅歼厥渠魁，本月五日，卒以佯攻灭此丑虏，一鼓成擒，除去南路之大梗，此固由于官兵之忠勇，亦党团社会之有幸也，其战斗情形约可分述之如下：

[1] 中央档案馆、广东省档案馆：《广东革命历史文件汇集》（1927—1935），1982年10月，第240页。
[2] 广州市政协文史资料研究委员会：《南天岁月：陈济堂主粤时期见闻实录》，广东人民出版社，1987年，第191页。
[3] 合浦县政府编辑处：《合浦县政月刊》第八、九、十期合刊，1933年1月，第106页。

1. 五日我王营，因天气清朗，海波不兴，以胜机解决该匪之目的，取佯攻策罯向匪进攻。

2. 命散兵一排，分乘大号篷船十三艇上书“衔录”“前兵”“敢死”队等字样于拂晓时，分向匪岛之正寨门攻去前进，王营则率同第七连分乘小船三艇，跟踪前进，以一连兵力，协同海军进攻匪之西寨门，到达时即以猛烈之火力向匪攻去，更以一连之兵力进扰匪寨东门，以一连之兵力准备包抄匪之后方，是日（五日）上午九时到达匪岛，匪见正门我军船只多众，疑为主即开始谢击，我军沉着以应，同时东西两门之我军亦即到达，纷用猛烈火力向匪扫射，匪疑中计，乃放弃正门 分兵东西两门应战，我东西两军一面集中火力向匪猛扑，一面以机枪向匪归途扫射，使不能回归正门应战，迩时正中之 王营，既率所部跟踪到达，迩时正门匪势既孤乃奋身登岸，经数次之冲锋宫兵前仆后继一小时之后匪胆既寥，我军乃相 率登岸，东西两匪又不能回，援见我军登岸皆相顾失色，我三路军一鼓作气，悉数登岸直捣匪巢，当场去毙匪首（伪第 一营长）胡某，匪尸狼藉，投海自尽者百余，士气凭凌匪氛悉靖。

3. 是役计毙匪首一名，及徒数十名，生擒男女匪妇一百七十余名，“中有救十名为被掳人民”， 中有匪首三名。薛景窗，“黄埔第三期毕业生伪第二营长”，陈中华，黄二，缴获驳壳十余支，县短枪百余支。

4. 匪巢中之政治组织，“越南光复党证书”外而写：“为发给证书事今有某某同志介绍某某君誓以坚毅忠诚参加本党 遵守党纲，努力革命工作，解除民众痛苦为职志，合给某字第某某号证书，以资信守，而利进展，须至证书者，爰立党纲五条：（1）驱除法虏，（2）光复越南，（3）创立民国，（4）实行民治，（5）增加民生，附录誓词，余誓以至诚参加本党，遵守党纲，努力革命工作，解除民众痛苦，始终如一，矢志不渝，有悖誓言，愿受本党最严厉之处罚，右给党员某某主席谭鑑西，总务部长麦乾之，组织部县林中桂。”看他们的政治组织并未悖谬，但是在他们这种抢劫掳掠的行为上去证明，是大反其所定之宗旨了，不过名不正，则言不顺，言不顺，则大事不成，其居心不过欲借此光明磊落之宗旨，以号召匪徒，实行其危害社会的行为罢了。[1]

遂溪县六区、七区农军暴动失败后，由黄广渊率领的小部分农军潜伏于遂溪县河头水妥村，开展地下秘密斗争，后由于水妥村反动分子陈文应向国民党区署告密，黄广渊被捕牺牲。其母亲黄凌氏便率领这小部分农军撤至遂溪县第四区保安圩潜伏下来，继续坚持斗争。次年春夏间，在陈炳森等人的指挥下，撤至法国租借地广州湾东海岛的田交仔、调那山后村一带海域，建立以调那山后村为主要的陆上据点。不久，农军收编了海盗唐秋保（诨号：曲手）。据多年的田野调查，农军撤至东海岛收编了海盗唐秋保后，利用墩参岛是东海岛通往大陆赤坎、西营（今霞山）的主要交通线，在该岛建立了与赤坎、西营的交通联络点；利用仝及村（今郑边村）筑有“船铺”即码头的有利条件，以及仝及村与遂溪第三区平石村既隔海相望，又与第一区连接廉江的牛马洋等三村同为郑姓的宗族关系，在该村建立起与大陆遂溪及廉江牛马洋到安铺到斜阳岛的联络交通点。且坚持武装斗争至1931年秋冬间，在法国租地广州湾当局的军事镇压下而失败。用《中国共产党遂溪县地方史》的记载来说，是“1928年春，黄凌氏和她第三儿子黄广荣带领农军秘密潜回海山村和水妥村一带活动，出敌不意地袭击了一些反动据点……尔后，因国民党反动派大批部队开来河头、纪家一带疯狂清乡……农军转战保安圩一带，不久取道太平圩，摆渡东海岛，在岛上以调那村为据点，宣传发动群众，秘密建立农会，收编当地的绿林好汉，改造收编了由曲手（诨号）为头领的……绿林队伍近100人，整顿和壮大了农军队伍”[2]；用《中国共产党湛江历史》的记载来说，“1928年秋，黄凌氏、黄广荣母子二人带领一支30多人的农军，由遂溪转移到东海岛，以调那（现调文）山后村为据点，秘密组织农会，改造了以唐秋保（外号曲手）为首的‘绿林’武装，扩大了农军队伍……1931年2月春节期间……黄广荣和两名农军战士被法国军警逮捕，后由国民党反动派引渡杀害于梅菉，同年9月，

[1] 合浦县政府编辑处：《合浦县政月刊》第八、九、十期合刊，1933年1月，第137—138页。

[2] 中共遂溪县委党史研究室：《中国共产党遂溪地方史》，中共党史出版社，2004年，第82—83页。

广州湾当局调集大批军警，突然围击驻调那山后的农军……战至弹尽被捕，继而被国民党遂溪县当局引渡杀害……”[1]

对于黄凌氏率领农军撤入东海岛，“在墩参岛建立与赤坎、西营；在仝及建立到平石到牛马洋村到安铺到斜阳岛的联络交通点”之说，虽找不到文献的佐证，但在土地革命时期黄元常已在墩参村传播革命思想；平石在土地革命时期的1928年有党员20左右人；1928年秋，牛马洋村建立有以郑登辉为会长、郑大辉为书记的农会及党支部。用《黄轩革命斗争回忆录》的话来说，是“我的老家是广东省湛江市东海岛东参村（新中国成立前也称墩参村）……1958年前东参村是东海岛至霞山的必要主要交通线……在1958年以前东参村是四面环海的小海墩……1933年以前，我在农村学堂读书十年……后来陆春保老师来我村教几年书……第一次用白话文来讲课……陆老师常向学生讲鸦片战争，林则徐禁鸦片，烧鸦片，反抗英帝和列强侵略中国……晚间在学堂门前我们坐在板凳上听村中黄元常叔叔到外地做生意所获新闻。回来常讲共产党、红军故事，打富济贫的事迹；我们这班小学生真听地入迷”[2]；用1928年4月26日《中共广东南路特委给省委的第一号报告—特委扩大会议经过情形及会议决议》的话来说，是遂溪“第三区方面：有大地乡村名平石，不多人，周[围]的大乡村都穷，都耕他们田，故革命要甚革，我们曾派人去宣传即成批一二十人加入党”[3]；用《中国共产党遂溪地方史》的话来说，是“1928年秋……牛马洋村的农户都参加了农会，由郑登辉任农会长。赤卫队长由党员钟如庆担任……党支部书记郑大辉，党员18人。该村是南路特委的联络站之一”[4]。而据前面引述《中共广东南路特委给省委的第一号报告—特委扩大会议经过情形及会议决议》有载“岭仔（是一个小海岛，在安铺、北海之间，属遂溪）……”，又考之史料可知：安铺在国共第一次合作破裂前工农运动基础较好。

---

[1] 中共湛江市委党史研究室：《中国共产党湛江历史》，中共党史出版社，2011年，第150页。
[2] 郭玉华、黄轩著：《黄轩革命斗争回忆录》，中共党史出版社，2017年，第1、4页。
[3] 中央档案馆、广东省档案馆：《广东革命历史文件汇集》（1927—1935），1982年，第240页。
[4] 中共遂溪县委党史研究室：《中国共产党遂溪地方史》，中共党史出版社，2004年，第81页。

虽然上述所引的材料所披露的消息，都不能证明黄凌氏领导的东海岛农军在墩参岛、仝及、平石及牛马洋村建立了联络交通点的说法，但可以说明上述乡村在黄凌氏领导的农军撤到东海岛的时候，中国共产党已经在上述乡村有很好的活动基础。因此，黄凌氏领导的东海岛农军在上述乡村建立联络交通点的客观条件是具备的，其可信度极高。

第五章

广东南路革命先驱黄学增与琼崖武装革命

武装革命是“工农武装割据”的主要革命斗争形式。建立革命武装，开展武装革命，是保卫革命根据地和土地革命成果的基础。而琼崖革命根据地是中国共产党在土地革命战争时期，经过艰苦卓绝的斗争所赢得的成果。其历史地位与贡献，用2017年8月21日《海南日报》《琼崖革命根据地历史源流》一文的话来说，“这是一个百折不挠、星星之火可以燎原的真实案例，这是一曲从小到大，历经艰辛解放全岛的赞歌。这是一部波澜壮阔，二十三年红旗不倒的革命史诗，这就是琼崖革命根据地23年发展的光辉历程，乐四区、母瑞山、六连岭……一个个根据地的名字闪耀在土地革命战争中……”广东南路革命先驱黄学增在琼崖武装革命遭受严挫折的时候，受命赴琼，为琼崖武装革命，为琼崖革命根据地的建立与发展做出了巨大的贡献。其光辉业绩彪炳琼崖革命的历史中。用1928年7月4日《中共广东省委给中央的报告（第四号）》的话来说，是“特委对蔡师进攻，毫无策略，加以一部分同志之叛变，及同志对特委之不满，致应对招招失策，以致步步退守，最近东路乐会、万定，特委在乐会四区受敌包围，且决定以二团人兵力企图彻底解决我们。在这危险情形之下，省委详细讨论，除即派黄学增同志去主持一切外，对工作的决定是：特委应马上改组，明白告诉群众除反攻无路，并且应切实调查民众的生活状况，抓住实际的问题鼓动反动，同时在海口以及东路、中路无条件的发动兵变，以摇动敌人军心，海口、琼山要创造出真正的群众暴动来”[1]；用《海南日报》的话来说，是“1928年3月，国民党第11军第10师……共约4000余人赴琼‘围剿’红军。为了挽救琼崖革命的形势，6月，中共广东省委派黄学增来琼领导工作……1928年11月29日，中共广东省发出《给琼崖指字第一号》文件，指出今后应确定‘以城市为工作中心’……他主持琼崖特委委员会议……决定特委由黄学增等率领将特委机关……迁进海口、府城……王文明率领琼崖苏维埃政府……转移定安县南端母瑞山，开辟新的革命根据地，继续坚持斗争。黄学增的这个决定既充分显示了一个共产党员的坚定原则，又尽可能地从实际出发，

[1] 中央档案馆、广东省档案馆：《广东革命历史文件汇集》（1928），1983年11月，第28—29页。

为琼崖革命保存力量。在当时'城市中心论'在全党占主导地位的情况下，已经十分难能可贵。"[1]本着对历史负责、对革命先驱负责的态度，本章试图在充分反映中央档案馆、广东档案馆编的《广东革命历史文件汇集》所包含琼崖革命史料的基础上，重新分析概述黄学增对琼崖武装革命的历史贡献。

第一节　黄学增赴任时，琼崖革命的概况

黄学增是与彭湃齐名的大革命时期的广东南路农民领袖，称他为广东南路革命先驱当之无愧。在他将近10年的革命生涯中，其最后一年的革命生涯主要献给了琼崖武装革命，并牺牲在琼崖的这块革命土地上。用2019年7月8日《海南日报》纪念黄学增文章题目的话来说，是"琼岛埋忠魂，碧血耀千秋"。而在黄学增赴琼前的1927年10月，中共广东省委根据琼崖孤悬海中易于防守、国民党反动势力在琼崖只有1团仅800兵力、我们同志约有10000人等客观事实，制定了专门的计划，以期盼达到占据琼崖全岛，辟为军事策源地的目标。由此也深知，琼崖在当时广东革命中的地位中之重要性。用《经营琼崖计划》的话来说，是"在张（发奎）、李（济深）与桂军讨唐（生智）之时机中，南路与琼崖敌人势力均极薄弱、琼崖只敌兵一团八百，战斗力弱，农军甚为活跃，我们同志约有一万人。根据此种情形，我们颇有占据琼崖为军事策源地之可能。"[2]为了实现这一计划，省委书记张太雷在张发奎派张明义带有三营兵力到琼崖去之前，也派去由周一勤负责的工人十余人到了海口。同时要求中央通知叶文龙速返香港以便赴琼工作。用《中共广东省委给中央信—录呈张太雷关于广州暴动问题致省委函》的话来讲，是"请通知中央要叶文龙速返港去琼崖。张明义已被张（发奎）

[1]《海南日报》，2019年7月8日。

[2] 中央档案馆、广东省档案馆：《广东革命历史文件汇集》（1927甲），1982年10月，第111页。

派出去琼崖，带有四军一营，五军一营，新招一营均归我们。此地已派去工人十余人，由周一勤同志负责，请通知海口党部与发生关系，并告诉他们张明义是一个不甚清楚的同志，要注意。”[1]在此期间，早已到达琼崖的中共广东省委巡视员杨殷也指导改组健全了以王文明为书记，常务委员王文明、陈垂斌、罗文淹，委员冯平、何毅、王经撰、邢慧学，候补委员孙成达、魏宗周、冯继周、许侠夫、符明经、谢育才的中共琼崖特委，组建了乐会、万宁、陵水、文昌、琼山、定安、琼东、澄迈 8 个县委；组建了海口市委和红军第一营、第二营、第三营、嘉积、医院、合作社、特委等七个独立支部，46 个区委和 350 个支部，还相继成立了乐会等 7 个农民协会和 220 多个乡妇女协会。[2]

在中共琼崖特委及大多数县委等基层组织健全后，特委做出了全岛总暴动的决定，调整各地农军，集中大部分兵力于东西两路，在万宁、陵水、乐会、定安、琼东等地相继发起武装暴动，并计划在琼山、文昌、嘉积、海口、府城附近进行大暴动，夺取万宁、崖县、临高、澄迈各市镇乃至全琼崖。用 1928 年 1 月 28 日《中共广东省就实现全岛总暴动的意见致琼崖特委信》的话来说，是“全岛总暴动既已爆发，特委应即有一夺取全岛政权的全盘计划……乐会即须准备第二次的全县总暴动”[3]；用 1928 年 1 月 9 日《中共琼崖特委十二月份总报告——暴动情况及党组织、宣传、经费问题》的话来说，是“我们的计划是：1. 通告各县一致暴动，实行土地革命，推翻封建势力的经济基础，使敌人势力根本摇动。2. 将原有之红军农军，编成工农革命军，调大部分集中东西路——东路着手编成三营（人数尚未足，枪支不甚好），组织东路前敌总指挥部，成章、明夏诸同志负责，西路暂着手编一营组织，西路总指挥部由冯平同志负责；在东路方面则巩固陵水积极准备夺取万宁、崖县、在西路则准备夺取临高、澄迈各市镇……4. 在嘉积、海口准备暴动……

[1] 中央档案馆、广东省档案馆：《广东革命历史文件汇集》（1927 甲），1982 年 10 月，第 148 页。
[2] 中央档案馆、广东省档案馆：《广东革命历史文件汇集》（1927—1935），第 13—17 页。
[3] 中央档案馆、广东省档案馆：《广东革命历史文件汇集》（1928），第 221—222 页。

万宁县：自十二月十八日起继续暴动，至今日已收到很大效果……并且全县农民定期于十二月二十四日举行全县总暴动……陵水县：农民暴动也日见热烈起来……乐会县：自十二月十九举行全县暴动而后，得到成绩甚好……定安县：农民亦暴动起来，但因该县内部工作未普遍，全县未能一致动作……嘉积市：现已稍稍准备了，不久也要做一次小暴动……西路各县：也准备陆续干些暴动工作。”[1]用1927年12月27日《中共琼崖特委给省委的报告—关于东路、西路暴动情形和校务概况》的话来说，是“陵水县：我们已经夺取全县政权，召集工农兵代表建设新的县政府。一方面领导农民继续做热烈的暴动……”[2]

由于白色恐怖等原因，中共广东省委对琼崖“自特委决定暴动计划通告各级党部以后”[3]各地的情况了解不够准确，认为大有可能夺取全琼崖，实现省委《经营琼崖计划》的“占据琼崖为军事策源地”的目标。在1928年1月《中共广东省委全体会议关于目前党的任务及工作的方针决议案》还指示：“琼崖应该在很短的期间，以自己的力量肃清当地军阀，极力发动广大的农民群众，深入土地革命，建立苏维埃的政权，并准备向高、雷发展。”[4]而为了加强中共琼崖特委的领导工作，扩充军队，培养基层干部，夺取全琼崖，又根据琼崖特委“请派员于二月十八日前到此参加全琼代表大会，指导一切”[5]的要求，省委和军委于二月十一日，派李源、黄雍离港到琼崖去，十五日到达琼崖特委所在地乐会四区。[6]虽然李源、黄雍到达琼崖特委所在地时，特委所在地被敌人封锁非常厉害，与外面联系十分困难，但李源与黄雍依然不畏艰难，无惧生命危险，用十天时间详细了解琼崖总暴动的情况，并分析在暴动中出现的问题，及时报告省委。用李源的话来说，是“我

[1] 中央档案馆、广东省档案馆：《广东革命历史文件汇集》（1927—1935），第10—12页。
[2] 中央档案馆、广东省档案馆：《广东革命历史文件汇集》（1927—1935），第1页。
[3] 中央档案馆、广东省档案馆：《广东革命历史文件汇集》（1927—1935），第40页。
[4] 中央档案馆、广东省档案馆：《广东革命历史文件汇集》（1928）（1），第23页。
[5] 中央档案馆、广东省档案馆：《广东革命历史文件汇集》（1927—1935），第45页。
[6] 中央档案馆、广东省档案馆：《广东革命历史文件汇集》（1927—1935），第55页

与黄雍同志由十一日离港来琼崖工作，经十五日抵乐会四区（即特委所在地）……至今日二十五日足有十天之久。在我未到前，以为琼崖的工作很好，省委天天都说琼崖有五县，大有可能夺取全琼崖，不知我到后一看，所得的不确说你知，完全是我们力量只有一个陵水县，是整个有，除陵水外还有万宁十分之八是我们，乐会十分之八是我们，文昌、琼山十分之八是我们，其余西路澄迈、临高、儋县、昌江、感恩等县，除澄迈外，其余都是未有后〔厚〕点基础的。直到海口，以前以为海口真是大罢工，我到海口一看方知海口的群众运动可说宣布死刑。这种情形看来的条件，是否有可能夺取全琼崖的吗？现在我又把种种原因说说：A. 主观方面很好力量东路（即琼东、乐会、万宁、陵水、崖县），主 × 有组织的红军有二营农军（即粉枪队）有组织的 × 于中路（即文昌、琼山、定安、海口）有组织的红军一营，农军有组织的数百。西路（即澄迈、临高、昌江、感恩等）这边交通不便，所以不甚详细知道。B 客观方面敌军只有三十三团叶肇一团人，商团有三百名左右，联防队（即民团）是差不多每个反动乡村都有组织，大约有六百名以上，有战斗力的不止七百名……（4）自万宁失败后，我们红军子弹已打尽了，所留下的红军内之子弹每支枪不过二发。敌人现在也知道我们没有子弹。现在他们天天都下乡烧房屋、杀群众，向我们进攻。（5）武装同志心寒因一方面打得败仗很多，另一方面又因未有好的医生，同时也未有药品。武装同志打伤未有药医而至痛死很多，好比徐成章同志，打万宁之分界时打伤，都未有药来止痛直到痛死。现在革命医院有三十多武装同志打伤都未有药医，所以使武装同志灰心。这是很危险一件事。同时我想方法买些，事实上真正不能够买，因敌人封锁得很厉害。现在我们特委住在地方，几乎连火柴、火水、油、纸笔，一切工业品都买不到用……关于特委住在地被敌人封锁很厉害，什么消息都不知，请省委多多以给消息”[1]；用黄雍话来说，是“我现在说的是我来时省委和军委告诉我扩充军队组织与办下级干

[1] 中央档案馆、广东省档案馆：《广东革命历史文件汇集》（1927—1935），1983 年 12 月，第 55—62 页。

部学校，此事到现在尚没有进行的原因……琼崖的情形，与前在港所言的全两样，各地的暴动尚是局部的消极的……缺少军事人才去训练指挥农民，又因农民常备队没有饭，他们吃饭分散在各处，有事才召集……无丝毫的组织，又没有人去指挥。四、琼崖的黎民占多数，我们素来不注意此种工作，现在好多被反动派利用向我们进攻。如万宁之二区与禄新等均有此事发生。五、农军与红军及民众，现在每人都存有敌来我去的观念……六、陵水虽是我们自己组〔织〕苏维埃的根据地，但仍四面受敌……”[1]李源、黄雍到琼后的二月十八日，琼崖特委召开了琼崖第二次党代会，会议一共开了4天，选举了李源（书记）、黄雍、王文明、郭经绪、王绰余为常务委员，罗文淹、王天骏、陈秋辅、黄振士、孙成达、冯推凤、冯平、曹俊升为委员的新特委。[2]这次琼崖特委召开的代表大会，虽然由于敌人天天进攻，李源不主张召开，[3]但是，会议还是通过了“下全琼崖总动员令。西路向海口、府城发展和进攻，中路定安向嘉积进攻，乐会一区向县城进攻。二、三、四等区分头向中原、椰子寨、分界、石壁、龙江等市进攻。同时调驳壳队数枝出发帮助琼东进攻嘉积。万宁方面现调一营红军去帮助他们做更扩大的游击战争，向县城、分界及第一区一带发展。”[4]大会结束，各县暴动比较激烈地进行起来，特委也调整了工作总策略，决定采取东西中三路力量总汇合，割据东路进迫府城，实行全琼总暴动，夺取以定安为中心的全琼崖政权。用1928年3月23日《中共琼崖特委给省委的报告——全琼暴动总策略》（第三次）的话来说，是“这一周内各县暴动工作比较激烈……现在特委工作总策略是：1. 东西中三路势力汇合实现割据东路进迫府城，实行全琼总暴动，夺取全琼崖，以定安为中心。2. 派军事及党得力的同志到定安集中武装，发展民

[1] 中央档案馆、广东省档案馆：《广东革命历史文件汇集》（1927—1935），1983年12月，第71—72页。

[2] 中央档案馆、广东省档案馆：《广东革命历史文件汇集》（1927—1935），1983年12月，第65页。

[3] 中央档案馆、广东省档案馆：《广东革命历史文件汇集》（1927—1935），1983年12月，第58页。

[4] 中央档案馆、广东省档案馆：《广东革命历史文件汇集》（1927—1935），1983年12月，第59—60页。

众组织……”[1]在此期间的3月中旬，国民革命军第十一军第十师师长蔡廷锴率所部第二十八、二十九、三十团及谭启秀独立团一个营共4000余人，分批到琼，虽实施了“积极拉拢民众，暂时不向我们进攻”的策略，但发出《剿匪条例》，规定：“不论……农匪、土匪，凡为地方害者皆在要剿之例；凡……所组织之农会、农军应一律解散，听候政府命令改组……”[2]在蔡廷锴的“拉拢”政策和“围剿”攻势下，陵水昭夷勾结王鸣亚部队夹攻陵水县城，红军被迫退出县城，琼崖革命出现了较大的挫折。用《中共琼崖特委给省委的报告—琼崖最近政治情形及苏维埃建设情况》的话来说，是“陵水昭夷叛变与王鸣亚勾结向我们来攻，红军已于三月二十九日退出城了。原因是：（一）王鸣亚围攻藤桥，我们战败而后，大受影响；（二）昭夷叛变与王鸣亚夹攻，陵城形成了敌人包围势；（三）各级党部不能充分的领导民众对付敌人；（四）弹药用尽不能御敌；（五）经济恐慌不能接济。以上各点固然是党部指导能力薄弱所致，而党的组织的历史未久（仅有三月余的历史），没有很好革命基础一大原因也。”[3]陵水失守后，中共琼崖特委在5月3日，召开了特委扩大会议，还做出扩大暴动的决定。用《中共琼崖特委给省委的报告—讨论省委对特委工作计划的结果》的话来说，是“文淹同志回来，报告省委这次扩大会议的经过情形甚详，并带有省委指示不能接济。以上各点固然是党部指导能力薄弱所致，而党的组织的历史未久（仅有三月余的历史），没有很好革命基础一大原因也。”[4]陵水失守后，中共琼崖特委在5月3日，召开了特委扩大会议，还做出扩大暴动的决定。用《中共琼崖特委给省委的报告—讨论省委对特委工作计划的结果》的话来说，是“文淹同志回来，报告省委这次扩大会议的经过情形甚详，并带有省委指示琼崖的重要详细计划，特委五月三日召集扩大会议，对省委指示详细讨论进行计划，其结果……1.马上扩大暴动，汇合东西中三路势力向上发展，完成全琼崖总暴动，

---

[1] 中央档案馆、广东省档案馆：《广东革命历史文件汇集》（1927—1935），1983年12月，第75页。

[2] 中共海南省委党史研究室：《中国共产党海南历史》，中共党史出版社，2007年9月，第123页。

[3] 中央档案馆、广东省档案馆：《广东革命历史文件汇集》（1927—1935），1983年12月，第78页。

[4] 中央档案馆、广东省档案馆：《广东革命历史文件汇集》（1927—1935），1983年12月，第75页。

夺取全崖……3. 在整个暴动计划中的布置，要特别发展城市，尤其是海口、加积、定安城的暴动，与乡村的暴动联络一致，在东路则以乐会、万宁为中心，速即夺取这两县政权，深入土地革命，向加积发展完成割据东路。中西应即实行联络势力，扩大暴动，夺取定安，向府城进迪，此时所有敌人、一切交通路线须马上一律……指挥：1. 各团红军应归师部指挥；在各路军事势力没有汇合与师部组织前，应归各路指挥部指挥；2. 各路暂设一指挥，指挥现驻之红军外，各县团队部应一律归之指挥；3 全琼红军与赤卫队等工农武装为实行割据全岛计划，动作应取一致，指挥应统一，因此须要设一工农革命军全琼总指挥，负全琼计划进行。”[1] 在这次总暴动中，虽然琼崖特委对全岛的军事力量进行了较大调整，但是由于敌强我弱，中路文昌、琼山红军不得不向定安退却；西路冯平、符节被捕[2]，多人叛变，为了扭转被动局面，中共琼崖特委虽召开了全琼第三次代表大会，但由于内部意见不一，大会未能达到预期的目标，用《中共广东省委巡视员黄学增给省委的报告—琼崖特委改选、过去工作错误和红军活动情况》的话来说，是：

“我于六月十六日从海口行抵特委，到今已有月之久。在此一月之中，我已尽了一身精力依照省委所交代给我的职权去干，由乐会而万宁，由万宁而乐会，对内对外都做过许多工作。可是琼崖工作过去太坏，一时确难医治，故我虽如此努力，亦未能收得若何效果，兹将琼崖最近一切情形分别报告如下：（一）我未到琼崖之前，特委已于六月五日召集全琼第三次代表大会改组选举新的特委。这次大会由各县党部要求，各地党部因为看到旧特委太无能力而且权力平日太过集中，一切事情都由一、二人包办（指文明、文淹），他们专是感情用事，各地党部及许多同志提出什么意见都不容纳（一般同志是这样说），以致党内显然分出两个派别，一个是‘文派’—文明，一个是‘反文派’，许多同志因为不满意旧特委之故，或负气幼稚，或消极归家，凡此种种，都使各地党部及许多同志不得不要求召集第三次代表大会来改

[1] 中央档案馆、广东省档案馆：《广东革命历史文件汇集》（1927—1935），1983 年 12 月，第 78 页。
[2] 中央档案馆、广东省档案馆：《广东革命历史文件汇集》（1927—1935），1983 年 12 月，第 95 页。

组。此次改组可以说在于推翻文明与文淹两人，可是到会代表各地来得太少，近地的多数又为所谓‘文派’包围，改组结果，虽然亦有许多新分子参加，但文明与文淹两人仍当选为新特委的常委委员。因无人才之故，又以文明照旧当特委书记，于是许多同志仍然失望。我到以后，即召集特委扩大会议，再行改组，我明白指出文明与文淹两人须退出特委，以文明去当琼革委主席，文淹调去省委另由省委分配他的工作（因许多同态太不满意文淹，故有此意见）。后文明诸人坚决反对文淹调去，以为他是能做宣传工作，如调他去即无人能负党的宣传工作（未必如此），结果，仍以文淹当宣委书记。特委经此改组之后，各地同志已无怨词，并有同志以私人名义写信给我说：‘从此以后，琼崖的党当有一个新生命’……现在各地情形如下：1. 文昌、琼山自县委溃散到今，两地工作尚未有人切实去恢复，但文昌尚有县东、县中及十九区一部分基础，同志间尚有个人零碎在内地活动，民团中亦有许多是我们同志，民众虽屈服，但八成还希望我们赶快回去恢复。县中之西山会议派、L·Y 派、陈炯明派各派民团冲突非常厉害，不时发生缴械。琼山尚有第四、五、六、七数区区委仍存在，县城亦有区委组织，内地情形与文昌同。2. 澄迈有两连红军到定安，已回去一连，一连尚在定安。澄迈、临高、儋县三县情形如何，因交通断绝，尚未知道。派去西路工作同志亦无路去。3. 定安驻有中路红军二连，西路红军一连敌人进攻比前和缓些，但红牢无饭食，各区斗争均停止。特委派大机〔基〕同志指导工作，已数星期，仍未报告来。L·Y 在定安设特委，县委早已成立（文昌、琼山亦有县委了），他们颇发展，我们党亦有 L·Y 侵入。陈炯明派势力亦颇大，黄强在定安成立了许多民团。西山会议派、L·Y 派、陈炯明派亦甚冲突，各派民团，不时均有缴械事情。4. 琼东最近因暴动发展，并且每次与敌人打仗都得胜利，敌军从嘉积派一连去攻我们，被我们打伤、打死、生擒许多，缴得长枪成十杆，子弹千余。敌人注意枪毙两个打败仗排长，倾琼东、文昌、定安三县民团及军队来攻，我们琼东原有一连红军，不能站足，即将驳壳枪放下交县委做……其余尽调来万宁，琼东暴动暂时停止。此县民团亦分西山、L·Y、陈炯明等派，时相冲突。L·Y 派颇发展，已有县委组织。民团内原有许多是我们同志，刚毅地方曾有七个团兵叛变过来。5. 嘉积市工作正恢复一个多月，暂有发展，而该处同志何君楹（曾当过红军连长，退伍回家）、何君谟（海口交通）、心策（市委常务）二人即叛变起来，劫去我们驳壳二支，曲尺二支投到敌军营盘，勾引敌人进攻我们，因此全个嘉积工作完全受摧残。6. 乐会全县各区均为敌人占领，特委及琼革委所在地之乐四，亦被敌人四面进攻，局面非常严重但仍未能动摇我们。其县内民团亦分西山、L·Y、陈炯明三派，L·Y 占优胜，冲突非常。在我们党内第四区变去一个区委委员及一个赤卫队大队长，第三区变去常委二人，C·Y 区委书记亦变去，各乡仍有支部负责人叛变，特委叛变去一个交通员，除交通员枪毙外，其余均投到敌人方面当向导。因此我们一举一动敌人都知道，敢于深入进攻我们。7. 万宁敌人已攻入万五、万三、万四各区，对我们根据地及交通线之万四尤为注意，但万宁农民较好，万四农民确有反攻敌人勇气和决心，所以敌人仍未能摇动我们，不过粮食已非常恐慌。8. 陵水自县城失守后，所有乡村仍在我们，农民并且自动起来反攻逼迫县城。自东路部队到东路来，特委为安置部队起见，尤其是为安置张梦安起见，竟将此部队交梦安去攻陵水，以梦安为攻陵指挥，公开宣传几个礼拜才开去陵水，未到陵水敌人已先发制人，以一营兵在下陵水将陵水县委包围，一面军队追击攻陵部队。县委因死守待援，牺牲几尽，农民同志一共被捕杀二百人，枪支亦将二百枝。攻陵部队受此影响，不能下去，折回特委，在太阳被敌人截击，损失四十余人连枪，陵水交通断绝而无法派人去恢复……目前食饭问题真是困难到万分，医院有百余人无药送亦无饭食，各逃难同志时常百余二百不能分配到各地工作，亦无饭食，军械局工人不得饱食亦不肯做工，其余红军伙食，各机关伙食，真想无法可想，要哭起来！然无法之中，仍需设法。（七）红军现在尚有十连，均有步枪，分驻澄迈、定安、乐会、万宁、陵水等县（张梦安又已带二连至陵水兴隆地方与钟美开合作）。”[1]

[1] 中央档案馆、广东省档案馆：《广东革命历史文件汇集》（1928）（4），1983 年 11 月，第 155—164 页。

第二节　黄学增临危受命，力挽狂澜

1928年4月，中共广东省委根据琼崖革命出现的挫折，决定派黄学增以巡视员身份赴琼崖指导工作。用《中国共产党海口历史》的话来说，是“1928年4月，中共广东省委任命黄学增为琼崖巡视员，到琼崖恢复革命力量。”[1]但是，由于中共广东省委4月13日在香港召开扩大会议期间，宝安暴动受到挫折，黄学增临时受命奔赴宝安指导暴动[2]，因此，才迟至6月16日到达琼崖乐会第四区特委所在地。对于“黄学增1928年4月受命赴琼主持一切工作”的说法，还可从1928年4月13日省委扩大会议通过的《中共广东省委委员名单及其成分》的这份文件中找到佐证。这是因为该文件有“正式委员三十二人：罗登贤（工）；周松腾（工）中路；彭湃（智）东江；沈宝同（智）香江……李立三（智）香江；黄学增（智）琼；杨石魂（智）南路；欧日章（农）北江；黄钊（工）西江……”[3]的记载。

6月16日，黄学增从海口行抵琼崖特委，在不够一个月的时间里，“由乐会而万宁，由万宁而乐会，对内对外都做过许多工作”后，迅即召开特委扩大会议，再行改组特委，由黄学增担任特委书记，特委原书记王文明改任琼革委主席，取消东、中、西各路名目，一律改为红军第几连，在每一县暂设一营长指挥，各连所有红军，均在军委指挥调动之下，并决定暂停反攻敌人，扩大……与游击暴动，恢复军械局子弹制造，改变红军生活。为了使省委反攻策略能够实现，需重新组织红军和赤卫队，发动农民及同志，从根本上改造各地党部，成立琼崖苏维埃及各县苏维埃，然后一律取消军委。鉴于特委在乐会第四区，“亦被敌人四面进攻，局面非常严重”，“不能指导全琼工作”，特委虽决定在一个月内移去琼山并派建初同志去布置，但其前提是在特委“未移去以前，先将万宁、乐会两县弄健强起来，琼革

[1] 中共海口市委党史研究室：《中国共产党海口历史》，中共党史出版社，2008年7月，第165页。

[2] 中央档案馆、广东省档案馆：《广东革命历史文件汇集》（1928）（3），1982年11月，第65页。

[3] 中央档案馆、广东省档案馆：《广东革命历史文件汇集》（1928）（2），1982年11月，第281页。

委党团亦须能干，使特委移去后，不影响到万宁、乐会及琼革委的工作”。为了加强乐会、万宁及琼革委的工作，黄学增决定在乐会、万宁各组织二连共四连红军，同时建立了琼革委党团。[1]琼崖特委为了解决红军断粮问题，打破敌人的封锁，“为了经济调和，军实的接济，农产品和工业品交换”，要求“沿海各县党部整理交通，扩大海面范围，扩大海员工人的组织，扩大海道自卫的武装，扩大海道的贸易，必须扩大原有海员工会组织，扩大赤卫队，使海道的交通得有保障”；要求“在各县城的工人组织，应由各该县委负责利用同志戚属或派灰色同志入城市做小生意和充当工人。”[2]在此期间，省委虽有“省委决定海口、琼山合并，组织一健全之县委，并指导向澄迈方面发展。琼山琼山县委书记，省委已去函特委指调陈大机同志前来担任，并主持改组。省委并指定继周、裕江、风蛟、黄善藩诸同志为县委委员。此外尚可由你们召集代表会议，民主选举县委委员。黄善藩同志特别负向澄迈发展之责”；“琼山县委，须在海口或其附近。须特别注意海口府城之工作，指定专人负责”[3]的指示，但以黄学增为书记的中共琼崖特委，还是根据客观实际，依然将琼山县委和海口市委分开成立。用1928年8月14日，中共海口市委《关于市委已恢复工作等问题致广东省委的信》的话来说，是“现在海口各负责人住的问题已暂时可解决了。海口市委、工委及海口区委已恢复进行工作（市郊已照原旧工作）……琼山县委和市委现在尚在隔膜中，尚找不着交通前去。”[4]在中共海口市委、工委等组织恢复工作前后时间里，在中共琼崖特委的领导下，在黄学增的努力下，琼崖苏维埃政府也于7、八月间成立了。对于琼崖苏维埃政府成立时间，虽有1930年7月10日出版的《琼崖红旗》第1期，署名冯白驹的《琼崖群众对琼崖第二次代表大会应有认识》

[1] 中央档案馆、广东省档案馆：《广东革命历史文件汇集》（1928）（4），1983年11月，第163、164、165页。

[2] 中央档案馆、广东省档案馆：《广东革命历史文件汇集》（1927—1935），1983年12月，第106、109页。

[3] 中央档案馆、广东省档案馆：《广东革命历史文件汇集》（1928）（4），1983年11月，第289页。

[4] 中央档案馆、广东省档案馆：《广东革命历史文件汇集（中共广东北江、西江、琼崖等县、市委文件）》（1928—1931），1984年10月，第477页。

“琼崖苏维埃政府正将在今年八月十二日二周年纪念中……”佐证；有《中国共产党海南历史》的“1928 年 8 月 12 日，全琼第一次工农兵代表大会在乐会县第四区高郎村召开，宣布成立琼崖苏维埃政府。参加会议的有乐会、万宁、琼山、文昌、琼东、定安、澄迈、崖县、陵水等县代表 60 余人。王文明主持会议，并作了《关于形势的报告》……”[1]之载称的佐证，但却与 1928 年 8 月 2 日的《广东南路临时苏维埃政府为十一军兵变宣言》的“这次学兵营和特务营的兵变，含有浓厚的政治意味……同时在另一方面又受了他们利益而奋斗的广州、海陆丰、琼崖等苏维埃政权的政治所影响……”[2]之记载；与 1928 年 7 月 16 日《中共广东省委巡视员黄学增给省委的报告—琼崖特委改选、过去工作错误和红军活动情况》的“琼崖苏维埃本定期十五日成立，因军事影响未能，至迟在此月内要成立……”[3]的计划说明，存有不相一致之处。而《中国共产党海南历史》的“文昌县派代表参加了琼崖苏维埃政府成立大会”之说，也与 1928 年 8 月 23 日《中共文昌县委关于白色恐怖情形给广东省委的报告》的“我们此次由特委处返文，本拟在文昌之铜鼓岭上住宿，派同志返各地区去寻找同志出来恢复工作，故回时由特委处介绍附近铜鼓岭之比较灰色的同志苏日清、林猷杏、猷思、修齐四同志分头回家准备粮食及寻找同志。当时交驳壳枪二支、六教枪一支给日清、猷杏、猷思同志带往，限三日内回地接洽，而这四位同志逾限三天不见返来。后又派猷钦同志调查这数位同志的情形，及准备粮食。限一夜间回复原处，猷钦同志又逾期二天不返。我们在山中粮食，仅够供给三天，我们已经饿了五天而等这数位同志，却等不到一位，不知其被捕，还是有别的原因。是时我们没有法子，只好和各位同志商量连夜跑到第九区，住了数天，每

[1] 中共海南省委党史研究室：《中国共产党海南历史》第一卷，中共党史出版社，2007 年 9 月第 1 版，第 135 页。

[2] 中央档案馆、广东省档案馆：《广东革命历史文件汇集（苏维埃、工会、农会文件）》（1927—1934），1984 年 11 月，第 51—52 页。

[3] 中央档案馆、广东省档案馆：《广东革命历史文件汇集》（1928）（4），1983 年 11 月，第 164—165 页。

天都有叛团游击，灰色同志也找不出来，每天都有粮食恐慌的可能。在此几天中，差不多每天仅到半夜才得一口粮。在第九区我们觉得没有潜伏的可能。要到别的区去又没有交通，且各区均有保甲□能够到各区去，也将有如在第九区之困难，只要看看此次从特委处回家□□□武装同志及其他各同志，已被捕者为数不少即可知道。我们既然不能在文工作，只□□开，要到特委去，又没有交通，所以我们才决定到广州湾来其所携带之账簿枪支、子弹等均留在第九第十区同志保管。我们到广州湾后才决定派黄朝□同志委报告，云鹤畴同志因经济困难，现暂在广州湾之硇州市做剪发，以维持生活，等候特委分配工作……逃难在广州湾的同志约百五、六十人……”[1]的记载，存有时间的不吻合之处。因此，琼崖苏维埃政府成立于 1928 年 8 月 12 日，还是有商榷的空间。

琼崖苏维埃政府成立后，琼崖特委也逐步恢复了儋县、临高、崖县等县的县委，并充实万宁、乐会、陵水、澄万等县委及县乡苏维埃政府，开展红色清乡联防等工作。[2]黄学增赴琼改组特委后，所开展的一系列工作也得到了中共广东省委在 1928 年 11 月 24 召开的扩大会议上的高度肯定。用 1928 年 11 月 29 日《中共广东省委致琼崖特委信（指字第一号）》的话来说，是“省委扩大会闭幕了。省委扩大会对琼崖过去英勇的艰苦的斗争，表示十分敬意！”[3]。虽然黄学增在 1928 冬或 1929 年春，按照省委关于成立南区特委以及中心工作的指示及新的兵运计划的要求[4]，将琼崖特委迁往琼崖及南路的中心海口。[5]但是，以黄学增为书记的琼崖特委依然将工作的

[1] 中央档案馆、广东省档案馆：《广东革命历史文件汇集（中共广东北江、西江、琼崖等县、市委文件）》（1928—1931），1984 年 10 月，第 481—483 页。

[2] 中央档案馆、广东省档案馆：《广东革命历史文件汇集》（1928）（4），1983 年 11 月，第 261—263 页。

[3] 中央档案馆、广东省档案馆：《广东革命历史文件汇集（中共广东省委文件）》（1928）（6），1983 年 12 月，第 271 页。

[4] 中央档案馆、广东省档案馆：《广东革命历史文件汇集（中共广东省委文件）》（1928）（5），1983 年 12 月，第 271，343—347 页。

[5] 中央档案馆、广东省档案馆：《广东革命历史文件汇集（中共广东省委文件）》（1929）（2），1984 年 1 月，第 181 页。

重点放在乡村和山区。用 1929 年 5 月 26 日《中共广东省委关于形势、组织、宣传、武装、兵运工作等问题给琼崖特委、琼崖各级党部的指示》的话来说，是“过去琼崖完全放弃城市工作，甚至畏惧城市、烧毁城市，这是非常错误的。现在各级党部对于这样错误，还没有完全改正过来。按照琼崖党目前的力量，我们便应首先特别注意海口、嘉积、三亚港这三个重要城市”[1]；用 1929 年 3 月 22 日《中共广东省委关于省委扩大会议后各方面情形给中央的总报告（C 字二十二号）》的话来说，是“党的情形（各县工作状况）—琼崖的党目前徘徊于盲动主义与机动主义的道路上，万宁、乐会、定安、琼东四县是在盲动主义之下工作，澄迈、琼山、文昌、临高四县是在机会主义之下工作，因此一切工作均无大的发展，但有个好的现象，就是各县工作差不多都恢复起来，工作仍是连续进行下去，如果能迅速纠正这些错误，工作前途是很乐观的。现在把各县简要情形分述于下：①琼[山]最近才恢复(已恢复八个区)但工作仍无多大进行，支部会议多不能开，城市工作无头绪，县委力量薄弱，和平发展观念很浓厚。②文昌——失败后同志牺牲两三千人，但现在已有恢复的头绪，特委曾派人去组织临时县委。③澄迈——已恢复五个区工作，县[委]不健全。④[临]高——与澄迈合组县委。⑤琼东——琼崖总暴动失败后，琼东工作原已恢复很多支部，但因重受催[摧]残（秋收暴动），最近亦渐渐重新恢复起来。⑥定安——党支部组织非常普遍，但同志观念不正确。⑦万宁——以前是割据区域，失败后，最近工作已恢复六个支部，有四个区工作有发展，同志精神亦很好。⑧乐会——情形比敌人进攻时较好，大部分工作已恢复，仅第一区未恢复。全县 L.Y 派很活动，因他们的告密使我们工作受损失（如第三区），县委设于附城，不健全。⑨陵水——因变通困难，工作未有恢复，⑩崖县、感恩、昌江、儋县等，特委已派人前去组织。⑪海口，现在党有四个支部，同志三十余人，观念还好，但对党的政策不明白，不知如何去做。⑫加积，以前已有八个支部，市委破坏后已完全塌台，特

[1] 中央档案馆、广东省档案馆：《广东革命历史文件汇集（中共广东省委文件）》（1929）（2），1984 年 1 月，第 64—65 页。

委已派人去恢复……特委本身状况一常委三人组织，过去工作集中书记一人，现在已比较好点。特委扩大会在二月举行，到会只五个地方的代表（澄、临、文、琼山、海口），精神很好。特委对工作布置，以琼山、澄迈、文昌为中心区域，城市工作加紧注意海口、加积工作，港口注意三亚、榆林港、新盈港等”[1]。

第三节　创建琼崖红军独立师和母瑞山根据地

琼崖红军是建立琼崖母瑞山革命根据地的基本队伍，而母瑞山革命根据地又是琼崖武装革命的新起点，用《中国共产党海南历史》的话来说，是“母瑞山革命根据地的创建，是琼崖革命由挫折转向复兴的新起点，标志着以王文明为代表的琼崖共产党人，对中国革命新道路的认识已提高到一个新的水平，代表着琼崖革命和武装斗争的正确方向。母瑞山革命根据地……成为琼崖革命的摇篮。”[2]

如人们所熟知，历史一旦被总结，就会被扭曲，只有翻开历史的细节，才能看到真相。因此，按时间顺序阅读四个与琼崖红军建立师级单位的有关细节：1928 年 7 月 28 日《中共广东省委军委给中央的报告—关于东江、琼崖红军的过去和现在情形（第一号）》有载：“在文昌、琼山的红军大部分是学生，少数是农民……乐会、万宁是农民多，学生少；陵水是黎民一部分，农民一部分。在今年二、三月前，一切军事行动，都系红军担任……同时红军的选格（择）非常之严……结果红军之补充，几等于断绝。当时红军的驻地及负责人是：中路（文昌、琼山）一营，前系徐成章指挥，现为严凤仪，称为中路总指挥；东路（乐会、万宁）二营，梁秉枢指挥，称东路总指挥；

[1] 转自《中国人民解放军历史资料丛书・土地革命战争时期各地武装起义・广东琼崖地区》，解放军出版社 1996 年，第 286 页。

[2] 中共海南省委党史研究室：《中国共产党海南历史》第一卷，中共党史出版社，2007 年，第 146 页。

西路（定安等处）一营，冯平指挥，称西路总指挥”[1]；1928年4月10日《中共琼崖特委关于琼崖最近政治情形及苏维埃建设情况给省委的报告》有“切实整顿工农武装，将原有工农革命军编成□□师，东路西路、中路各组织□团，各路仍暂各设指挥部统一指挥，候东西中三路势力实行汇合而后，方将各路指挥部取消。至于其他武装，已设苏维埃的地方将农军及农民常备队一律改为赤卫队。未成立苏维埃的地方，农军及农民常备队仍照原旧，并且每县须组织团队部指挥之。各县团队部则一律统一于工农革命军各路指挥部之下”[2]的记载；1928年4月《中共广东省委关于琼崖工作计划大纲》有“依现时琼崖的兵器，粉枪、尖串不成问题，弹枪只九百，应有决心地夺取敌人九百支快枪，好完一个师的编制”[3]的计划；4月13日《中共广东省委扩大会议关于军事问题决议案》有“广东省内可成立海陆丰、普宁、惠来红军二师至三师、琼崖可成立一师、北江能合朱德部队，亦可成立一师”[4]的记载；7月28日《中共广东省委军委给中央的报告—关于东江、琼崖红军的过去和现在情形（第一号）》有“军委在五月七日常会中听了吴丙太同志的报告以后，对红军的建立与指挥问题，有如下决定：1.琼崖成立红军第六师；2.东路、中路，各编两团，西路编一团；3.梁秉枢为二十六团团长兼东路指挥，符亮为二十七团团长；4.严凤仪为二十八团团长兼中路指挥，二十九团长—（候任）；5.冯平为三十团团长，兼西路指挥；6.第六师师长未到差以前，所有各路指挥归琼特委军委指挥；7.军委组织扩大（附军组织系统表）；8.各部组织按红军各部队编制表实施之；9.调黄雍、刘明夏为军委委员。各科人员工作之分配由军委决定之”[5]的载称。但是，由于广东省委军委决

[1] 中央档案馆、广东省档案馆：《广东革命历史文件汇集》（1928）（4），1983年11月，第253—254页。

[2] 中央档案馆、广东省档案馆：《广东革命历史文件汇集（中共琼崖、南路特委文件）》（1927—1935），1983年12月，第80页。

[3] 中央档案馆、广东省档案馆：《广东革命历史文件汇集》（1928）（2），1983年10月，第404—405页。

[4] 中央档案馆、广东省档案馆：《广东革命历史文件汇集》（1928）（2），1983年10月，第276页。

[5] 中央档案馆、广东省档案馆：《广东革命历史文件汇集》（1928），1983年11月，第254—255页。

定琼崖成立第六师后，被委任为第六师三十团团长兼西路指挥的冯平牺牲；红军虽有十连但张梦安又带二个连投靠土匪钟美开部；嘉积、乐四等地方多人叛变投靠敌军等原因，黄学增在改组特委，加强军委力量，改善红军生活，扩充红军的同时，调整了省委决定的红军第六师之编制，重新设置琼崖红军的内部结构。用《中国共产党海南历史》的话来说，“5 月上旬，叛徒王明成带领蔡廷锴部属副团长陈国勋两个营五六百人和地方民团一两千人，包围袭击西路军民，冯平和符节相继被捕”[1]；用《中共广东省委巡视员黄学增给省委的报告—琼崖特委改选、过去工作错误和红军活动情况》的话来说，是“嘉积市工作正恢复一个月，暂有发展，而该处同志何君楹（曾当过红军连长，退伍回家）、何君谟（海口交通）、心策（市委常委），三人即叛变起来……勾引敌人进攻我们，因此全个嘉积工作完全受摧残……乐会全县各区均为敌人占领，特委及琼革委所在地之乐四，亦被敌人四面进攻……在我们党内第四区变去一个区委委员及一个赤卫大队长，第三区变去常委二人，C·Y 区委书记亦变去，各乡仍有支部负责人叛变，特委叛变去一个交通员……从新组织红军（现在决定乐会、万宁各组织二连共四连），加紧军械局子弹之制造……再从物质上虽［需］为改良红军生活……红军现在尚有十连，均有步枪，分驻澄迈、定安、乐会、万宁、陵水等（张梦安又已带二连至陵水兴隆地方与钟美开合作）。省委指示之新编制，因有许多困难，未能实现。取消东、中、西各路名目，一律改为红军第几连，在每一县暂设一营长指挥，各连所有红军，均在军委指挥调动之下，不过在各县的，可委托各县苏维埃去指挥调动。”[2]

虽然以黄学增为书记的中共琼崖特委未能全面按照省委要求成立第六师，但仍然按照省委决定成立第六师时的要求，将“所有各路指挥归琼特委军委指挥”[3]，“取消东、中、西各路名目”，“在每一县暂设一营长指挥”，

---

[1] 中共海南省委党史研究：《中国共产党海南历史》第一卷，中共党史出版社，2007 年，第 130 页。

[2] 中央档案馆、广东省档案馆：《广东革命历史文件汇集》（1928），1983 年 11 月，第 160、163、164 页。

[3] 中央档案馆、广东省档案馆：《广东革命历史文件汇集》（1928），1983 年 11 月，第 255 页。

“一律改为红军第几连”。[1] 由此，可以看到此时琼崖红军的指挥权还是按照省委成立第六师决定：将“所有各路指挥归琼特委军委指挥”，只是将“各路指挥”改为“一县暂设一营长指挥”。这也可以说，此时琼崖红军的建制是独立于省委关于红军新编制设置之外的师级建制。

1929 年 5 月 26 日《中共广东省委关于形势、组织、宣传、武装、兵运工作等问题给琼崖特委、琼崖各级党部的指示》谈道：“武装问题—武装的准备，应与组织群众一齐并行，不可以为目前不是暴动时期，而忽略了这一准备工作，所以凡［应］在一切有组织的群众中进行赤卫军组织。这个组织决不可似从前而离开群众的东西，必须‘分散集中制’，即组织是分散在群众中间，指挥是集中统一的系统，有事时集合起来，无事自己操工。决［绝］对废除薪饷制，兵士是自愿制，有事时可由群众农会或苏维埃给予量［粮］食，任务完了仍［返］原地自食其力，决不可久聚一地，加重农民负担，而使农民生厌……现在琼崖红军应斟酌当客观情形，照此原则做。在山上的应设法下山来活动，在统治阶级普遍勒索的时候，应与群众起来收缴民团、警卫队的枪械武装自己、恢复赤色乡村势力，随着分散在群众中去成为群众中的武装”[2]；1929 年 10 月 27 日《中共琼崖特委给广东省报告—关于政治、经济、军事情形及党的组织、工作弱点、工作计划》的“扩大红军组织 各县代表联席会议决定扩充足额一营红军，已经着手进行，红军除有一连驻在山之外，其余的潜伏在农村”[3]；1930 年 4 月 15 日颁发的《中共中央军委军事工作计划大纲》的“琼崖红军：建立一军基础猛烈扩大，加强领导，加强整理，集中武装，发展地暴，建立政权”[4]；1930 年 8 月 26 日《中共广东省行委关于组织全岛地方起义和目前工作指示给琼崖特委信》的“红

---

[1] 中央档案馆、广东省档案馆：《广东革命历史文件汇集》（1928），1983 年 11 月，第 164 页。

[2] 中央档案馆、广东省档案馆：《广东革命历史文件汇集（中共广东省委文件）》（1929），1984 年 1 月，第 66—67 页。

[3] 中央档案馆、广东省档案馆：《广东革命历史文件汇集（中共琼崖、南路特委文件）》（1927—1935），1983 年 12 月，第 128 页。

[4] 转自《中国人民解放军历史资料丛书·土地革命战争时期各地武装起义·广东琼崖地区》，解放军出版社，1996 年，第 331 页。

军要坚决的进攻，猛烈扩大，红军第二独立师只在军事观点上来决定红军的行动……猛烈扩大红军为一军”[1]；1930 年 9 月 4 日《红军第一独立师司令部布告（第　号）》的“为布告事，现奉中国苏维埃第一次全国代表大会委任梁秉枢为红军第一独立师师长，杨学哲为政治委员，并给红军第一独立师司令钤记一颗”[2]；1930 年 9 月 28 日的《中共广东省行委给琼崖特委指示信—关于琼崖地方暴动的策略及兵运、红军的扩大、白区宣传等工作》的文件中，也有了更具体的说明：“南方军区决定在琼崖成立一军（三十六军），暂时组织二师，在二月内应扩充至四万伍千人”[3] 从所披露的消息中可以看到，1928 年 7 月，中共琼崖特委依照省委军委在琼崖成立第六师的决定，根据琼崖革命客观实际，对第六师的指挥架构进行调整后，琼崖红军建制设置演变与发展的轨迹。这都证明此时琼崖建立有师级建制的正式红军。这是因为在上引 1929 年 5 月 26 日《中共广东省委关于形势、组织、宣传、武装、兵运工作等问题给琼崖特委、琼崖各级党部的指示》文件中，已经披露了 1929 年 5 月 26 日前，琼崖红军实行了“薪饷制，兵士是自愿制”。这也是因为此时琼崖有这个师级建制的红军，故而才有中共中央军委和广东省行委分别在 1930 年 4 月 15 日和 8 月 26 日，发出琼崖红军“猛烈扩大为一军”的指示。

母瑞山革命根据建立于何时？《中国共产党海南历史》虽有 1928 年“11 月 29 日，为了贯彻省委第二次扩大会议精神、实现以城市工作为中心的方针，省委发出指示，决定‘将南路、琼崖二特委合并迁往海口，指挥琼崖全岛及南路各县工作’，并‘限一个月内实行合并，合并后，琼崖、南路二特委同时取消，改清南区特委’……根据省委决定，12 月下旬，黄学增、官天民、陈大机等人率领党、团特委干部迁往府海，负责筹建南区特委；琼崖苏维埃政府则留有农村与敌周旋。中共广东省委的这一决定，在琼崖党政军

---

[1] 中央档案馆、广东省档案馆：《广东革命历史文件汇集》（1930），1982 年，第 235 页。

[2] 转自《中国人民解放军历史资料丛书·土地革命战争时期各地武装起义·广东琼崖地区》，解放军出版社，1996 年，第 347 页。

[3] 中央档案馆、广东省档案馆：《广东革命历史文件汇集》（1930），1982 年 11 月，第 263 页。

领导干部中认识不一致的，对以城市为中心的方针以及特委机关迁往府海，王文明持保留态度……1928 年底，王文明在乐四区文魁橡胶公司的胶园中，召开党支部书记和乡苏维埃主席以上干部会议，研究有关转移和坚持斗争等重大问题。会后，王文明、何毅、梁秉枢、罗文淹、王业熹等人，率领 130 多名红军和部分赤卫队、琼崖苏维埃政府直属机关、附属单位军械厂、印刷厂、交通处、医院等 600 余人，冒着敌人的枪林弹雨，向母瑞山转移，开辟母瑞山革命根据地”[1] 的记载。但在 1928 年 11 月 29 日，《中共广东省委关于成立南区特委以及中心工作致琼崖特委信（指字第一号）》有“整个南区以海口、北海为工作中心，琼崖则以海口为中心，嘉积、乐会、万宁、陵水、文昌、琼山、定安、琼东、崖县等为重要县份，海口须以汽车起落货、船业、印刷、市政等工人为中心对象，各县则须注意沿交通路线的乡村、大市镇、圩场及盐田、窑业等为中心对象，特委以后应集中人力、财力……在旧的革命高潮已经过去，新的革命高潮尚未到来之时，党的中心任务是争取广大群众，团结于党的周围，促进革命高潮到来，准备总的武装暴动，同时，为保障武装暴动之完全胜利，对于群众的武装组织，毫无疑义的要加紧准备及扩大起来，不过琼崖过去主观工作上的缺陷及敌人一致的加紧进攻，且因经济困难，子弹无法补充，给养发生问题，红军病饿交迫，战斗力比前锐减，并且单纯靠军事行动而欲战胜敌人，是一件比较困难的事。所以目前为要保存这部分势力及扩大群众武装组织起见，只有尽可能地将这部分红军有计划的分散到各乡村（红色乡村）中去，加入赤卫队，扩大赤卫队的组织，加紧军事的政治训练工作，发动游击战争，如遇大部分的敌人，则可设法回避，小部分的敌人，则可解决他们……只有这样，才可解决给养问题，才可保存这部分势力，也只有这样才能使红军变成真正群众的武装组织，而扩大起来……琼崖的苏维埃不过只是一个空招牌，已非由代表选出来的，且完全没有非同志参加，这是最大的缺点，以后有苏维埃委员，

[1] 中共海南省委党史研究室：《中国共产党海南历史》第一卷，中共党史出版社，2007 年，第 142—143 页。

都要分配一种工作，使变成真正群众的政权机关……要保存并扩大现在苏维埃的组织……过去你们只注意红色乡村，而忽略白色乡村的工作，使红色乡村与白色乡村对抗起来，这完全是脱离阶级的错误观念。以后应利用种种的关系向白色乡村去发展工作，并领导白色乡村群众起来做日常的斗争，在白色乡村中特别要注意政治独立宣传工作"；[1]在1928年12月6日的《中共广东省委给中央的报告——关于红军出境省委经济问题（普字第六号）》有"海、陆红军除已送出境的外，仍存二百余人在海、陆丰，现要分散到乡村或遣送出境。琼崖红军尚存四、五百人，内有二百余病兵，多是受山嶂气足上生病，不能行走，病得非常厉害。此二百余病兵，若不早日设法医治送出，则必被敌人烧山以至完全牺牲。其余亦多不能在乡村立足，非送出境不可。省委以为琼崖红军，多是勇敢忠实的同志"[2]的记载。由此可以看到，在1928年12月前，也就是说在中共广东省委指示琼崖特委迁到海口之前，琼崖红军已经撤到山上。用上引《中国共产党海南历史》的话来说，是"红军和部分赤卫队、琼崖苏维埃政府直属机关、附属单位军械厂、印刷厂、交通处、医院等600余人，冒着敌人的枪林弹雨，向母瑞山转移，开辟母瑞山革命根据地"。

琼崖母瑞山革命根据地的创建，是琼崖革命由挫折转向发展的新起点，用《中国共产党海南历史》的话来说，是"在琼崖反'围剿'失败后，'革命的火种在这里得到掩护，又从这里掀起革命的狂澜'，成为琼崖革命的摇篮"[3]。

---

[1] 中央档案馆、广东省档案馆：《广东革命历史文件汇集》（1928），1983年12月，第272—275页。

[2] 中央档案馆、广东省档案馆：《广东革命历史文件汇集》（1928），1983年12月，第349页。

[3] 中共海南省委党史研究室：《中国共产党海南历史》第一卷，中共党史出版社，2007年，第146—147页。

后记

2019年7月10日，《黄学增与广东南路革命研究》终于脱稿了。我们长长地舒了一口气，因为我们可以向广东南路革命先驱黄学增和他战友们在天之灵交代了。我们原计划是在1月完稿，7月正式出版，目的是为了纪念黄学增烈士就义90周年（1929年7月）。但1月份在雷州市档案馆旧档案中发现了徐闻山1925到1933年的档案史料，2月份在高州市档案馆又发现黄学增推荐前往黄埔军校三期、广东法官学校第一期读书的敦文人黄学家、黄而举1928年在雷州城被捕及被营救的档案史料等，因此第四章重新进行了撰写。虽然书稿比原定完稿时间推迟了7个月，但能在先贤黄学增烈士就义90周年的日子全面脱稿，这在遗憾中还有感到可欣慰之处。

黄学增是广东南路优秀之子，是陈独秀、谭平山等人的学生，是广东第一批党员之一，是曾与毛泽东、刘少奇等共和国创建者一起战斗过、奋斗过的国民革命斗士，是牺牲三十余年仍能令周恩来记挂的革命先烈。他在中国共产党创建不久的1922年，首先在自己家乡遂溪点燃了广东南路革命的圣火，带领一群有志青年成立了雷州青年同志社，在祖国大陆最南端开始了马克思主义的传播。其后在大革命时期，在第一次国共合作期间，黄学增再度从省城回到广东南路，带领民众掀起轰轰烈烈的农民运动，在反帝反封建斗争上奋力前行。土地革命战争时期，黄学增等先进仁人志士播下的革命的种子，得到回应，广东南路人民面对不公平的待遇，毅然发动风起云涌的武装斗争，并在北部湾的斜阳岛上，坚持5年多武装割据，他们可歌可泣的壮举，为广东南路乃至北部湾的红色历史留下不可磨灭的一笔！但颇为可惜的是，截至目前，有关他领导的广东南路革命的研究尚未引起国内外人们的重视，还没有一本完整书写黄学增的传记和广东南路革命的史书。这对黄学增在中国革命中的历史贡献以及广东南路革命历史地位的研究均带来极大的限制。

有鉴于此，北部湾江夏文化研究会在2017年的北海会议上，听取该会常务副会长黄国胜专门报告的2017年11月13日拜访黄学增烈士亲侄子时所看到的湛江市委常委成员集体瞻仰黄学增故居重温入党誓的具体情况；听取副秘书长黄海报告的二十多年来，根据黄学增胞弟黄学思的口述，以及他父亲黄成俊老校长和叔父黄成杰老师整理的大革命时期遂溪县农民协会副委员长黄学新的口述材料中所提供的线索。在岭南师范学院历史系刘佐泉教授、中共福州市委党史研究室原主任、市博物馆原馆长黄启权两位先贤生前的指导下，从中国第二历史档案馆及广东省、福建省、湖南省、海南省、广州、福州、海口、中山、惠州、东莞、肇庆、湛江、宝安、花都、广宁、合浦、高州、雷州和遂溪等地档案馆，搜集到黄学增及广东南路革命相关档案材料，以及有关史料可能分布的情况，并提议成立史料搜集编辑委员会，扩大史料搜集范围和力度，力争在黄学增烈士就义90周年的2019年，撰写一本黄学增与广东南路革命的研究著作。这一提议得到黄进会长及与会代表的支持。史料搜集编辑委员会成员如下：

顾　　问：王钦锋、许　冰（女）

主　　任：黄　进

执行主任：黄国胜

副 主 任：黄秉峰、吴　辉

成　　员：陈景清、黄　强、黄全溪、陈国威、黄　海

2018年春夏间，在华中师范大学攻读硕士研究生学位，后到由中国社会科学院、国家图书馆、国家档案馆牵头发起，中国社会科学院近代史研究所承办的“抗日战争与近代中日关系文献数据平台”工作的邢宗民老师，偶然知道我们编写本书的目的及困扰，迅即帮助购买或复印到《广东革命历史文件汇集》及第一次国共合作档案等大量珍贵档案材料。同时，向中国社会科学院近代史研究所领导反映了黄海二十多年为寻找黄学增史料所

付出的艰辛，该所便邀请黄国胜、黄海参加了2018年9月2日在北京召开的“抗日战争与近代中日关系文献数据平台”上线发布会，并安排黄海在会议上做了发言。这为本书的史料搜集提供了更广阔的空间。值此，致以崇高的敬礼和无限的感激！

6月2日，史料搜集编辑委员会副主任黄秉峰，在茂名主持召开了来自广东、广西共有100多人参加的史料搜集工作汇报会。

6月24日，为了更好地编写本书，扩大黄学增的影响，黄国胜、黄秉峰、黄熙盛、黄培德等参加了湛江晚报“不忘初心牢记使命，沿着革命先烈足迹前行”采访团赴深圳宝安开展的为期三天的采访活动。在这次活动中，对中共宝安区委、宝安区燕罗街道及深圳福田区沙头角下沙村等单位的全力支持和盛情接待，致以衷心的感谢！

除此以外，本书的编写、出版全过程得到新华出版社徐文贤编辑、北京宝海富地文化发展有限公司潘海霞总经理的关心与支持，我们由衷地表示感激！

在征集本书史料过程中，对中国第二历史档案馆、广东省、福建省、湖南省、海南省、广州市、福州市、海口市、深圳市、中山市、惠州市、东莞市、肇庆市、湛江市、宝安区、雷州市、高州市、遂溪县、合浦县、广宁县档案馆，敦文村文史馆，敦文尚武堂，广州市第十中学，遂溪县黄学增纪念中学、学增纪念小学等给予的支持，致以崇高的敬意。对多年来，协助史料整理归类的黄克云、黄勤谋、黄方帆谨表感谢。同时，也对多年来对史料搜集给予帮助的黄义彪、黄文表示感谢！

值本书出版之际，谨向所有关心支持本书写作和出版的领导、编辑以及学界师友们致以谢忱！

本书史料搜集编辑委员会

2019年8月27日